T0036770

Un tal González

Sergio del Molino
Un tal González

ALFAGUARA

Papel certificado por el Forest Stewardship Council®

Primera edición: octubre de 2022
Primera reimpresión: octubre de 2022

© 2022, Sergio del Molino
Autor representado por The Ella Sher Literary Agency, www.ellasher.com
© 2022, Penguin Random House Grupo Editorial, S.A.U.
Travessera de Gràcia, 47-49. 08021 Barcelona

© Diseño: Penguin Random House Grupo Editorial, inspirado en un diseño original de Enric Satué

Este libro ha sido escrito con el apoyo de la Fundación BBVA a través de la concesión a su autor
de una de las Becas Leonardo a Investigadores y Creadores Culturales de 2022.

Penguin Random House Grupo Editorial apoya la protección del *copyright*.
El *copyright* estimula la creatividad, defiende la diversidad en el ámbito de las ideas y el conocimiento,
promueve la libre expresión y favorece una cultura viva. Gracias por comprar una edición autorizada
de este libro y por respetar las leyes del *copyright* al no reproducir, escanear ni distribuir ninguna
parte de esta obra por ningún medio sin permiso. Al hacerlo está respaldando a los autores
y permitiendo que PRHGE continúe publicando libros para todos los lectores.
Diríjase a CEDRO (Centro Español de Derechos Reprográficos, http://www.cedro.org)
si necesita fotocopiar o escanear algún fragmento de esta obra.

Printed in Spain – Impreso en España

ISBN: 978-84-204-6317-9
Depósito legal: B-13631-2022

Compuesto en MT Color & Diseño, S.L.
Impreso en Huertas Industrias Gráficas, S. A., Fuenlabrada (Madrid)

AL63179

Índice

Para Daniel, un hilo más que le ayude a volver a casa

Desde que los donnadies se han vuelto caballeros, más de un caballero se ha vuelto un donnadie.

WILLIAM SHAKESPEARE, *RICARDO III*, I, III

Y por tiempo nuestro nombre será puesto en el olvido, ni alguno hará memoria de nuestros hechos, mas nuestra vida se pasará como un rastro de nube, y como una niebla ahuyentada de los rayos del sol y oprimida de su calor será deshecha.

LIBRO DE LA SABIDURÍA, II, 4.
Biblia del Oso, tomo III

Es y será siempre un gran placer para toda generación el mirarse en el espejo de la que le ha precedido inmediatamente.

BENITO PÉREZ GALDÓS
Un faccioso más y algunos frailes menos
(*Episodios Nacionales,* serie segunda)

Antes de empezar

No quisiera faltar al respeto al lector explicándole una novela que entenderá sin ayuda, pero me siento obligado a apuntar un par de cuestiones, no tanto para aclarar qué he escrito, sino qué no he escrito. Esto no es un libro de historia, ni una biografía de Felipe González, ni una crónica periodística, ni un ensayo político. Quien busque esos géneros los encontrará en abundancia en otros sitios. Aquí se novela una parte de la historia de España (de 1969 a 1997, con unas catas en el tiempo de escritura, los años 2018-2022) a través de quien fue el presidente que asentó la democracia y propició el cambio histórico más profundo y espectacular del país. Quien lo narra es un hijo de la democracia, un escritor nacido en 1979 que observa a la generación de sus padres.

En los códigos audiovisuales, la etiqueta «basado en hechos reales» significa que el autor ha contado una historia de ficción a partir de sucesos y personajes que existieron o existen. La correspondencia entre lo narrado y lo que los historiadores consideran cierto depende tan sólo de la voluntad del narrador, y cualquier espectador entiende que la Isabel II de la serie *The Crown* es un personaje inspirado en la Isabel II real, pero no pretende ser ella. En la literatura, esto sólo funciona así con la novela histórica, donde se sobreentiende que el novelista hace más o menos lo que quiere con su Julio César, aunque para construirlo haya estudiado al Julio César real.

La única diferencia entre una novela histórica y esta es que la persona que inspira a mi protagonista, así como muchos personajes secundarios, está viva, y los sucesos reales en los que me baso son tan recientes que muchos lectores los tendrán frescos en su memoria. Sin embargo, dada su importancia incalculable para España, los considero ya tan históricos y literarios como el Julio César de Shakespeare. En ese sentido —en otros no—, he actuado como un novelista histórico o, mejor, como el guionista de una película basada en hechos reales: muchos diálogos y algunas escenas son invenciones mías, aunque estén inspirados en documentos y testimonios que he reunido durante la investigación. Otras veces, son transcripciones y citas literales.

Tampoco se cuenta todo. El historiador o el biógrafo echará de menos algunos episodios y personajes históricos importantes y me reprochará que doy demasiado espacio a otros que se consideran menores. Para contar la novela que quería contar he recurrido a la elipsis y he escardado la cronología como mejor me ha parecido, con propósitos narrativos, no historiográficos. Por eso, muchas veces la anécdota se impone al hecho mayúsculo, porque el carraspeo de un presidente en una tribuna suele ser más significativo que el contenido de su discurso.

Aclarado esto, *Un tal González* se basa en un trabajo de estudio e investigación exhaustivo: he vaciado la abundante bibliografía sobre la época y el personaje (biografías, memorias de políticos, libros de crónicas, historiografía y ensayos académicos de politología, sociología y economía), he consultado hemerotecas y archivos (sobre todo, el de la Fundación Felipe González), he viajado a los escenarios históricos, en Francia y en España, y he conversado con decenas de testigos y protagonistas de aquellos años, incluido el propio Felipe González, que me han proporcionado impresiones y testimonios de primera mano que no pocas veces se contradicen entre sí, pues la memoria es frágil y está hecha de ficciones tanto o más que la literatura.

No abundaré en el insulto al lector explicando por qué he escrito este libro y para quién, pues queda clarísimo desde el principio. Me entrego, pues, a su indulgencia.

Primera aproximación (2021)

Estudios El hormiguero, calle de Alcalá, 516, Madrid, 26 de mayo de 2021, 22.07. Comienza *El hormiguero*, el programa más visto de la televisión española, un espectáculo hiperactivo y estroboscópico al que los invitados van a divertirse. Es decir, van a bailar, saltar, ser manteados, regados, embreados, fumigados y chamuscados por una caterva de personajes anfetamínicos. Aguantan la humillación con sonrisas blanquísimas porque no hay mayor publicidad en España que salir unos minutos allí. Aunque a un observador desinformado le costaría mucho creerlo, los protagonistas están recibiendo un gran honor, pues al programa sólo acude la aristocracia de la fama. El invitado de esa noche es Felipe González. Hace muchos años que no aparece en la franja de máxima audiencia.

Algunos amigos intentaron disuadirle. Felipe, no vayas, le dijeron. La televisión ha cambiado mucho, no es un programa para ti, no te van a dejar hablar. Es mejor que acudas a otro sitio más serio. Eso no es periodismo, es circo. Felipe los apartó con un gesto de la mano. Deberían saber que sus decisiones son siempre definitivas.

Los políticos y los periodistas se maliciaban si esa reaparición sería el preludio de otro regreso. Una semana antes de la entrevista, en un reservado de un restaurante de Madrid, varios escritores de periódicos le preguntamos a un político del gobierno si temía el efecto de la reaparición de Felipe.

—Qué va —dijo—, al contrario: nos beneficia.

El político vino a decir —más con gestos y puntos suspensivos que con palabras— que el anciano Felipe, tan ajeno a los códigos del presente, haría el ridículo. Se pondría en escena la brecha entre su generación y la España contemporánea, y todo su prestigio rodaría por el suelo para no levantarse jamás.

A las diez y siete minutos de la noche, el presentador Pablo Motos anunció a Felipe González, que entró en la pista del circo cruzando una cortina, con paso calmo pero erguido, sonrisa amplia pero sin enseñar los dientes, y la mano derecha levantada en saludo al público, que aplaudía como en los viejos mítines. Vestía muy sencillo, una camisa azul claro y una chaqueta oscura de solapas estrechas, sin corbata. El pelo, totalmente blanco, enmarcaba una cara a la que la vejez sólo se asomaba en las bolsas de los ojos y en algunas arrugas del cuello. El cutis terso y moreno transmitía vigor. Ni la entrada ni la apariencia eran las de un anciano apabullado por los focos y la fanfarria.

No hubo tartazos, ni melodías de feria, ni bailes, ni parodias acrobáticas, ni chistes de guión. Durante cincuenta y siete minutos y quince segundos, el chamán amansó a la fiera de la tele. Unos restos de aquellos polvos mágicos que embrujaron a los españoles en 1982 flotaron en el plató y sometieron al presentador, a las cámaras, a los realizadores y a los tres millones y medio de espectadores, no todos ellos partidarios. Muchos, sin duda, eran hostiles. Al menos la mitad se asomó a la emisión por el morbo de ver a un monstruo. La otra mitad, quién sabe.

Fueron cincuenta y siete minutos y quince segundos sin interrupciones, sin publicidad y sin entrevista, porque aquello no fue tal. Felipe se entrevistaba a sí mismo. Se reclinaba en el asiento, cruzaba las piernas, contaba chistes y se dirigía al público, plebiscitario y verbenero. El presentador apenas le daba pie, aunque le tuteaba, lo que sonaba un poco raro a quienes habían olvidado que toda España le tuteaba. Sólo le llamaban por su apellido quienes querían faltarle al respeto.

Una entrevista a una figura histórica debe estar llena de pasado, pero González apenas lo visitó. Como el entrevistador no era capaz de guiar la conversación, el entrevistado se quedó en el presente y en el futuro, que eran los únicos tiempos verbales que le importaban, y diseminó unas gotas de pasado en forma de anécdotas, como un aliño. Estaba tan tranquilo que rompió la cuarta pared y aludió un par de veces a Rocío, señalando la grada:

—Me decía antes Rocío, hablando de su generación...

Como si el público supiera quién era Rocío, Rocío Martínez-Sampere, la directora de su fundación y su mano derecha, si es que los próceres tienen tales cosas. Aquí, más que mano, era muleta. No se apreciaba, porque los maestros de la escena disimulan muy bien, pero Felipe se apoyaba en sus ojos para no perder el paso. No se dirigía ni al presentador ni a la audiencia. Su interlocutora era Rocío. Por eso, a veces, se le escapaba su nombre.

Antes de entrar en el plató, Rocío le había recordado unas frases de Miguel Aguilar en un artículo dedicado a la memoria de Javier Pradera y Jorge Semprún y titulado «El sol de Biriatou». Aguilar hace allí un alegato hermoso de la herencia ética de aquella generación: «Debe ser curioso para el hispanista pelirrojo de Iowa la admiración que despierta la generación que hizo la guerra civil, cuyos errores, comprensibles o no, perdonables o no, evitables o no, condujeron al enfrentamiento descarnado y a una masacre horripilante. En cambio, la generación que hizo la transición, sin duda culpable de errores tan o más abundantes que la precedente, logró el entendimiento, la concordia y un periodo de paz y prosperidad sin igual. Para no cosechar en la actualidad más que un fuerte desdén y ser considerada la fuente de todos los males que en la actualidad padecemos. Quizá el péndulo esté por iniciar un recorrido de vuelta, y empecemos a apreciar ser hijos de la transición más que nietos de la guerra civil. Ojalá, porque el pacto mancha menos que la violencia aunque no tenga tanto prestigio, y a menudo es más noble y más valiente».

El artículo es de 2012. Han pasado casi diez años y el péndulo aún no ha empezado a volver, por eso Felipe lo citaba, aunque distanciándose un poco. No sería elegante lamentarse en primera persona. Su pudor le impedía presentarse como víctima:

—Recordando la frase de un amigo, Rocío se pregunta (habla de su generación) por qué nos quieren obligar a ser los nietos de la guerra civil en vez de los hijos de la democracia.

Rocío Martínez-Sampere nació en 1974. Miguel Aguilar, autor del artículo, en 1976. Yo, en 1979. Podemos considerarnos compañeros de generación, pero su forma de vindicarse como hijos de la democracia es mucho menos metafórica que la mía. Para Rocío es una cuestión de compromiso y militancia socialista, que la ha llevado a ser custodia de la herencia felipista después de una vida dedicada al PSOE en Cataluña. El legado que maneja en su despacho de la Fundación Felipe González es parte de su vida. Milita en el Partit dels Socialistes de Catalunya desde 1993, el año en que asistió por primera vez a un acto del jefe, entonces en horas bajísimas. En mitad del discurso, se volvió a su compañero José Montilla y le dijo:

—Pepe, este tío es la hostia. ¿Cómo no me lo habías dicho?

Montilla la miró desde el abismo generacional que los separaba, como quien mira a un extraterrestre: ¿quedaba alguien en España que no supiera que Felipe era el gran seductor, el encantador de todas las serpientes? Era una verdad elemental para cualquier socialista veterano, pero para una joven de veinte años que acababa de cometer la insensatez, contraria a toda razón y a todo su *Zeitgeist*, de ingresar en el partido caduco de un gobierno sin crédito, era un descubrimiento. Rocío ha sido diputada y ha estado en todas las peleas catalanas. La memoria felipista se le confunde con la memoria doméstica, porque para una militante que ha entregado su vida a la causa toda cuestión política es íntima. No puedo, por tanto, compararme con ella.

Para Miguel es un asunto mucho más personal, pues es hijo de Juby Bustamante y de Miguel Ángel Aguilar, una pareja de grandes cronistas de la transición, que lo han narrado todo y han sido amigos de reyes y presidentes y testigos principales de muchos episodios de esta historia. Rocío y Miguel son hijos de la democracia de una manera muy literal. La han visto nacer y crecer en sus casas, extensiones naturales de comités de partido, parlamentos, redacciones, consejos de ministros, platós de televisión, editoriales, estudios de artistas y despachos de escritores. Por ejemplo, el «hispanista pelirrojo de Iowa» que aparece en el artículo que he citado era un chiste recurrente de la escritora Carmen Martín Gaite, madrina de Miguel. Con él aludía al típico universitario extranjero entusiasmado por España, parodia del alienígena incapaz de entender las costumbres terrícolas. Lo que para mí son paisajes pop y recortes de hemeroteca, para ellos son recuerdos familiares y chistes privados.

Cuando empecé a trabajar en este libro, almorcé con ellos en un restaurante junto al Congreso de los Diputados, cerca del despacho del padre de Miguel (que nunca ha querido alejarse del parlamento, por si se perdía un chisme). Era un sitio clásico de compadreo entre políticos y periodistas, lo que en castizo se llama un mentidero. Muchos comensales masticaban más pendientes de la conversación de la mesa vecina que de la suya. Para Miguel, estar allí era como almorzar en casa con su padre. Para Rocío, también, pese a que es de Barcelona. Para mí, aunque cada vez frecuento más esos sitios, todavía es una experiencia exótica. Por muy grata que sea la conversación y por mucho que aprecie la compañía, llevo un cuaderno de notas mental, como un antropólogo que documenta las costumbres de una tribu. Soy tan hijo de la democracia como Miguel y Rocío, pero cuando Felipe menciona esa filiación yo me siento más adoptado que biológico.

Mi familia natural me regaló una vida tranquila y periférica, sin más conexión con la política que las noticias del telediario y los comentarios de mi padre tras leer *Diario 16* y dejarlo doblado en la mesa del comedor. Y, sin embargo, soy tan parte de aquello como Miguel y Rocío. Mi infancia coincidió con los años en que el país se transformó, y todos mis recuerdos se mezclan con la obra política de Felipe y los felipistas.

Entré al colegio cuando empezaba una de las mayores reformas educativas habidas desde que obligaron a todos los niños a aprender a leer y a escribir. Amenicé mis meriendas con los programas infantiles que diseñaron en la tele pública. Pregunté a mis padres por qué les hacía tanta ilusión que España entrase en Europa si España ya estaba en Europa, y me explicaron que en realidad no lo estaba, aunque los mapas dijeran que sí, y llevaba siglos queriendo estar. Intuí por primera vez el peso oxidado de las palabras *pasión* y *desencanto* aplicadas a la política, mientras aprendía el significado de las siglas OTAN. Gracias al sistema de becas y a las reformas universitarias de los dos primeros gobiernos de aquellos señores me convertí en el primer miembro de mi familia que se matriculó en una universidad, y gracias a la reforma profunda del sistema sanitario que hizo su primer ministro de Sanidad recibo los mejores cuidados médicos que se pueden recibir en el mundo (a ese ministro lo mataron de dos tiros en la cabeza cuando hacía tiempo que no era ministro, y las bombas, disparos y pasamontañas de los asesinos marcaron también la historia que me dispongo a contar). Crecí viendo las series que emitía en la tele una directora de cine que diseñaba las campañas electorales del presidente y encendí mis primeros pitillos con mecheros de propaganda de las olimpiadas de Barcelona y la Expo de Sevilla. Leí las novelas de los escritores que frecuentaban la bodeguilla de la Moncloa y me convencí de que quería ser periodista leyendo el periódico que sostenía a aquel gobierno.

Otras generaciones recibieron menos influencias. Los nacidos antes ya venían influidos por otras cosas, y los nacidos después crecieron en una España mucho menos ingenua, que empezaba a tratar con desdén los años del cambio. A mí me tocó vivirlo sin opinar ni intervenir. Si tiene razón la poeta Louise Glück —y la tiene— cuando dice que sólo miramos el mundo una vez, en la infancia, y que el resto es recuerdo, yo sólo he mirado el mundo que salió de esta historia. Soy un hijo del país que aquellos tipos empezaron a montar en Francia mientras en España se moría un dictador, como mis padres fueron hijos de un franquismo turístico, y mis abuelos, de una guerra.

En una conversación que aún no me toca narrar, Felipe me habló de un reproche que le hace su hija menor, María, nacida en 1978: «Tu generación le debe una explicación a la mía», le dijo una vez. La respuesta del padre fue abrir su archivo al público en una fundación. Me lo contó en una de sus salas, sentados en una mesa llena de archivadores que, para él, contienen el único pasado que importa. Yo no sé si se deben explicaciones ni estoy seguro de que me interesen, pues la relación que cada cual tiene con su vida no puede tomarse como teoría general, pero sí siento que mi generación ya es adulta y hace tiempo que debería haber dejado de culpar a los padres de nada. Pasamos los cuarenta, yo soy más viejo que Felipe cuando ganó las elecciones de 1982. Ya tenemos pasado, culpa y remordimientos propios, pero seguimos obsesionados con el pasado, la culpa y el remordimiento de los que hicieron la transición. Quizá sea hora de dejar de pedir explicaciones y empezar a narrar sin moralejas. Yo, al menos, no estoy dispuesto a escribir desde el rencor ni quiero que el dedo índice se me quede rígido de artrosis por señalar a quienes levantaron la democracia en la que me he criado. Sólo puedo hablar por mí, quién sabe qué dirán otros, pero yo no tengo cuentas que saldar, tan sólo quiero saber quiénes fueron y cómo se hizo esta España.

Vuelvo a la entrevista de *El hormiguero*. Felipe se esforzaba por mirar a su interlocutor y simular una conversación, pero el instinto de animal escénico le orientaba hacia el público. Se crecía en el presente. Analizaba la actualidad y bromeaba sobre el gobierno y sobre el hecho de que el presidente de Estados Unidos, Joe Biden, tuviera su misma edad, aunque él, Felipe, estuviese mejor. Coqueto siempre, atento a recoger esos aplausos que instiga como sin querer. Cuando hablaba de la peste del coronavirus, recurría a metáforas muy oportunas de dragones y dejaba en ridículo todos los discursos oficiales. Soltaba aforismos aquí o allá, algunos muy viejos, ya gastados en mil declaraciones y entrevistas, pero sonaban nuevos a la audiencia joven del programa, parte de la cual no había nacido cuando él dejó de ser presidente.

En una de las pocas preguntas que interrumpieron el flujo del monólogo, Pablo Motos colocó el asunto de los indultos. El gobierno acababa de recibir el informe desfavorable sobre los indultos a los políticos condenados por la declaración fallida de independencia de Cataluña. Felipe reflexionó sobre el indulto como figura jurídica, que está regulada desde el siglo xix y exige a los indultados el arrepentimiento, una demanda cristiana que convendría suprimir.

—A la democracia no le importan la conciencia, la culpa ni la expiación de nadie —dijo.

Quizá fue la parte del programa que menos se entendió, pues contenía la verdadera brecha entre generaciones. Ese desprecio por el arrepentimiento era incomprensible para los jóvenes del público, sobrealimentados de moral posmoderna y adictos a los autos de fe de internet. El arrepentimiento es la clave de bóveda de la ética contemporánea, que exige a todas las figuras públicas pruebas de santidad y pureza de sangre. Para Felipe y su generación política, el fuero interno y las intenciones eran irrelevantes, sólo importaba la praxis, dicho en los términos marxistas en los que hablaban. No valen las palabras, sólo los hechos. Con hechos se defiende una vida. No se pierde el tiempo imaginando cómo podrían haber sido las cosas si se hubiese obrado de otra forma. Hay que aceptar lo que se hizo, incorporarlo al ser y cargar con ello.

Si aquel programa hubiera sido una entrevista, habría navegado por estrechos incómodos y tormentosos. Al no serlo, no aparecieron las dos cuestiones sobre las que Felipe nunca habla o habla a medias: el terrorismo de Estado y la corrupción. Tampoco citó a Alfonso Guerra, pese a que tuvo varias ocasiones. Una de ellas, al explicar cómo se enteraban de los resultados de unas elecciones antes de terminar el escrutinio, mediante un sistema de recuento de unas pocas mesas escogidas que les permitía extrapolar los votos a toda la nación. Se le olvidó decir que ese método lo inventó Guerra en las primeras elecciones de 1977, en una oficina de técnicas electorales que montó en Madrid para guiar la estrategia del partido, tras estudiar los sistemas de las democracias avanzadas.

Tampoco se tiró del hilo de la nostalgia, ese país donde no le gusta recrearse, pero se le cayeron algunas alusiones que, al ser dichas como sin querer, requerían la interpretación de un buen felipólogo. Cada vez que de su boca salían los nombres de Olof Palme, de Bruno Kreisky o de Willy Brandt, se levantaba un aire de añoranzas y penas hondas. Fueron sus amigos y mentores, quienes mejor le entendieron y quienes le hicieron ser lo que es. Evocando a Brandt («respetuoso y tímido, un sabio», dijo, en un exceso de adjetivos impropio de él), recordó que el periodista Cuco Cerecedo le llamó a él *Morenito de Bonn* en una serie de retratos de políticos de la transición donde les puso nombres de toreros y los perfiló como si fuesen diestros. *Morenito*, por su piel subida de melanina, y *de Bonn*, por la creencia común en la década de 1970 de que el PSOE era un instrumento de la política exterior de la Alemania occidental a través del partido socialdemócrata, que tutelaba al español con dinero, apoyo y consejos.

Así empezaba la chanza de Cerecedo, publicada en la primavera de 1977, poco antes de las elecciones constituyentes: «Felipe González Márquez, *Morenito de Bonn*; Sevilla, 1942. Uno de los casos de éxito más rápido del ruedo ibérico. Procedente de la escuela sevillana, llegó a triunfar a la capital de las Españas con una pintoresca cuadrilla que mezclaban los *oshús* y los *¡digo!* en medio de las más complicadas disquisiciones teóricas de la fiesta. Componían un grupo alegre y confiado que no pudo menos que despertar la ternura de un matrimonio germano-austriaco sin hijos, admiradores de la fiesta nacional, el señor Brandt y la señora Kreisky, que viéndolos desvalidos, pero con futuro, iniciaron inmediatamente los trámites para la adopción».

Parecía que Felipe recordaba la caricatura como algo desagradable cuyo escozor habían calmado los años. Podrían interpretarlo así incluso los espectadores mayores que vivieron bajo los gobiernos de Felipe y recordaban la hostilidad con la que trataba a veces a algunos periodistas que le criticaban, con quienes podía ser brutal. Al contrario. La alusión a Francisco (Cuco) Cerecedo era una de las más íntimas y más a corazón abierto de todo el programa.

Cuando escribió esos retratos taurinos, Cerecedo tenía treinta y siete años, dos más que Felipe, y era el cronista político de moda, una de las plumas más irónicas, salvajes, impredecibles, cultas y divertidas de España. Disparaba desde las columnas de *Diario 16* y formaba parte de los jóvenes francotiradores que intimaron con Felipe porque lo vieron llegar a Madrid y hacerse con la ciudad. Compartían una misma pasión por Latinoamérica y por la vida viajera, aunque a Cerecedo, más que el periodismo, le interesaba la revolución. Mientras llegaba el momento de asaltar el poder, preparaba el terreno escribiendo sin parar en los papeles y sacando noticias de la barra del café Oliver de la calle del Almirante, donde se juntaban la farándula, la política y el periodismo. Unos meses después de lo de *Morenito de Bonn*, que fue muy celebrado, acompañó a Felipe, ya jefe de la oposición parlamentaria y claro presidenciable, en un viaje a Colombia, como parte del séquito de prensa. Allí, mientras se tomaban unas copas en el bar del hotel de Bogotá, le reventó un aneurisma cerebral y cayó fulminado a los pies de Felipe, que lo sostuvo inerte.

Toda la comitiva volvió a Madrid en un vuelo de Iberia que transportaba el cadáver de Cuco. Miguel Ángel Aguilar, que entonces era director de *Diario 16* y viajó a Bogotá para repatriar el cuerpo del periodista estrella de su periódico —y, sobre todo, de su amigo—, evocaba la cara serena y firme de González en la pista de Barajas, mientras descargaban los restos del amigo para meterlos en el coche fúnebre.

Cinco años después, nada más ganar la presidencia, González apadrinó el premio de periodismo Francisco Cerecedo, que distingue cada año la trayectoria de una figura importante y de cuya organización se encarga desde entonces Miguel Ángel Aguilar. Lo entrega el rey de España, lo que, teniendo en cuenta las pasiones políticas de Cerecedo, no se sabe si es un homenaje o un chiste. Cuando Felipe citó a Cuco en la entrevista de 2021, tal vez recordó para sí el ruido del avión recién aterrizado o el peso muerto del amigo derrumbado sobre él. Varias veces dijo en el programa que, a su edad, todo se llena de ausencias, y aquella fue una de las primeras. Solo en el plató, solo ante la historia, solo ante una audiencia que no entendía las alusiones a sus penas, lo que quedaba del presidente aquella noche de mayo de 2021 era una soledad que se imponía a las sintonías, a los rótulos y a los movimientos de cámara.

Por mucho y muy bien que se explique, aunque seduzca con su lengua de chamán y encuentre una metáfora perfecta para cada problema complejo, nunca podrá hacerse entender, porque casi todos los que una vez le comprendieron son hoy ausencias. Felipe no tiene iguales, su vida no puede compararse con otras. Si los demás siempre son un misterio, incluso para los más íntimos, él es un agujero negro. Por eso no se puede escribir sobre Felipe. Hay que conformarse con hacerlo en torno a él, echando vistazos en cada órbita a esa España a la que atraía y repelía a la vez.

1. Prehistoria (1969-1974)

Como todas las buenas historias sobre España, esta también empieza en Francia. A quienes llevan tiempo contándola les gusta decir que comenzó en un teatro de la periferia de París, porque quienes la cuentan son los mismos clandestinos que la vivieron. Al protagonista indiscutible, el que le da su nombre, le gusta contar que todo se inició como sin querer una tarde de otoño en un teatro donde pocos sospechaban que sucediese nada importante. Le gusta decir que le tocó a él como podía haberle tocado a otro. Ni siquiera quería estar allí ni ser lo que fue. No forzó la historia, tan sólo se dejó llevar por su brisa, ciertamente fría y húmeda en la orilla del Sena, aquel mes de octubre de 1974.

El azar es lo más importante de cualquier historia. Si el protagonista no hubiera llegado a tiempo por una avería en el coche o le hubiesen detenido en la frontera de Irún antes de pasar a Francia, la historia de España sería muy distinta. Pero a mí no me interesan esos azares tan obvios. Yo quiero saber en qué momento el protagonista decidió serlo y puso toda su fuerza en ello. Es bonito pensar que nos mueve el viento, pero los caminos del poder están hechos de voluntad, y yo busco dónde y cuándo se fraguó esa voluntad.

El protagonista responderá que nunca. El destino le llevó sin quererlo a un trono que no había buscado, y le mantuvo en él pese a sus esfuerzos por levantarse. Contará su epopeya como una maldición. Qué más hubiera querido él que vivir una vida normal, la que su nombre plebeyo y sus orígenes menestrales parecían augurarle. Nunca fue un luchador, su destino era dejar pasar los años en un despacho, disfrutando de los placeres de la familia y reservando sus dotes de seducción para las cenas con los amigos. Sin embargo, las circunstancias... Ay, las circunstancias. Uno se mete en unas reuniones de esos grupos cristianos sociales de la universidad, por estar a tono con el espíritu de su tiempo y por alternar con chicas intensas y comprometidas y, casi sin darse cuenta, acaba en un partido clandestino. A poco que se deje llevar, le hacen jefe de ese partido y, si no está muy atento, termina presidiendo el gobierno, transformando un país y convirtiéndose en una figura histórica con página propia en las enciclopedias.

Ningún héroe confiesa que quería serlo, sobre todo si son políticos, obligados a impostar desprecio por el poder, pues este se resiste si huele el ansia. Podrían aprenderlo en Shakespeare si se tomaran la molestia de leerlo, como hacen sus consejeros áulicos, que meten en sus discursos tantas frases de las tragedias del escritor inglés que los oradores acaban confundiéndolas con pensamientos propios, a fuerza de repetirlos. Pueden decir, a lo Macbeth: si el azar me quiere rey, que me corone sin mi acción. O pueden hacerse los interesantes, como Ricardo III, que prefería huir cual barca impotente en alta mar, antes que verse hundido y ahogado en la espuma de su gloria.

Todos los héroes salen del mismo molde y viven en una democracia heroica perfecta. Las vidas de Gilgamesh, Aquiles, Hércules, Odiseo, Jesús de Nazaret, Buda, Alejandro, Julio César, el rey Arturo, el Cid Campeador, Bonaparte, Abraham Lincoln, Lenin, Gandhi, Maradona o Nelson Mandela tienen los mismos capítulos, que se despliegan en un esquema llamado *el camino del héroe*. Las biografías del protagonista de esta historia —la mayoría, escritas por periodistas— siguen con escrúpulo esas etapas (son doce, pero yo las resumo en seis: el nacimiento en un mundo normal y aburrido, la llamada a la aventura, el umbral o encuentro con el maestro, las pruebas de valor con los enemigos, la muerte y la resurrección). A veces, los apóstoles de esta historia se atienen a ellas con rigidez, olvidando que narran la vida de un hombre que se tiene por demócrata y descreído de dios. Una de esas biografías es tan fiel al camino del héroe que no se salta ni la parte que alude a la ayuda sobrenatural. Cuenta que, siendo el protagonista un niño, su madre visitó a una vidente que le dijo:

—Mire, señora, esté usted tranquila porque su hijo, ese que dice usted que va al colegio, va a ser un grande de España y del extranjero, no se olvide usted de esto.

Ante la incredulidad de la madre, la adivina insistió:

—Sí, no se le olvide a usted eso, va a ser un grande de España y del extranjero.

Según este guión, la ceremonia del teatro junto al Sena en octubre de 1974 sería el capítulo tercero, titulado *el umbral*. En él, el héroe acepta su destino, ayudado por un maestro o mentor. Quien mejor ha contado esto ha sido el ayudante de nuestro héroe, del que ya entonces era inseparable.

La acción transcurría en un teatro municipal y consistía en decidir el futuro de un partido ilegal e insignificante que muchos daban por desaparecido. Eran 3.586 afiliados entre exiliados y clandestinos, una nadería. Sin embargo, eran los 3.586 españoles más importantes para los partidos socialdemócratas de Alemania, Austria y Suecia, para los partidos socialistas de Francia, Italia y Portugal, para los partidos laboristas del Reino Unido, Noruega e Israel y para la poderosísima internacional sindical europea. Entre los amigos que bendecían aquel acto estaban los primeros ministros y presidentes del gobierno de las principales naciones de Europa, como el Reino Unido, Alemania, Austria o los países nórdicos, y algunos políticos de la oposición que pronto se convertirían en líderes mundiales, como Mário Soares o François Mitterrand.

La opinión pública española, si es que existe tal cosa en una dictadura, no se enteró de lo que pasaba en aquel teatro. La prensa no dio cuenta de la ceremonia, más allá de un suelto en *El Alcázar* y una entrevista en un diario andaluz que un juez secuestró. Ni siquiera la gente politizada, los que militaban en el musculoso partido comunista o agitaban las fábricas desde las comisiones obreras, tuvo noticia de aquello. Los 3.586 protagonistas, acostumbrados a no importarles a nadie, no se importaban ni a sí mismos e ignoraban que estaban haciendo historia.

En la tribuna de oradores se desempeñaba un señor muy atildado que estaba a punto de cumplir cincuenta y ocho años. Llevaba metido en la política desde la liberación de Francia, había sido ministro durante la guerra de Argelia y destacó como antigaullista fiero. Su cara y su voz eran parte de la vida de los franceses desde que tenían memoria, pero mucho más en ese momento, pues acababa de completar dos gestas que le convertían en la gran esperanza de la izquierda europea. En mayo de 1974 se había quedado a las puertas de la presidencia de la república, perdiendo por las justas frente a Giscard d'Estaing en la segunda vuelta. Era una derrota que sabía a prólogo de victoria. La otra gesta era la resurrección del partido socialista, que superó por primera vez al comunista desde la liberación.

Para algunos era triste que el futuro de la izquierda dependiese de un político tan viejo y con tantas vidas como François Mitterrand. Era el triunfo de la élite burguesa añosa, de la retórica de salón, de los trajes bien cortados y de quien distinguía un burdeos de un borgoña. Manchado por las bombas de Argelia y envilecido por las broncas de mayo del 68, Mitterrand aún no se había hecho perdonar su juventud a la sombra de Vichy y andaba por los restaurantes y las tiendas de lujo de París sin molestarse en fingir un pedigrí de resistente. Curioso país, Francia, donde el antifascismo lo abanderó un militar de derechas, y la resurrección del socialismo se debía a un presunto colaboracionista de Pétain con aires de intelectual soberbio.

No gustaba Mitterrand a los socialistas españoles. Lo tenían por frío, estirado y un poco xenófobo. Parecía que le daba asco ese contubernio de españoles llegado a las puertas de París en olor de carretera y hostal, aún con las legañas de las cabezadas del coche, después de esos viajes que hacían de un tirón desde sus casas. El protagonista había conducido más de dos mil kilómetros en varias etapas, con paradas en Madrid y Valladolid y desvíos a Portugal.

El disgusto era recíproco. El único interlocutor español al que Mitterrand trataba con hospitalidad y cariño era Enrique Tierno Galván, a quien tenía por verdadero líder socialista. Con él se entendía. Tierno era un profesor políglota y divertido con quien daba gusto tomar un buen coñac junto a la lumbre mientras citaban obscenidades eruditas de Rabelais. Los demás dirigentes del PSOE podían ser compañeros, pero nunca comensales ni contertulios, y mucho menos, amigos.

Mitterrand, pues, subió a la tribuna sin ganas, por cumplir el protocolo de anfitrión como líder del partido socialista que protegía desde 1939 los restos estragados de sus hermanos ibéricos. En aquel congreso iban a proclamar secretario general a quién sabía qué tipejo. A lo peor, un sindicalista vasco. A lo mejor, uno de esos jóvenes radicales con más palabrería que seso. Tendría que entenderse con alguien a quien despreciaba, y a Mitterrand le costaba mucho disimular el desprecio, si es que alguna vez lo disimulaba. En la platea, un gentío de andaluces, vascos, madrileños y exiliados que ya no sabían de dónde eran le escuchaba con disciplina socialista y un punto de emoción a su pesar. Después de todo, aquel francés era el faro de la izquierda europea, el líder que llevaban años esperando y un aliado providencial para cuando Franco bajase al fin al infierno que se había ganado. Convenía no enfadar a Mitterrand, que subió al escenario sin quitarse la bufanda, para proteger la voz.

Fue una arenga inspirada que hablaba del futuro. Con la esperanza señalando la muerte del dictador, lanzó su presagio. Dijo que estaba próximo el momento en que los socialistas españoles deberían asumir responsabilidades. Tal vez en dos, tres o cuatro años, no más. El papel del PSOE en la historia de España iba a ser decisivo, y en ese congreso estaban eligiendo a quienes protagonizarían la etapa siguiente. Tal vez Mitterrand pensaba más en sí mismo que en España, y proyectaba sobre aquellos 3.586 militantes clandestinos los sueños de *grandeur* que acariciaba ya con la punta de esos dedos tratados con manicura. Nadie daba un franco aquellos días por un partido que ni siquiera existía como tal. Tenían muchos amigos poderosos en los parlamentos y palacios de gobierno de Europa, pero en España no eran nada. ¿Cómo iba a creer Mitterrand que estaba hablando a los nuevos líderes democráticos de España? Aquello debía de ser pura condescendencia o una forma de coquetería de quien sí estaba a punto de entrar en el palacio del Elíseo.

Cuando dijo: «Esta generación no pasará sin afrontar las responsabilidades del poder», el ayudante del héroe sintió un «topetazo en la mente», como él mismo confesó en sus memorias: «Nunca había considerado que nosotros, aquellos jóvenes rebeldes contra la dictadura, un día pudiéramos ser los investidos por la "púrpura" del Poder», escribió en el primer tomo de sus memorias. El entrecomillado de *púrpura* y la mayúscula de *Poder* son suyas y dan cuenta tipográfica de la impresión que el augurio de Mitterrand dejó en su alma.

Mitterrand, en su papel de mentor, maestro o incluso druida galo, iluminaba al héroe con su sabiduría y lo dejaba solo y responsable de su destino. Por eso casi todos los cronistas empiezan en Suresnes. Ese suburbio de París tiene una eufonía mágica para cualquier militante socialista. Representa el instante decisivo, el día en que Felipe González Márquez se convirtió en Felipe, y su fiel escudero Alfonso Guerra, el del topetazo y la púrpura, devino Alfonso.

Pero yo no me lo creo. La historia tiene otros principios.

Hotel Larreta, calle Bourgneuf, 40, Bayona, Francia, 14 de julio de 1969, 19.00. Aunque era fiesta nacional en Francia, para monsieur y madame Larreta aquel fue un día de mucho trabajo. Su pequeño restaurante, pastelería y hotel estaba lleno de españoles que trasnochaban mucho y madrugaban poco. El matrimonio había tratado a varias generaciones de refugiados, clandestinos y gente con pasaportes raros, que se pasaban entre ellos el nombre del hotel y lo usaban como cuartel general en sus viajes. Era un establecimiento modesto en una calle popular y angosta de la vieja Bayona. Los pasillos estrechos, el aparador de época y la caja registradora de los años treinta le daban un aire resistente que a los socialistas del otro lado de la frontera les recordaba a una España que no vivieron. Aquella tarde calurosa, las salitas viejas se ahumaban con los cigarros de unos vascos y unos sevillanos que acababan de conocerse y no podían dejar de hablar. Tenían tanto que decirse.

Los vascos se llamaban Enrique Múgica, Ramón Rubial y Nicolás Redondo. El primero era un abogado de treinta y siete años, de orígenes burgueses y modales refinados, que empezó militando en el partido comunista y se pasó a la UGT tras defender a varios obreros ante los jueces. Rubial era el mayor, un sesentón flaco de puro nervio, algo desgarbado y de nariz muy aguileña. Era un obrero de casta obrera, un cántabro destetado en los tornos y chimeneas de la ría de Bilbao, hijo y heredero de la muy masculina tradición socialista de Vizcaya. Ni sabía las veces que había estado en la cárcel desde la revolución de 1934, y no había sentencias ni destierros capaces de apagarle el entusiasmo. A esas alturas era la figura principal del PSOE y la UGT dentro de España. Trabajaba en un taller del barrio de Deusto, pero dedicaba casi todas sus horas a mantener viva la ilusión política. Nicolás Redondo, el tercer vasco del Larreta, tenía poco más de cuarenta y era el primer discípulo de Rubial. Hijo de un socialista bilbaíno y trabajador del metal, llevaba desde la adolescencia metiéndose en todos los líos de todas las fábricas vascas, lo que le hizo también merecedor de cárceles y destierros.

Los tres vizcaínos sumaban muchos años de sacrificio por la causa y compartían su condición de militantes del interior. Siempre habían trabajado en España, estaban al tanto de los conflictos obreros, se enfrentaban cada día a la represión y tenían bien tomado el pulso a las calles. No se hacían ilusiones heroicas de asaltar El Pardo ni se perdían en nostalgias de miliciano. Llevaban mucho tiempo hospedándose en el Larreta y recorriendo Francia para soportar los discursos de los dirigentes del exilio donde se encadenaban series eternas de chorradas sobre victorias, resistencias y batallitas de la guerra.

Múgica se había educado en el sometimiento leninista del PCE, y Rubial y Redondo cultivaban los valores tradicionales del socialismo de Pablo Iglesias: disciplina, honradez, discreción, ejemplaridad, austeridad y obediencia. Estaban convencidos de que la dirección del PSOE era incapaz de concebir una estrategia realista, pero su sentido del compromiso les impedía plantear herejías. Como militantes del interior, no tenían poder para oponerse a la autoridad de los exiliados en Francia y en México. Acataban sin rechistar las resoluciones y se conformaban con maldecir en las sobremesas del Larreta, compartiendo unas cajetillas de Gitanes cuando se les acababan los Ducados que traían de España.

Aquel 14 de julio de 1969 había sucedido algo impresionante. Una luz meridional se abrió entre las nubes vascas de la Pequeña Bayona —así se llama ese barrio— y cegó el comedor del Larreta con una verdad bíblica. Hasta Rubial, que se había deslumbrado ya con todas las luces del mundo, estaba emocionado. Habían conocido a un sevillano de veintisiete años, moreno y de pelo yeyé, que sonreía con todos los dientes desparejos y discurseaba con soltura de tribuno. Se llamaba Felipe González y había viajado con otro sevillano, Rafael Escuredo. Ambos eran abogados laboralistas, nadie en el partido ni en el sindicato los conocía y no tenían pedigrí republicano. Habían cruzado España en un R-8 propiedad de un literato llamado Alfonso Guerra y se habían plantado en Bayona el día de la reunión del comité nacional para decirle al secretario general, Rodolfo Llopis, que ellos eran el PSOE en Andalucía y no había más que hablar.

Desde 1939, la memoria del PSOE en Andalucía estaba en manos de Alfonso Fernández Torres, un viejo militante que presidió la Diputación Provincial de Jaén durante la guerra y purgaba sus años rojos trabajando como guarda en un garaje de la calle San Vicente de Sevilla, donde reunía y reclutaba a jóvenes abogados que salían de la facultad de Derecho con muchas ganas de bronca antifranquista. Así se formó un grupo muy básico al que se incorporó Felipe. Fernández Torres se llevaba muy mal con Rodolfo Llopis, el secretario general en el exilio y, en una de sus muchas discusiones, aquel fue expulsado. En su lugar, Llopis nombró a un tal Antonio Ramos, un abogado de Algeciras un poco turbio de quien se sospechaban relaciones con los contrabandistas del Estrecho.

Herido de muerte en su orgullo, Fernández Torres no contó a los jóvenes abogados laboralistas que lo habían echado del partido y siguió con sus reuniones como si tal cosa, hasta que el tipo de Algeciras se plantó en Sevilla y, mientras devoraba un platillo de aceitunas tras otro, les contó en un bar que el PSOE era él. Qué manera de comer aceitunas. Era difícil seguir sus razonamientos, puntuados con los huesos que escupía. Desde aquella tarde, lo conocieron como el tío de las aceitunas. Cuando se zampó el último plato y volvió a Algeciras, los sevillanos acordaron contactar directamente con la dirección del partido en el exilio. Se enteraron de que había una reunión del comité en Bayona a mediados de julio y decidieron plantarse allí para contar quiénes eran y qué estaban haciendo en Sevilla. Así fue como Escuredo y González cruzaron España en el R-8 que les prestó Guerra, pasaron la frontera, se registraron en el Larreta y llamaron a la puerta del Club Nautique, donde estaba reunida la plana mayor socialista y nadie los esperaba.

Felipe tomó la palabra cuando se la dieron y largó un discurso que remeneó el tuétano de aquellos exiliados, acostumbrados a la oratoria de cartón. Ese moreno agitanado, al que los vascos pronto llamarían Moro, usaba un lenguaje de otro planeta. Encadenaba las frases sin titubeos, con una seguridad impropia de un pimpollo. Decía que la dirección del exilio estaba desconectada de la realidad de España, que los dirigentes vivían paralizados por la nostalgia de un país perdido y la sordera ante las voces que hablaban desde la España presente y viva. Habló de un «exceso de acumulación ideológica» en el PSOE, una expresión que sugería sedimentos y agua estancada. Los asistentes se volvieron con discreción hacia Rodolfo Llopis y los miembros de la ejecutiva, que escuchaban muy serios y tiesos, convertidos en estatuas de barro, restos arqueológicos sin etiquetar. En definitiva, concluyó Felipe con un acento sevillano muy marcado que aliñaba de frescura cada frase: si el PSOE quería ser algo en la lucha democrática, debía dar voz y poder a los militantes del interior, porque la España de 1969 no era la de 1931, y a Franco no se lo derrotaba con ritos masónicos ni citas de discursos de Pablo Iglesias ni ejércitos del Ebro, que una noche el río pasaron, ay Carmela, ay Carmela.

Al terminar el comité, los vascos hicieron un corrillo y acordaron conocer mejor a ese torero. Múgica corrió al Larreta para buscarlo, y luego llegaron Rubial y Redondo y montaron una tertulia. No había mucho tiempo, pues

36

los sevillanos regresaban al día siguiente. Felipe tenía a su novia Carmen esperando para casarse y había prometido llegar a tiempo. Eso también los maravilló. Ellos se habían perdido todas las bodas, los bautizos y no pocos funerales. La causa lo ocupaba todo. Rubial recordó el mar que se veía desde la celda del Dueso, donde pasó los años que podría haber dedicado a la familia. Ese Felipe estaba hecho de otra pasta. Era capaz de vivir y militar al mismo tiempo, no renunciaba a nada.

Entre botellas y cigarros, le dijeron que estaban con él. Quizá fuera la primera vez que alguien se lo decía con ese entusiasmo sincero cuyo eco resonaría tantas veces en los años por venir. Felipe, estamos contigo. Hay que acabar con la hegemonía del exilio, hay que romper con ellos y montar un partido nuevo que represente a la España de hoy, no a la república de ayer. Los vascos sabían que esa tarea los desbordaba, pero parecía hecha a la medida de ese moreno desgreñado. Había que mantener el contacto, tenían mucho que hablar y trabajar. Se citarían en Bilbao, en Sevilla, en Madrid, donde fuera.

Aquel chaval agitanado tenía una última cualidad que los desconcertaba y que terminó de seducirlos: era inmune al elogio. Si le daban coba, respondía con silencios o monosílabos. Estaba tan seguro de sí mismo —pensaban los vascos— que no necesitaba la aprobación de sus compañeros ni de sus mayores. En la distancia corta, hablaba con franqueza y cierta brutalidad masculina, con mucho joder y mucho coño. Si no fuera por el acento, podría pasar por un obrero de los altos hornos de Sestao. Múgica estaba acostumbrado a los comunistas plomizos, y Redondo y Rubial trataban a diario con sindicalistas prácticos, resueltos y de pocas palabras. El descubrimiento de aquella tarde en Bayona los deslumbraba. No sólo habían encontrado a un orador arrojado y brillante que dominaba el lenguaje contemporáneo, sino a un compañero de verdad.

No creo que brindaran en el hotel Larreta, porque Felipe no era efusivo, pero sí cundió una sensación inaugural, casi pionera. Noventa años antes, unos tipógrafos habían fundado el Partido Socialista Obrero Español en una tasca junto a la Puerta del Sol de Madrid. Casa Labra, hoy reclamo turístico, era una taberna tan discreta y marginal como el hotel Larreta de Bayona. Ambas reuniones fueron clandestinas y en ambas había más ilusión que esperanza, pues sus protagonistas sabían que nadie estaba al tanto de su existencia.

A la mañana siguiente, muy temprano, Escuredo y González arrancaron el R-8 y rodaron por la carretera nacional 10 hacia la frontera de Behobia. Si los guardias del puente no ponían pegas, llegarían a Sevilla a tiempo para la boda.

Calle del Général Leclerc, 33, Albi, Francia, verano de 1969. La mejor forma de conllevar la militancia y la vida es confundirlas en una sola cosa. Por eso el viaje de novios de Felipe y Carmen consistió en conducir por el sur de Francia para asistir a reuniones políticas y conocer a los dirigentes socialistas. Rodolfo Llopis estaba muy intrigado por aquel sevillano insolente, así que invitó a la pareja a pasar una tarde con él.

El secretario general del PSOE desde 1944, presidente de la república en el exilio en 1947 y masón destacado del Gran Oriente Español en el Exilio y de la Gran Logia de Francia —lo que le daba el rango de heredero legítimo de la España republicana, socialista y liberal—, vivía en una casita de dos alturas del barrio de la estación de Albi, al final de una calle sin comercios formada por viviendas de ferroviarios. Allí habían ido a pudrirse los sueños de siglo y medio de ilustración y progreso españoles. Allí había pasado Llopis los últimos treinta de sus setenta y cuatro años.

En aquella casa aún flotaba el fantasma de Francisco Largo Caballero, el viejo presidente del PSOE y del gobierno republicano. Tras la capitulación de Francia en junio de 1940, Largo huyó con sus hijas del París ocupado y llamó a la puerta de su amigo Llopis, con quien había cruzado la frontera en 1939, tras la última sesión de las Cortes republicanas en Figueras, y vivía en lo que cínicamente se llamaba la Francia Libre o Francia *Nono* (*non-occupée*). Se creyeron a salvo de los nazis durante unas semanas, pero la nueva policía de Vichy no tardó en arrestarlos. Largo dio tumbos por centros y campos de detención, desprotegido por todos, sin más amparo que las gestiones diplomáticas que algunos compañeros hacían en México, el único país que se preocupaba por la suerte de los republicanos en Francia. A Rodolfo, al estar casado con una ciudadana francesa, tan sólo lo reubicaron en otro pueblo durante un tiempo, bajo vigilancia. Después de muchas idas y venidas, la Gestapo le echó mano a Largo, que tal vez fue torturado por el mismísimo Klaus Barbie en Lyon y luego en París, para acabar en el campo de Sachsenhausen, de donde fue milagrosamente liberado por unos soldados polacos en 1945. Murió menos de un año después.

Rodolfo y Georgette vivieron siempre con el recuerdo del compañero al que no pudieron proteger. Tan sólo lograron cobijar a una de sus hijas. Allí, en el umbral de esa casita ferroviaria de dos alturas, terminó un acto de la tragedia del socialismo español, y allí estaba a punto de abrirse uno nuevo, en tono menos grave y tras un interludio de treinta años.

Georgette Boyé y Rodolfo Llopis se habían conocido en Madrid en 1931, cuando él era director general en el ministerio de Instrucción Pública y organizaba una de las mayores reformas educativas de la historia de España, el *decreto Llopis*, que permitió construir miles de escuelas, crear un cuerpo nacional de maestros con salarios dignos y arrancar a las órdenes religiosas el monopolio de la enseñanza. Llopis era el brazo ejecutor de los ideales de la Institución Libre de Enseñanza, el discípulo que mejor entendió a Giner de los Ríos y a Bartolomé Cossío, y quien convirtió sus sueños reformistas y laicos en una política de Estado. Georgette era una joven profesora del Liceo Francés de Madrid, entusiasmada por la cultura y la literatura españolas y fascinada por el aire de fiesta mayor que la república había dado a las calles, el cual transmitía en las crónicas que redactaba para *Le Populaire*, el órgano de propaganda de los socialistas franceses. Comulgaba radicalmente con el espíritu pedagógico de Llopis y quería ser parte de ese cambio. Por eso se enamoró de aquel maestro diez años mayor que ella. Se casaron en plena guerra, en 1937, cuando empezaban a pintar bastos para su bando y convenía tener un plan de fuga a mano.

Poco después de la boda, Georgette se quedó embarazada y decidieron que la España de las bombas y el hambre no era el sitio adecuado para criar, por lo que la maestra pidió el traslado a Francia. Le dieron una plaza en el liceo Louis Rascol de Albi, donde vivía su padre, funcionario de los ferrocarriles. Por eso tenían la casita en el barrio de la estación, y por eso el exilio no fue tan traumático para Llopis, que sólo tuvo que subirse a un tren tras cruzar la frontera, bajarse en la estación de Albi y recorrer a pie doscientos metros hasta la puerta de su hogar, donde lo recibió Georgette con su hijo Rodolfo en brazos. A esa hora, miles de compatriotas se amontonaban en las playas de Argelès o gastaban sus últimos ahorros en una pensión, sin saber qué sería de ellos al día siguiente.

Salvados los trastornos de la ocupación y llorados los amigos que los nazis se llevaron, la vida de los Llopis fue calmada y previsible. Georgette daba clases en el liceo y Rodolfo volcó su talento organizativo, el mismo que había usado para revolucionar la primera enseñanza en España, en resucitar el PSOE, tarea que logró con paciencia, recosiendo todos los jirones que encontró entre la diáspora y la clandestinidad interior y negociando el apoyo de los compañeros franceses, que siempre atendieron con gusto a los hermanos españoles. En 1944 le nombraron secretario general de un partido que volvía a funcionar nominalmente, mediante agrupaciones en Francia, en el norte de África y en México y mediante un enlace con los compañeros del interior, que se organizaban en grupos muy pequeños, sobre todo en Asturias, en el País Vasco y en Madrid. Bajo su mandato, el PSOE renunció a la violencia y ordenó a sus militantes en España que fuesen discretos y precavidos, anteponiendo siempre la seguridad a la causa. No querían mártires. El objetivo era autopreservarse y mantener la organización a la espera de una restauración democrática.

Nadie cuestionó su jefatura, por lo que el partido empezó a parecerse a esa casa ferroviaria de Albi: algo anodino que funcionaba por inercia e ignorado por los viandantes, que caminaban con prisa hacia barrios más interesantes. Como el interior de la vivienda, el partido se iba pasando de moda y acumulaba polvo en algunos rincones poco ventilados. Las fotos de amigos muertos superaban ya las de los vivos, y las tardes se espesaban en el tictac del reloj de pared y el borboteo de la cafetera.

En esa calle del Général Leclerc aparcó a finales de julio de 1969 un Citroën Dyane 6 nuevo que llevaba más de mil quinientos kilómetros de rodaje desde que saliera de Sevilla unos días antes. Veintinueve años después de que los nudillos angustiados de Largo Caballero golpeasen la puerta de los Llopis en busca de refugio, cruzaban su umbral unos recién casados sonrientes y amabilísimos. Él era el abogado que había soliviantado en Bayona a todo el comité nacional. Ella se llamaba Carmen Romero, era filóloga e hija de un oficial del ejército del aire. También militaba en el partido y aspiraba a ser profesora, como Georgette, que se acababa de jubilar. Los anfitriones aún no sabían que aquellos jóvenes venían a demoler de un mandoble esa casita ferroviaria y toda la historia socialista que guardaba.

—Bueno, compañero Felipe, ¿cómo te llamas? —quiso saber Llopis, dando por supuesto que Felipe era nombre de guerra, lo que desmintió el aludido, un poco extrañado por la pregunta.

—Eso no puede ser —dijo Llopis—, no se puede ir por ahí con el nombre al aire, para que lo vea todo el mundo. Tienes que ponerte un alias. ¿Es que os creéis que Franco ha muerto? Vais por la vida como si fuéramos legales, hay que joderse.

Carmen propuso Isidoro, nombre común, devoto y castizo en Sevilla, pero un poco raro para las costumbres clandestinas, que reclamaban nombres más llanos y de pasar más inadvertido, como Juan o Mariano. Isidoro gustó a Llopis, tal vez porque lo proponía esa chica tan guapa, exotiquísima en el mundo macho de la política exiliada, y a Felipe lo mismo le daba, porque no pensaba usarlo. Había decidido ya desprenderse de todos los melindres de la ilegalidad y guiarse tan sólo por el sentido común. Sin embargo, aquello tuvo algo de ceremonia de bautizo. Llopis era masón y le encantaban las liturgias iniciáticas. Si hubiera tenido a mano un salón con suelo ajedrezado y unas cortinas rojas, habría ungido al compañero como merecía, pero se tuvo que conformar con un café.

—¿Has estado ya en Toulouse, Felipe? ¿Conoces la sede? Mi hijo vive en Toulouse, es un poco mayor que tú, andáis por la misma quinta. Es profesor, como nosotros, como los buenos socialistas, un educador del pueblo. Tú eres abogado, ¿verdad? Está bien eso, la UGT necesita abogados, pero no olvides que somos un partido obrero.

Felipe había estado en Toulouse, donde asistió a unas jornadas de las juventudes socialistas, cuyos dirigentes tenían sesenta años. En el exilio, las generaciones políticas no se renovaban, y quien lideraba las juventudes en 1939 seguía en el cargo en 1969. Felipe y Carmen habían estado en todas partes y habían conocido a todos los que había que conocer. Que aquellos recién casados dedicasen el viaje de novios a estudiar la estructura del PSOE en Francia debería haber puesto en alerta a Llopis mucho más que el discurso de Bayona, pues el gesto revelaba una voluntad ferocísima. Estaba claro que el matrimonio había decidido que esa iba a ser su vida y no veían nada más importante hasta donde alcanzaba la vista. Podrían haber invertido esas semanas francesas en probar quesos, visitar librerías y ponerse al día en la *nouvelle vague*, pero eligieron entender el partido. En términos militares, aquel fue un viaje de reconocimiento.

A Felipe no le pesaban los kilómetros. Conducía desde los dieciocho, cuando su padre le pidió que repartiese los encargos por Sevilla con la furgoneta de la vaquería. Luego se iba a la facultad, abrigado con una pelliza que realzaba su aspecto rústico. Alfonso Guerra decía que aquel muchacho olía a establo, lo que siempre me ha costado creer, porque otros no recuerdan ese olor. Tal vez Alfonso exagere, ejerciendo el legítimo arte de la hipérbole literaria, privilegio de todo buen contador de historias, pero también puede ser propaganda. A los felipistas les gusta mucho subrayar cualquier rasgo menestral del héroe, y Felipe no fue obrero, pero sí vaquero, y su olor a establo lo es de santidad, de héroe nacido en la pureza más inocente del pueblo. Cuando Alfonso escribió que, la primera vez que lo vio, Felipe olía a establo, narraba un encuentro con dios.

No sé si ayudar a su padre a acarrear cántaros y piensos consagró a González como hijo del pueblo, pero sí le hizo un conductor excelente e incansable, y esa habilidad le acercó al dominio del partido. Podía pasarse la vida en la carretera. Se plantaba en Francia desde Sevilla en un día, cruzando un país sin autovías, por rutas viejas, peligrosas y lentas. Así pudo hacerse ubicuo. A diferencia de otros compañeros, que no tenían coche, carecían de su aguante carretero o, simplemente, vivían atados a trabajos y obligaciones familiares que les impedían salir pitando a la menor ocasión, Felipe estaba siempre en movimiento. Su trabajo en el despacho laboralista era casi una tapadera. El peso de los casos y del trabajo de oficina lo llevaban Escuredo y los demás, y él disponía de libertad para ausentarse los días que fueran necesarios.

Por eso conocía muy bien Toulouse y se impacientaba en Toulouse, porque Toulouse era el muladar donde se pudrían las esperanzas democráticas de una generación que ya no entendía nada. En la plaza circular Wilson tomaban el sol los anarquistas. Viejos dirigentes de la FAI y de la CNT se enseñaban los callos que les había dejado el gatillo del rifle máuser en el frente de Aragón, y los comunistas, más hoscos y clandestinos, conspiraban en serio, pues eran los únicos que creían de verdad en la derrota de la dictadura. Entre unos y otros estaban los socialistas: mineros de Asturias, obreros de Barcelona y funcionarios de Madrid, todos con exceso de acumulación ideológica, como dijo Felipe en Bayona, congestionados por la lectura de los artículos de fondo de *El Socialista*. Se les reconocía por sus andares lentos y su melancolía de pedagogos al salir de la sede de la calle del Taur, un segundo antes de fundirse en gris entre el gentío que tomaba Ricard en las terrazas de la plaza del Capitolio, unos metros más abajo.

Si llevase una hache intercalada, la calle del Taur sería la metáfora burda perfecta, pero Taur no alude a la ludopatía. Es una forma antigua de nombrar al toro, lo que, entre españoles, también da juego, sobre todo a Felipe, que nunca despreció un símil taurino. Algunos dirigentes, también muy aficionados, habían descrito su discurso de Bayona como una entrada a portagayola, y Carmen García Bloise, hija de exiliados ugetistas, lo comparó con Curro Romero. Ahí estaba, un bravo matador sevillano, curtido en tentar la luna en las dehesas de Sevilla, presente ante la exquisita afición francesa para consagrarse.

El toro de la calle del Taur evoca a un animal mitológico que destrozó el cuerpo del primer obispo de Toulouse, san Saturnino de Tolosa, un cristiano que llegó a la ciudad en el siglo III y sufrió el martirio consecuente. Los romanos lo ataron a un toro que trotó y coceó furioso desde el Capitolio hasta el lugar donde hoy se levanta la basílica dedicada al santo, marcando el sitio donde el cristiano dejó de respirar. El trazado de la calle se corresponde con el recorrido de la bestia. Muchos siglos después, en el mismo lugar, el ayuntamiento de la ciudad cedió un viejo cine a los exiliados de un partido que compartía muchas cosas con san Saturnino de Tolosa. Allí se impusieron penitencias y sacrificios con la misma serenidad con que los sufrieron los cristianos de las catacumbas.

Hoy, la calle del Taur tiene un aire un poco destartalado, que, en 1969, debía de ser cochambroso. Aún abundan las librerías de viejo, pero de viejo gruñón. En las calles estrechas y hamponas no habría creperías ni restaurantes argentinos ni heladerías de auténtico *gelato* italiano, como en 2021. A según qué horas, alcanzar los números 69 y 71, domicilios oficiales del PSOE y la UGT, debía de ser una experiencia desaconsejada para maníacos y depresivos.

La vieja sede es hoy la filmoteca municipal y, aunque está muy reformada y llena de alusiones al cine de vanguardia, conserva casi toda la melancolía verbenera de aquellos exiliados. Es un edificio ecléctico en torno a un patio arbolado que recuerda a una corrala de Lavapiés. En los años cuarenta, el PSOE se reunía en la Sala del Senescal, a cien metros de allí, pero los socialistas franceses consideraron que la calle del Taur era mucho más madrileña, de romería, porrón y tortilla de patatas. El patio de los mítines se usa ahora como aparcamiento, pero siguen ahí los mismos plátanos que daban sombra a los oradores, y tanto los muros pintados de pardo suicida como las contraventanas de madera astillada evocan el aire ferroviario de aquel socialismo. No queda en la península un sitio tan republicano como ese patio. Al cruzar el arco, Felipe y Carmen tuvieron que sentir que viajaban en el tiempo y pisaban una España anterior a la guerra.

Aquellos plátanos eran lo único que no recordaba a la derrota. El resto, lo que con optimismo se llamaba Casa del Pueblo, era una colección de habitaciones frías y desportilladas en las que no había mucho que hacer. Sus ocupantes siempre estaban de paso y prácticamente las usaban una vez al año, para quitarles el polvo a los archivos, fingir que seguían existiendo y echar de menos a los muertos.

Tres calles más abajo, las chicas llevaban minifalda y se morreaban con novios que, con cierta luz y en escorzo, se daban un aire a Alain Delon. No había nada en aquella sede que interpelase a esa sociedad de 1969 que corría, bailaba y no entendía de masones o de pedagogos peripatéticos. Me gusta imaginar que Felipe se lo dijo a Carmen, al salir del portal de la calle del Taur y buscar un bistró barato para cenar. En cuanto llegaron a la plaza porticada y encontraron una mesa libre, decidieron que el partido debía existir ahí, en esa copa de vino y en esas risas, lejos de aquellos años treinta eternos que se reponían a diario, como en un cine de reestreno, en la calle del Taur.

Volvieron a casa unos días después, pero el cuentakilómetros del Citroën no dejó de subir en los meses siguientes. La amistad con Nicolás Redondo y los vascos se estrechó, y aparecieron también unos madrileños finos, delgados, muy aseaditos, de buena familia y con muchas lecturas marxistas en la biblioteca. También hubo encuentros con mineros viejos de Asturias, otro núcleo de resistencia socialista montado en torno al carisma revolucionario del compañero Otilio, con quien Felipe tuvo una relación íntima, casi de hijo adoptivo. Asomaron por ahí algunos catalanes que también se amigaron. González quemó muchísima gasolina para cultivar esas amistades y convencerlas de que había que imponerse al aparato del exilio. Todos habían estado en Toulouse, todos se habían deprimido al intentar cerrar en la sede una contraventana con los goznes oxidados, todos habían aprendido a no bostezar ante los parlamentos criptomarxistas de aquellos exiliados a quienes la artrosis ya no dejaba cerrar el puño para cantar «La Internacional».

En los pocos ratos que pasó en su casa de Sevilla y atendió las obligaciones del despacho laboralista, Felipe tuvo tiempo de asesorar a los trabajadores de Siderúrgica Sevillana, que arrastraban meses de conflicto laboral y habían confiado en la UGT para que los guiara en la lucha, lo cual era insólito, pues casi todos los líos obreros caían del lado de las comisiones controladas por los comunistas. La suerte quiso que uno de los líderes de los trabajadores fuese socialista y arrastrase a los demás a la estrategia ugetista, que se diferenciaba radicalmente de la de Comisiones. Mientras los comunistas postulaban el *entrismo*, esto es, *entrar* en la organización, infiltrarse en las estructuras legales del sindicato único de la dictadura para controlarlas, la pequeña UGT apostaba por la ilegalidad y la confrontación. Por eso el caso acabó en el escritorio de Felipe, que se convirtió en el abogado de los obreros, a quienes convenció de ir a la huelga.

Los abogados viajaron a Bélgica para pedir el apoyo de la Internacional Socialista, y las centrales sindicales de Europa se volcaron con el conflicto de Siderúrgica Sevillana, dándole un eco internacional. Aquello sacó a la UGT de su insignificancia. Los españoles que mejor leían los interlineados de la prensa censurada se enteraron entonces de que el viejo sindicato seguía vivo. Gracias a todo ese ruido, los sevillanos se vistieron de prestigio y autoridad. En menos de un año, habían pasado de ser unos jóvenes con greñas que se las daban de antifranquistas, en una ciudad que no le importaba a nadie, a convertirse en la referencia del partido en el interior. O, al menos, en el bastón de los vascos y los asturianos, que se apoyaban en los andaluces para coger impulso contra la dirección de Toulouse. Por eso, cuando Llopis convocó el congreso ordinario de agosto de 1970 (el undécimo en el exilio), los vascos, los asturianos y algunos madrileños reclamaron que el sevillano Isidoro defendiese una ponencia resumiendo cientos de horas de conversación y tabaco: iban a reclamar una dirección igualitaria entre representantes del interior y de Francia. Incluso pedirían que el secretario general residiese en España. El partido no podía seguir sometido a la voluntad de quienes llevaban treinta años sin cruzar los Pirineos.

Sede del PSOE en el exilio, calle del Taur, 69, Toulouse, Francia, 16 de agosto de 1970, 21.00. Felipe volvió a la calle del Taur, más toro que torero. Llegó embistiendo las maderas podridas del portón, como la bestia que mató a san Saturnino de Tolosa, cuyo papel iba a interpretar Rodolfo Llopis, aunque no lo sabía, y por eso acudió a la sede con la tranquilidad y la autoridad de siempre.

Bajo los plátanos de sombra se congregaban muchos socialistas del interior que no solían viajar a Toulouse. Había algunos jóvenes, caras nuevas de cutis terso, sin arrugas de exilio ni tiznes de la carbonilla que flota en las barriadas ferroviarias francesas. El maldito sevillano había pedido un voto particular al final del congreso, y todos esos pimpollos acudían a aplaudirlo. Llopis reaccionó con rapidez de animal político y reescribió los folios que llevaba con la memoria de gestión, el rito con el que el secretario general defiende su trabajo y pide la confianza del congreso para seguir dirigiendo el partido.

Él también fue joven, empezó a decir desde la atalaya de sus setenta y cinco. Él también se enfrentó a los viejos de su época. Era natural que la juventud, con sus ideas frescas y radicales, sacudiera la inercia de los viejos. Los jóvenes eran imprescindibles para que el partido siguiese vivo, había que celebrar siempre su entusiasmo. Ahora bien, dentro de un orden, y ese orden lo imponía la unidad del PSOE. Una cosa era proponer ideas nuevas, y otra muy distinta, faltar al respeto a las canas. Él nunca se atrevió a despreciar a Pablo Iglesias ni a Largo Caballero, bravos fundadores del socialismo. Pudo discutirles cosas, pero siempre los veneró y jamás los tuvo por trastos rotos —y quizá aquí se acordó de los ojos de perro abandonado de Largo cuando llamó a su puerta de Albi en 1940—. Había que encontrar un punto de acuerdo, un espacio político donde jóvenes y viejos pudieran trabajar juntos por las ideas que compartían. Los entendía, cómo no iba a entenderlos, si veía en sus caras el reflejo del joven maestro valenciano, un tal Llopis, que solicitó el carnet en 1917, pero ellos también debían entenderlos a ellos y respetar la herencia casi centenaria del partido.

Invocó el eterno retorno, lo cual fue una traición al socialismo, que concibe la historia en línea recta, siempre hacia el futuro, jamás circular. El progreso implica que las cosas no se repiten, por mucho que Marx dijera aquello de la historia como tragedia y farsa. Lo viejo no vuelve, tan sólo muere. Pero no fue ese su peor error, sino la condescendencia. Nada le irrita más a un adolescente que un señor mayor que atribuya su enfado a las hormonas, a la naturaleza humana o a la ley de vida.

A las nueve de la noche del cuarto día de congreso, con el cabreo bien cebado por el humo de cientos de cigarros, Felipe subió a la tribuna. En teoría era el compañero Isidoro, pero sólo para las actas y documentos. Era tal su desprecio por los ritos clandestinos que apartó la cortina y ocupó el escenario a cara descubierta. Desde 1944, Llopis obligaba a los militantes del interior a intervenir tras un telón que protegía su identidad. Para los exiliados, los compañeros de España eran unos pies parlantes, lo que complacía a los masones, siempre cuidadosos de sus ceremonias mistéricas, pero reducía el debate a una charla de probador de El Corte Inglés. Los del interior, doblemente interiorizados, sólo podían preguntar si les quedaba bien el traje, cuyo corte había diseñado el exilio. Al bolchevique Felipe aquello le parecía una prueba más de lo lejos que quedaba el mundo real de la calle del Taur. Encendido y crecido, aprovechó las sombras casi expresionistas del crepúsculo, que diluían el tono de la romería republicana, para sacar el hacha y hacer leña del viejo PSOE.

El fondo de la ponencia era banal, como todas las cuestiones organizativas: pedía que la comisión ejecutiva tuviera más miembros del interior que del exterior. Aunque la sede formal del PSOE siguiese en Toulouse, las decisiones políticas y la estrategia debían decidirse en España. Había muchas formas de plantear eso, y Felipe escogió la más cruel. Miró a los ojos a Llopis y personalizó todo el discurso, convirtiéndolo en un duelo personal. Jamás en la historia del partido se había visto algo así. Nunca un recién llegado había desafiado con tanta chulería y tan pocos eufemismos al secretario general. El público no sabía cómo reaccionar al oír en la tribuna lo que sólo se decía en corrillos y sobremesas. Qué barbaridades, qué groserías, quién se había creído ese niñato para hablarles así:

—Usted representa todo lo que la nueva Europa ya no quiere. Usted recuerda lo que nuestros compañeros socialistas quieren olvidar. Usted, que ha luchado por la democracia, ya no la representa.

Cuando se recompuso, Llopis respondió. Las réplicas y contrarréplicas duraron cinco horas. Muchos perdieron el apetito y no probaron los bocadillos de la cena. Algunos lloraron al ver su partido roto en dos pedazos, y disuelta en el griterío dogmático de una noche de agosto la lucha de sus vidas. La ponencia de Felipe recibió el ochenta por ciento de los votos, pero Llopis no perdió la secretaría general, lo que dejaba al partido en una situación de parálisis: el interior dominaba al fin los órganos de poder, pero las decisiones últimas seguían en manos de la vieja guardia. Algo había cambiado para siempre, aunque los dirigentes del exilio fingían que sólo había sido una disputa doctrinal. Al terminar, Rodolfo Llopis volvió a su casa, seguro entre sus fotos y el tictac de los relojes de pared, asiendo con sus manos ancianas las siglas de su vida.

En la casa del barrio de la estación de Albi las horas se repetían idénticas, y ni siquiera el sol, cada vez más breve conforme se acomodaba al otoño, transmitía urgencias. El tiempo allí no era arena, sino un engrudo que no se escurría por el desagüe. Cada curso, Georgette enseñaba las mismas lecciones en el mismo orden, y llegaba a casa cada tarde a la misma hora. Llopis no daba clases. Se dedicaba por entero al partido, del que no cobraba un franco, pero había metabolizado los ciclos de los cursos escolares y medía el tiempo entre verano y verano. No había prisa, porque casi nada cambiaba de un año a otro, y no concebía otra vida que no consistiera en esperar.

Acababa de celebrarse el congreso del partido. Ahora había que esperar un año para celebrar el del sindicato. En los años pares se reunía el PSOE. En los impares, la UGT. Eran la misma gente, sólo cambiaban de sitio algunas sillas. En los años pares mandaba él, como secretario general del PSOE. En los impares, Manuel Muiño, el mismo cargo de la UGT. Sólo cabía esperar, como siempre, a que llegara el año impar, cuando cada uno volvería a su asiento de la calle del Taur y la organización recuperaría su tono. En un año todo se templa, era cuestión de dejar actuar el sol de invierno y el viento frío del mediodía francés.

No se apreciaba desde las casitas grises y marrones de la calle Général Leclerc, pero el tiempo en España ya no era circular. La oposición crecía en militantes y decibelios que atronaban en todas partes, desde las bocaminas de Asturias hasta los campos del sur, reverberando en las aulas magnas de todas las universidades y ahumándose en las mascletás de grises a caballo en el centro de las ciudades. La dictadura respondía con juicios en Burgos y caras de perro de ministros mastines, mientras algunos figurones intelectuales se iban descolgando de la España una, grande y libre para compadrear, cada vez con más entusiasmo, con los demócratas. Ahí estaban el viejo camarada falangista Pedro Laín Entralgo, o el exministro Joaquín Ruiz-Giménez y sus *Cuadernos para el Diálogo*. El propio Llopis había conocido a algunos de ellos en lo que los franquistas llamaron el contubernio de Múnich de 1962, el primer intento de armar una oposición democrática amplia, con puentes entre el exilio y el interior y entre todas las ideologías, desde los cristianos demócratas y los monárquicos hasta los anarquistas, pasando por los nacionalistas. Allí trató Llopis, entre otros, a Dionisio Ridruejo, el líder espiritual de esa cabalgada hacia las playas de la democracia europea, que algunos emprendieron desde los riscos más altos del franquismo.

Llopis nunca le había negado una conversación a nadie y aceptaba que el PSOE participase en las tramas de alianzas, siempre que no implicaran la disolución o la pérdida de soberanía del partido. En su cartera gigante, con la que le caricaturizaban los compañeros, transportaba los restos del PSOE allí donde se los requería, pero no previó el acelerón de la historia. Los tiempos exigían mucho más que conversaciones y ponencias. Lo del congreso de 1970 no fue otra discusión de las miles que había ganado en una vida de militancia. Su forma de negar los hechos, que lo llevaba a actuar como si nada hubiese cambiado y controlase aún el aparato del partido, empeoró el ambiente. Cuando se abrieron las contraventanas de la calle del Taur para ventilar y poner orden antes del congreso de agosto de 1971 el aire estaba muy cargado. Sólo Llopis se sorprendió por lo que pasó entonces: los del interior se impusieron y sacaron del cargo al viejo Muiño, que había sido concejal de Madrid antes de la guerra. Por primera vez desde 1939, la UGT quedaba en manos de un afiliado que vivía en España, el vasco Nicolás Redondo.

Dicen los llopistas que el viejo republicano, ante el cadáver político de Muiño, vio el suyo y se preparó para su propio sacrificio, pero lo que hizo en el curso que fue del otoño de 1971 al verano de 1972 lo desmiente. Le ganó la terquedad. Se atrincheró en su casita de ferroviario y se negó a entregar las llaves del partido, en un sentido literal: cuando los miembros del interior del comité nacional quisieron reunirse en la calle del Taur, tuvieron que llamar a un cerrajero.

En mayo de 1972 el cartero dejó en la puerta de la casa de Général Leclerc de Albi un ejemplar del último número de *El Socialista*, que se imprimía en Francia, pero se redactaba en España tras una decisión del maldito congreso. Allí, de salida en la primera página, venía un texto con un título extraño: «Los enfoques de la praxis». Demasiado marxista y teórico para un periódico que solía resumir la prensa internacional, dar noticias de las luchas democráticas en España, reseñar las memorias de algún prócer republicano y recuadrar esquelas de los exiliados que sucumbían al aburrimiento. El texto era breve, agresivo, imperativo y venía recubierto en jerigonza leninista, más propia del PCE que del PSOE, pero contenía un párrafo que no admitía ambigüedades y cuyas letras se clavaron en los ojos de Llopis como perdigones: «Las oposiciones en el campo socialista deben recibirse con alegría, ya que son síntomas de la vida y fuerza del método dialéctico en el análisis de la realidad. Dentro ya del terreno de la acción, unos *actúan* en el nivel del pensamiento, discuten, proponen, maniobran; y otros *actúan* en el nivel de la lucha física, de la acción en los talleres y las calles. Así en nuestra propia organización se discute, se polemiza, se hace asuntos graves de lo que sólo es una cortina de humo (un ejemplo, las relaciones con otras fuerzas) que oculta el verdadero fondo de las diferencias; mientras otros militantes exponen su vida y su libertad en la acción diaria».

Apenas se reconoce en esta prosa de jefe provincial soviético al lector de Machado que la escribió. Aunque no iba firmado, a Llopis no le costó nada averiguar que Alfonso Guerra era el francotirador, el gallito que presumía de arriesgar la vida mientras los exiliados sesteaban en paz, discutiendo naderías. No sé cómo pudo dolerle más este ataque que otros que venía escuchando en congresos y comités desde hacía un tiempo. La intervención de Felipe en Toulouse fue mucho más agresiva, y no le disgustó ni la décima parte que ese texto. Quizá porque estaba fijado en tinta. Quizá porque, mientras lo leía, sabía que cientos de compañeros lo leían a la vez, como si fuesen las tesis de Lutero. Quizá porque tras esa publicación ya no podía fingir que controlaba el partido y quedaba claro quién dictaba la línea del órgano oficial, quién señalaba y quién acataba. Por eso Llopis ejerció el último poder que conservaba. Era prerrogativa del secretario general convocar el congreso. En circunstancias normales, esto no era más que una formalidad, pero como las circunstancias ya no eran normales, se negó a firmar la convocatoria. No habría congreso mientras esos malcriados no pidiesen disculpas y mostrasen el respeto debido a la autoridad y a la herencia de Pablo Iglesias.

Acostumbrados a empezar todo desde el principio, sin encomendarse a tradiciones, los jóvenes del interior convocaron el congreso por su cuenta, en agosto, como siempre. Rodolfo Llopis no reconoció la convocatoria, que llamó «sediciosa», y convocó otro congreso a finales de año. Concebía el PSOE como la obra de su vida, y confiaba en que los compañeros —y, lo que era más importante, la Internacional Socialista— le seguirían en este segundo exilio como le siguieron en 1944.

Por respeto al viejo pedagogo —que consumió los días del congreso de agosto de 1972 paseando por el centro de Toulouse con su carterón bajo el brazo, charlando con unos y con otros por esquinas y terrazas, sin poner un pie en la sede de la calle del Taur, pero dejándose ver a lo lejos—, los jóvenes turcos nombraron una dirección colegiada formada por catorce miembros, cinco del exilio y nueve del interior, entre ellos Nicolás Redondo, Ramón Rubial, Pablo Castellano, Alfonso Guerra y Felipe González. Nominalmente, el secretario general seguía siendo Llopis, pero ni Llopis ni los llopistas estaban en ningún sitio.

Ahora que la historia tiene sentido, las decisiones de esos comanches parecen lógicas, pero entonces eran muy arriesgadas. El PSOE no sólo se había dividido en dos partidos, sino que estaba muy lejos de ser la casa común de los socialistas españoles, distribuidos en varias sectas, todas ellas ínfimas, pero bien relacionadas en los pasillos de la socialdemocracia europea que por aquellos años dominaba los parlamentos y los palacios de gobierno. El profesor Tierno Galván estaba fuera de los dos PSOE, pero muchos lo tomaban por el heredero natural de Pablo Iglesias. Luego había socialdemócratas convertidos desde el falangismo, como Ridruejo, comunistas escindidos o expulsados en busca de siglas, sindicalistas de los movimientos cristianos —de los cuales venía Felipe— y un montón de federaciones y secciones que no formaban parte de la organización, aunque llevaban el adjetivo *socialista* en el sintagma. Parecen muchos, pero entre todos no sumarían cinco mil militantes y casi nadie en España estaba al corriente de su existencia. En 1974 había ciento quince afiliados en todo Madrid. La agrupación de Chamartín, que se haría famosa porque de ella salieron líderes importantes, como Miguel Boyer, tenía diez miembros, dos menos que los apóstoles. Todos, dentro y fuera del PSOE, aspiraban a representar el socialismo español, pero sólo un partido pertenecía a la Internacional Socialista. A falta de unas elecciones libres y democráticas, ese reconocimiento era la única fuente de legitimidad.

Quienes gustan de contar la historia como una sucesión de conspiraciones pasan por alto que la Internacional Socialista tardó un año y medio en decidirse por uno de los dos PSOE, y que sólo dio el paso cuando las circunstancias políticas españolas la obligaron. Hay en España mucha gente, incluso historiadores, convencida de que Felipe González sólo fue un títere de la socialdemocracia alemana. Según esta versión, Willy Brandt, ayudado por Olof Palme y Bruno Kreisky, utilizó a Felipe como agente para derribar a Llopis. Las teorías más divertidas dicen que el dinero no lo pusieron los alemanes, sino que llegó en pesetas desde los servicios secretos del franquismo, en una maniobra lampedusiana para cambiarlo todo sin cambiar nada, erigiendo a Felipe como el líder que permitiría a la oligarquía de la dictadura sobrevivir en una democracia presunta. En esta versión, Willy Brandt sería el agente de la República Federal de Alemania que actuaba en nombre del franquismo. Si así fue, ¿por qué titubeó y demoró tanto su apoyo?

Manuel Fernández-Monzón —un militar que trabajó en los servicios secretos en los últimos años del franquismo y los gobiernos de UCD, y llegó a tener un despacho en la agencia EFE junto a su director, Luis María Anson, como asesor en asuntos del ejército— contó en sus memorias que Felipe era un producto del almirante Luis Carrero Blanco, jefe de gobierno de Franco. La conspiración se explica así: el padre de Carmen Romero, la mujer de Felipe, era Vicente Romero, comandante del ejército del aire y amigo de Carrero. Enterado este de que el yerno de su amigo era un miembro de la dirección del PSOE, decidió promocionarlo, utilizando sus contactos alemanes, para que dominase la organización y la convirtiera en la gran fuerza opositora, neutralizando a los comunistas. La credibilidad de esta historia se basa en el conocimiento de Fernández-Monzón del espionaje español y en un ascenso sospechoso a general de brigada en la década de 1980 a propuesta del ministro socialista Narcís Serra. Algunos periódicos se sorprendieron por que el gobierno premiase a un tipo que había expresado simpatías públicas por los golpistas de 1981 y escribía diatribas ultraderechistas en el *Abc*, criticando las reformas militares de Serra. Quienes creen esta versión sostienen que así compró Felipe su silencio, pero debió de tasar el precio a la baja, porque en sus memorias el militar no se calla nada y llega a reproducir una frase de González cuando ya era presidente, con la que, al parecer, expresaba una deuda de gratitud: «No se preocupen ustedes, que no olvidaremos nunca a Carrero Blanco. Soy perfectamente consciente de ello».

Como tantas otras teorías, esta consiste en unir puntos mediante líneas especulativas que sortean enormes agujeros de información. Por mucho que corran de libro en libro, no juntarían los indicios necesarios para un juicio. Por ejemplo, no hay una prueba documental de esa frase de González ni más testigos que el propio Fernández-Monzón. Pero no hace falta acusar al general de inventarse conversaciones —o narrarlas sin contexto—, porque en esta conspiración falla la cronología más básica. Cuando Carrero Blanco murió asesinado por ETA, el 20 de diciembre de 1973, Felipe aún no era líder del PSOE y casi nadie creía que pudiera serlo. El candidato más plausible para sustituir a Llopis era Nicolás Redondo, secretario político de la UGT. Y no sólo eso, sino que la Internacional Socialista, donde los alemanes tenían un peso incontestable, aún no se había pronunciado sobre cuál de los dos PSOE era el verdadero, y andaba coqueteando con Tierno Galván. La Fundación Friedrich Ebert, el instrumento que el SPD alemán usaba para financiar a sus aliados en España, apoyaba en ese momento a Tierno. De hecho, Willy Brandt y Felipe González ni siquiera se conocían. Lo hicieron a finales de 1974 en Portugal, en un mitin del candidato socialista Mário Soares. Carrero Blanco llevaba entonces un año muerto.

Conspiranoicos de derechas y de izquierdas, cebados por el resentimiento de los políticos que se quedaron en el camino, como Pablo Castellano, han engordado el delirio de que Felipe fue la continuación del franquismo por otros medios. El descrédito que la transición tiene entre quienes nacimos en la década de 1970 resucita de vez en cuando estos brotes histórico-psicóticos, que cumplen dos funciones: reafirman el odio al felipismo y recubren de lógica un relato que hace aguas. Esta historia —y la historia, en general— es más verosímil como conspiración. Cuesta mucho creer los hechos desnudos: un partido desconocido que apenas había participado en la lucha antifranquista y que la mayoría de los españoles con memoria suponían extinto se convirtió en muy pocos años en un poder incontestable, con un control sobre el Estado superior al de los reyes absolutos. En muchos sentidos, un poder más eficaz que el del propio Franco. Sin una mano negra, este cuento es intragable.

Claro que hubo un apoyo alemán y europeo que no sólo compensó la escasez de militantes y la irrelevancia del PSOE en la oposición antifranquista, sino que marcó la diferencia con un PCE eurocomunista que ya no recibía riadas de rublos desde Moscú y tenía que financiarse por otras fuentes. Pero eso llegó después, no antes de la entronización de Felipe, que nadie supo profetizar y nadie planeó. Hasta el día de Reyes de 1974, la Internacional Socialista no emitió su sentencia, y lo hizo dividida, con muchos figurones apoyando a Llopis, que se pasó ese tiempo viajando por las capitales de Europa con su carterón bajo el brazo, en una campaña desesperada de relaciones públicas. Nada garantizaba que la dirección colegiada salida de Toulouse en 1972 fuera a ganar el pleito. Cuando lo hizo, la situación política y social de España era tan grave y volátil que casi nadie sabía por dónde seguir. A comienzos de 1974, el partido aún era una secta izquierdista con exceso de acumulación ideológica y mucho más pasado que futuro. Los jóvenes se habían hecho con sus llaves, pero no sabían para qué las querían. Por eso la tutela de los hermanos alemanes y franceses era tan importante.

Un dato más contra los conspiranoicos: Felipe y Alfonso habían dimitido de la dirección del PSOE en 1973 —por separado y alegando razones distintas—, hartos de la templanza de sus compañeros, especialmente de algunos madrileños, como Pablo Castellano, que más tarde lideraría la corriente interna de izquierdas, pero que entonces defendía la moderación frente al ímpetu revolucionario de los sevillanos. Nicolás Redondo, con Múgica, Rubial y algún andaluz, como Galeote, intentaban atraerlos de nuevo, pero González se refugió en el despacho laboralista, y Guerra en la librería que tenía en el centro de Sevilla, junto a la plaza de la Contratación.

Desde ambas atalayas, se dedicaron a disparar contra algunos madrileños, muy en especial contra Castellano, a quien tenían por templador de gaitas y demasiado dialogante con la oposición de derechas (no muchos años después, aunque parezcan siglos, lo expulsaron por salirse del PSOE por la izquierda y acabó ocupando el trono de Llopis en el PASOC —Partido de Acción Socialista—, el partido que recogió la herencia del PSOE escindido y se integró en Izquierda Unida, de donde no lo llegaron a echar, pero no por falta de ganas de muchos dirigentes. Tal vez este patrón indique que Castellano, más que tener ideas propias, siempre quiso tener las contrarias a la dirección de su partido).

Al poco de celebrar el fallo de la Internacional Socialista, la policía detuvo a Juan, nombre de guerra de Redondo, mientras preparaba una huelga en Vizcaya. El sindicalista entró resignado en la cárcel de Basauri, y Felipe le ofreció asistencia letrada. Los amigos se reunieron en la prisión, la mayor prueba de la teoría de la conspiración de Pablo Castellano, la más exitosa de todas las que se cuentan. Según Castellano, en aquellos encuentros carcelarios entre abogado y cliente no se discutieron estrategias de defensa ni se dieron consejos legales, sino que se planeó un *coup d'État*. Redondo propuso repartirse la organización: él seguiría en el sindicato y Felipe controlaría el partido. Para ello, el primero prometió al segundo el apoyo de los vascos y de los asturianos en el congreso siguiente, lo que garantizaba la mayoría de los votos. A esta conspiración, Castellano la llamó *el pacto del Betis*, y en ella el sindicalista tuvo el papel de tonto útil y facilitador de las ambiciones caníbales de los comanches sevillanos (*comanche* es también un hallazgo de Castellano, primer acuñador de clichés antifelipistas).

No hay registros de lo que Redondo y González hablaron en el locutorio de Basauri, y ambos desmintieron la hipótesis de Castellano, aunque esta es mucho menos disparatada que el resto de las leyendas. No deja de ser una especulación, y en realidad importa poco. Si el antifelipismo la ha propagado tanto es porque probaría el ansia predadora del futuro presidente y daría fe de sus malas artes.

Las cosas bien podrían haber sucedido como Castellano dice que sucedieron, pero eso no revela ningún cesarismo, pues la democracia y el poder quedaban entonces tan lejos que ambicionarlos era, sencillamente, un delirio. Me encanta imaginar a Nicolás Redondo, vestido de lady Macbeth, susurrando con acento de Bilbao a su Macbeth sevillano lo que tenía que hacer para convertirse en rey de Escocia: «Parécete a la cándida flor —declamaría—, pero sé la serpiente que hay debajo». Por desgracia, entonces el reino apenas era un club recreativo de Toulouse con las ventanas mal cerradas, cuyo rey ya había sido apuñalado sin sangre dos años atrás.

Otra grieta contra el pacto del Betis: hasta el final del verano de 1974 no estuvo claro que el PSOE pudiera convocar un congreso, por lo que cuesta creer que ya tuviera escrito su guión. Las afiliaciones habían crecido mucho, se habían fundado agrupaciones en Cataluña y, con menos ímpetu, se sumaban militantes sueltos y grupos minúsculos en varias ciudades de España. Los nuevos compañeros ya no cabían en la vieja sede de Toulouse. Había que buscar un escenario más amplio en algún lugar de Francia. Robert Pontillon, responsable de las relaciones internacionales de los socialistas franceses —y, por ello, interlocutor habitual con los españoles— y alcalde eterno de Suresnes, ofreció el magnífico teatro de su pueblo. La dirección del PSOE aceptó y convocó el congreso para octubre.

Los pedazos que quedaban de la dirección, miembros dimitidos incluidos, se reunieron en septiembre en un hotel ya desaparecido, el Jaizkibel, en el monte homónimo de Fuenterrabía. El plan era preparar el congreso y unificar posturas. Múgica, López Albizu y Redondo ejercieron de vascos anfitriones. Del resto de España asistieron tres sevillanos (Galeote, Guerra y González) y un madrileño, Castellano, que en minoría iba y en minoría quedó, marginado de cualquier alianza. El plan inicial era impulsar a Redondo como secretario general, pero el compañero Juan, recién salido de la cárcel, se negó, lo que abrió la trocha de las conspiraciones. El tiempo y el lugar eran propicios: un hotel aislado en la ladera de un monte mágico con las luces de la costa francesa enfrente. Hay quien asegura que Guerra y los vascos acordaron una de esas noches que Felipe sería el elegido. Otros, que lo único que se decidió en el Jaizkibel fue una declaración, redactada de puño y letra de Felipe González, que sería el programa político del congreso.

Los rabinos de la historia y de la política han analizado cada trazo de ese texto, uno de los pocos ejemplos de doctrina impartida por Felipe, que es un narrador oral cuya escritura se disemina en cuadernos y cartas privadas, donde un tachón es más expresivo que una metáfora. Es uno de los pocos líderes europeos de su tiempo que no se ha molestado en resumir su pensamiento ni su vida en un par de libros. La obra se titula *Declaración de Jaizkibel* o *Declaración de septiembre*, y hay que darle en parte la razón a Guerra cuando la glosó para sus memorias en 2004: «Treinta años después, viviendo en una sociedad democrática, con las instituciones conformadas libremente por los ciudadanos, sorprende el realismo de la propuesta de un partido clandestino, con escasos efectivos humanos. La orientación ya en 1974 era la correcta, pues muchas de las propuestas entonces planteadas se lograron consolidar en el debate constitucional de 1978».

Sorprende el realismo del análisis, pero las propuestas eran un poco más radicales que las que recogió la Constitución. El documento tiene dos partes. En la primera se analiza la situación política de España con un rigor, una concisión y un acierto impresionantes: resume los factores que descomponen la dictadura en la agonía de su líder e identifica los sectores de la sociedad que se han descolgado del franquismo y pueden ser aliados en el cambio democrático; reconoce tres actitudes posibles: los ultras, los reformistas y la oposición. En una finta dialéctica digna de Demóstenes, se distancia del análisis de los comunistas y acuña el concepto de «ruptura democrática». Esto es una especie de palo y zanahoria: sin perder de vista el objetivo de restablecer la democracia, evitarán una confrontación directa que pueda causar otra guerra civil. La música que sonaba de fondo era «Grândola, vila morena», el himno de la revolución de los claveles portugueses, sin la cual ni la oposición antifranquista habría encontrado fuerzas para alzarse, ni los funcionarios del régimen habrían sentido el miedo necesario para convertirse en demócratas.

La segunda parte del documento era un programa de exigencias inmediatas para un gobierno provisional posfranquista. En general, proponía un régimen de libertades como los de cualquier democracia europea de su tiempo, pero con una marca más socialista que socialdemócrata que no se reflejaría en la Constitución y que expresaba la actitud radical de Felipe y Alfonso, tenidos entonces por izquierdistas dogmáticos. Cuando llegase el desencanto, el ala izquierda de sus simpatizantes les reprocharía la traición a esos propósitos, pero no me voy a adelantar. Aún estoy en el hotel Jaizkibel, donde un abogado sevillano de treinta y dos años demostró en tres cuartillas manuscritas que comprendía su país mucho mejor que la mayoría de quienes se dolían de él en las terceras de *Abc*, en las cátedras y en los despachos de los ministerios. Se entiende la sorpresa de Guerra al revisar los viejos papeles de su juventud y darse cuenta de que los años de poder casi absoluto no mejoraron sus miradas ni los hicieron más incisivos de lo que fueron en aquellos días de septiembre de 1974, cuando apenas eran una tertulia de amigos en un hotel perdido de la frontera.

Había que tener mucho temple torero para hacer planes democráticos en aquellos días de final de verano. La dictadura hacía tanto ruido en sus estertores que parecía infinita e invencible. Un Franco comido por los temblores del párkinson penaba por la muerte de su valido, Luis Carrero Blanco, y daba carta blanca a su sucesor, Carlos Arias Navarro, un jurista dócil que se había hecho perdonar las simpatías republicanas de antes de la guerra —trabajó a las órdenes de Azaña cuando este fue ministro de Justicia— a fuerza de llevar a la muerte a cientos de opositores como fiscal en consejos de guerra. Era el director general de seguridad el día en que fusilaron al comunista Julián Grimau, que fue torturado en el mismo edificio de la Puerta del Sol donde Arias tenía su despacho. Se había ganado una fama merecida de represor, pero, al jurar el cargo de presidente del gobierno, sintió las grietas que se abrían en el suelo del régimen y se propuso rellenarlas de argamasa democrática.

Su programa se llamó el *espíritu del 12 de febrero* y fue celebrado por los más tibios como el primer intento de apertura. Ni los comunistas ni los socialistas lo creyeron:

mientras la propaganda franquista presumía en sus periódicos de generosidad y manos tendidas —sobre todo, mediante una libertad de expresión aparente, que afectó ese año a los libros: las editoriales publicaron sin reproches administrativos a un montón de autores antifranquistas—, el brazo del verdugo apretaba el garrote vil hasta romperle las vértebras a Salvador Puig Antich, y cada huelga y cada manifestación recibían su correspondiente dosis de palos, balas y botes de humo. Los policías de la Brigada Político-Social trabajaban a destajo, como en los años más ásperos de la posguerra. En septiembre de 1974, mientras los socialistas conspiraban en Jaizkibel, el sector que llamaban *del búnker*, es decir, los cargos del régimen que abogaban por endurecer la represión y no transigir en ninguna reforma democrática, se había impuesto en el gobierno de Arias, y este se resignaba a interpretar de nuevo el papel que mejor se le había dado en su carrera, el de carcelero.

¿Quién podía pensar entonces en una transición a la democracia? ¿Quién creía que la dictadura se deshacía como una estatua de terracota? Nadie. Casi nadie. Un tal González y tres amigos suyos. Pocos más.

Teatro Jean Vilar, Suresnes, Francia, 13 de octubre de 1974. Antes de que Eiffel construyera su torre, la mejor forma de atalayar París era cruzar el Sena y subir a Suresnes, lo que fastidiaba mucho a los burguesotes que veían las carreras de caballos en Longchamp, a la verita misma del pueblo. Para ellos, Suresnes era pura mugre proletaria. Tal vez Eiffel levantó su espanto de acero para ahorrarles el paseo hasta allí. Las fábricas que usaban el río como desagüe no sólo hicieron de aquel suburbio una pesadilla de Balzac, sino un foco de socialistas. Si hay algo en Francia parecido a un falansterio es Suresnes. Desde 1919, una sucesión de alcaldes socialistas convirtió sus barriadas de mi-

seria en viviendas de ladrillo aseadas y simétricas con cuatro pisos y algunos toques discretísimos de decoración
cerámica. Escuelas, parques y centros sociales se diseminan
con armonía geométrica por unas calles que aún hoy trans-
miten el mejor espíritu socialista. No ese socialismo bolchevique, feísta y alcoholizado, sino la sobriedad elegante
de la Segunda Internacional, esa forma risueña de socialismo que Lenin detestaba.

De puro ingenuos, aquellos obreros eran muy comba-
tivos, y en una calle de Suresnes se rearmó el partido socialista francés durante la ocupación alemana, cuando el alcalde Henri Sellier —destituido por Vichy— reunió a los
cuatro militantes que habían escapado de los nazis y montó una célula en un pisito a dos pasos del gran teatro que se
inauguró en 1939, orgullo proletario. La atalaya de Suresnes fue uno de los pocos focos de poder socialista que no
sucumbieron a De Gaulle ni al comunismo. En medio de
ese orgullo de aldea gala se levantaba el teatro, ágora y faro
de cultura popular donde se refugió durante unos años
Jean Vilar, el gran revolucionario de la escena francesa,
fundador del festival de Aviñón y director del Teatro Nacional Popular, cuya sede puso en ese edificio de Suresnes,
que hoy lleva su nombre.

Pero en 1974, pese al entusiasmo de Robert Pontillon,
viejo resistente y alcalde desde 1965, la comuna de Suresnes se pudría. Las fábricas cerraban, el paro crecía y los
obreros que antes animaban charlas de ateneo y aplaudían
las funciones experimentales del teatro municipal se entregaban a la melancolía del aguardiente y del vino malo que
daban los viñedos pelados del pueblo. El líder socialista,
Mitterrand, era uno de esos señoritos de París que sólo
conocían Suresnes porque quedaba al lado del hipódromo
de Longchamp, y los nuevos jefes del partido eran abogados y gente de manos finas que bostezaban cuando sus
padres les contaban batallitas de la resistencia. No había en
toda Francia un escenario mejor para inaugurar los nuevos

tiempos del socialismo y enterrar el pasado de las casitas, el falansterio y el ateneo.

Alfonso Guerra fue el encargado de recibir a los invitados internacionales. Cuando el partido se reunía en Toulouse, esas visitas eran esporádicas, pero a París acudieron jefes de muchos partidos, y Guerra se encargó de agasajarlos como un embajador, empezando por Mitterrand. Acostumbrados a los ritos masónicos de Llopis, los socialistas de Europa esperaban una reunión de catacumbas con cuatro individuos flacos y destemplados, lo normal en un partido clandestino de una dictadura bárbara. Cuando se encontraron con un teatro lleno y un programa de debates amplísimo protagonizado por profesionales universitarios, muchos de ellos abogados, que se hacían entender en francés y tenían opinión sobre cualquier asunto, se entusiasmaron.

Por la pasión con que se discutía a gritos cualquier asunto doctrinal o de actualidad —desde la desindustrialización de la cuenca de Ruhr hasta la política de alianzas en el gobierno italiano o el panarabismo de Gadafi—, parecía que Franco no existía y que aquel partido era legal. Un peatón desinformado pensaría que se representaba una obra de teatro experimental, como las que dirigía Jean Vilar en los años cincuenta en ese mismo sitio, y no erraría mucho en su presunción. Antes que político, Alfonso Guerra siempre se sintió hombre de teatro y de letras, y aquella era una ocasión irrepetible para dirigir una gran función. Tal vez no tenía la fuerza del texto de *Mariana Pineda*, pero le sobraban golpes de efecto, clímax y giros en la trama. Guerra estaba en su salsa, entrando y saliendo de escena, coreografiando los debates y dirigiendo a los actores. Hasta lo acusaron de jugar con la megafonía, con despistes técnicos que dejaban sin voz a algún delegado protestón.

El planteamiento no podía ser más trágico, en términos teatrales: en un reino sin rey, el sucesor al trono renunciaba a ocuparlo. Nicolás Redondo, a quien los 3.586 militantes consideraban ya su jefe, se hizo a un lado e invitó al escenario a Felipe González para que leyera un informe de gestión. Tradicionalmente, esa era la tarea del secretario general en los congresos, pero la dirección del PSOE estaba colegiada, por lo que cualquier miembro podía, en teoría, encargarse del trámite. Algunos protestaron porque Felipe ya no pertenecía a la dirección, pero Alfonso los acalló con trucos de escenógrafo y Nicolás explicó que daba igual, que habían pasado muchas cosas desde 1972 y que nadie podía negar al compañero Isidoro su compromiso y su servicio a la causa.

Dueño de la escena, Felipe apenas miró sus notas. Al no haber gestionado nada, pues el partido llevaba sin bridas desde 1972, no tenía nada de lo que informar. Tomó el rábano por la punta de las hojas y aprovechó para desarrollar el análisis que había escrito en Jaizkibel. Habló de la enfermedad terminal del franquismo, de los errores de la oposición, de las alianzas y del futuro democrático al que Portugal se había adelantado. Qué razón tenía el compañero. Qué finura, qué forma de identificar a los amigos y a los enemigos. Por unos minutos, parecieron franceses antes de unas elecciones, negociando un programa electoral. Qué fácil y lógico se aparecía el futuro en los por consiguiente y las metáforas del orador. Bien iluminado, en el centro de la escena, el chamán Isidoro mesmerizó a los delegados. Antes de su intervención, muchos querían que siguiese una dirección colegiada, sin una cara al frente. Después del discurso, casi todos lo reconocieron como jefe.

Apenas un par de dirigentes se resistieron al embrujo. Pablo Castellano, por resentimiento. Llevaba tres años siendo la cara y la voz del partido dentro y fuera de España, siempre desde Madrid, en el corazón de la bestia franquista, esquivando a chivatos y policías de paisano. Cuando los corresponsales extranjeros querían saber algo del

PSOE, le llamaban a él, y fueron sus gestiones diplomáticas las que convencieron a la Internacional Socialista de que debían darle la espalda a Llopis. El otro gran opositor era Enrique Múgica, que salió unos años antes del PCE, cansado del culto al líder y de lo que Lenin llamaba *centralismo democrático*, que no era otra cosa que acatar sin rechistar cualquier ocurrencia del que manda. El PSOE tenía una estructura democrática de verdad, con debates auténticos cuyo resultado no estaba escrito de antemano, y eso le gustaba. La intervención de Felipe no se parecía en nada a los parlamentos de pasionarias y carrillos, pero la fascinación que causó eso que pronto llamarían carisma le inquietaba, pues producía en el público la misma reacción acrítica que el autoritarismo comunista.

Castellano y Múgica, cada uno por sus razones, las que confesaban y las que no, se opusieron a la candidatura de Felipe, y lo hicieron a gritos, para romper el hechizo que embobaba a los delegados. De nada les sirvió: Isidoro obtuvo 3.252 votos de un total de 3.586, un mucho más que rotundo noventa por ciento. El nuevo PSOE se postraba sin condiciones ante un tipo del que dos años atrás no sabía nada. Quizá para terminar de digerir el trauma y el acelerón de la historia, los ganadores propusieron que Isidoro fuera *primer secretario*, y no secretario general, lo que respetaba la ausencia de Llopis y daba la impresión de mantener la estructura colegiada. A Felipe le gustaba esa fórmula porque sonaba a provisional.

Hoy es un lugar común decir que en Suresnes el PSOE dejó de ser un club de debate masónico de exiliados para convertirse en un aparato de poder. Es la tesis que defendió siempre Joaquín Prieto, uno de los periodistas que mejor conoció aquella historia y uno de sus analistas más finos y ecuánimes, pero a mí me cuesta creérmela, porque sólo funciona si se lee desde el presente y a través de los recuerdos de los protagonistas. Las vidas sólo tienen sentido cuando se han vivido, no mientras se viven. Creer que el Felipe González que bajó del escenario aquella tarde de octubre de 1974 era ya el Felipe González de 1982, o el estadista que firmó el tratado de adhesión a Europa en 1985, o el confidente grave e íntimo de la melancolía de Gorbachov cuando se le derrumbaba la URSS en los brazos, demuestra una fe en el destino más propia de los evangelios que de la politología.

Por mucho que Mitterrand recibiese a los delegados como jefes inminentes de la España democrática, y por muy animados, caóticos y libres que fueran los debates, bastaba alejarse un par de manzanas del teatro Jean Vilar y pasear por las calles del mercado para que toda esa conciencia histórica se desvaneciese. Ni una de las palabras pronunciadas en el teatro hizo eco fuera. La prensa no contaba nada y no había una charla de bar, desde allí hasta Gibraltar, a propósito de las polémicas que tanto les habían sofocado. Podían fingir que eran un partido legal y capaz de dirigir un país, pero esa ficción sólo funcionaba en el teatro. Fuera, las ilusiones se dispersaban como los espectadores que dejan de interesarse por Escocia tan pronto paran un taxi en la calle y pierden de vista la marquesina que anuncia *Macbeth*.

No es raro que Alfonso Guerra, apasionado por las puestas en escena y las palabras bien dichas, se dejase llevar por las galanterías de Mitterrand y adivinase su propio futuro, pero el Felipe que había redactado la *Declaración de Jaizkibel*, ese tipo sobrio que apartaba a manotazos los énfasis, las nostalgias y los versos, tenía que saber que aquello, siéndolo todo, no era nada. Si algo distinguió a González de sus rivales fue que siempre supo quién era, dónde estaba y con qué fuerzas contaba. Jamás se hizo ilusiones ni planeó batallas que no pudiera ganar. Aquello estuvo bien, pero, qué carajo: seguía siendo un abogado de Sevilla que conducía un Citroën por media Europa y dormía en catres de camerino en teatros de segunda de países extranjeros.

Antes de volver a España, un militante le entregó unas llaves.

—Son las llaves de la sede de la agrupación del partido en París —le dijo—. Es costumbre que las guarde el secretario.

Felipe las sostuvo en la mano, sin cerrar la palma. Las miró un segundo y levantó la vista:

—Y yo ¿para qué cojones las quiero?

Segunda aproximación (2018)

Colegio de Arquitectos de Madrid, calle de Hortaleza, 63, Madrid, 20 de septiembre de 2018, 19.30. Para celebrar los cuarenta años de la Constitución de 1978, *El País* reunió en un acto más o menos solemne a los dos presidentes más importantes de la izquierda y la derecha, Felipe González y José María Aznar. La sala no era muy grande y el público se componía de políticos, periodistas y gente de corbata y tacón alto que había recibido una invitación que le acreditaba como *alguien*. También yo, que no gasto corbata ni tacón, estaba invitado. El pueblo —o la ciudadanía, porque en 2018 sólo los nacionalistas más melodramáticos decían *pueblo*— podía seguir la charla en directo por internet, perdiéndose todos esos gestos con los que se dice la verdad. He visto un par de veces el vídeo que se retransmitió, y no honra lo que vi desde mi silla, rodeado por colegas del periódico que no disimulaban el fervor felipista. Pobre pueblo, que se tiene que conformar con las palabras, como si estas revelasen algo.

Si en el escenario hubieran colocado a más presidentes, la liturgia habría sido de conciliación y alabanza de la concordia, pero un diálogo siempre es un combate. Incluso cuando los dialogantes se dan la razón, el primero que cede parece el perro chico que se rinde y ofrece el cuello a las fauces del grande. No hay forma pacífica de entablar un diálogo, a no ser que uno entreviste al otro. A la sala oscura sólo le faltaban aromas a linimento y humo de puro. El escenario, si no por ring, pasaba por tatami. Apostar por uno de los luchadores, sin embargo, era idiota,

71

pues la pelea estaba amañada: Felipe luchaba en su casa —entonces era consejero editorial de Prisa, el propietario del diario convocante—, rodeado de amigos y arropado por ministros socialistas. La árbitra, Sol Gallego-Díaz, directora del periódico, era también parcial, aunque interpretó una neutralidad exquisita. Aznar estaba casi solo y había aceptado la invitación como gesto de deshielo en una historia de hostilidades hondas con Prisa, que venían de sus tiempos de presidente. Ofrecerse en sacrificio ritual aquella tarde era su forma de demostrar que el armisticio iba en serio.

Empezó Felipe apropiándose de la expresión *régimen del 78*, usada entonces por la izquierda más izquierda para denunciar a la generación de la transición.

—Me siento muy orgulloso de que lo llamen régimen, porque supone que antes había otro régimen, que a lo mejor preferían.

Risas del público, sonrisa de Felipe, mirada a la sala. Aznar se sumó a ese orgullo.

—Me siento *régimen del 78* —dijo sin mirar al público, parapetado detrás de un reloj enorme y carísimo que le abrazaba la muñeca.

Silencio, sudor, risa nerviosa.

La cosa siguió así durante una hora larga. Felipe no sudaba, apenas cambiaba de postura y despachaba sus ataques con la displicencia de un san bernardo ante un caniche. Hacia la mitad del combate, Aznar encontró un hueco para respirar y ganar tiempo. Contó que en el palacio de la Moncloa una placa recuerda que Franco reconstruyó el edificio en 1955.

—Tú lo recordarás mejor que yo, porque pasaste más años en esa casa. ¿Cuántos? Fueron catorce, ¿verdad?

—Más que en cualquier otra casa en la que he vivido. Se hicieron largos, no disfruté el inquilinato —respondió Felipe, abriendo la posibilidad de una broma compartida.

Aznar intentó aprovechar la ola de risas:

—Pues no había forma de que te fueras, y mira que te tirábamos pelotas, como tenistas, una y otra y otra, y no te marchabas.

Por un momento, pareció que Aznar se metía en el juego, pero Felipe se acomodó y guardó silencio, obligándolo a alargar un chiste agotado que reclamaba una réplica para no ahogarse. Y se ahogó. Se rió con una risa fea bien conocida y parodiada por mil imitadores. El sudor reflejó la luz de los focos, como señales de auxilio que nadie atendió. Con media sonrisa, manso, Felipe dejó que Aznar se hundiera, en castigo por surfear una ola ajena.

En el vídeo de la charla no se aprecia bien, porque el realizador cambiaba los planos con un ritmo muy civilizado, propiciando que el espectador atendiera al qué y casi nunca al cómo, pero yo no le quité ojo a Felipe, atento a cualquier gesto de misericordia. Le habría costado tan poco rescatar a su enemigo. Tres palabras y una sonrisa bastaban para corresponder la amabilidad desesperada que el otro derrochaba con torpeza. No las pronunció. No le concedió nada, se quedó todo el respeto de la sala para él, sin ceder ni una palmada de aplauso. Me pareció que disfrutaba un poco de la impericia del otro presidente, al que siempre despreció, no es un secreto. Pero aquella tarde de finales de verano de 2018, con ese calor madrileño tan guerracivilista, no iba de derechas e izquierdas, ni de duelos con armas oxidadas que ninguno de los dos usaba ya. Todo estaba perdonado, todo era historia antigua. El de Felipe era un disfrute atlético, nada rencoroso, prepolítico, casi infantil, como el del niño que le arranca las alas a una mosca. Una crueldad sin importancia ni propósito, pero muy reveladora. Pequeño cabrón, me dije, cómo gozas de tus travesuras.

Aznar evocó un escritorio de la Moncloa que regaló el general Narváez a Isabel II (o al revés, quién sabe). Según la leyenda, el militar celebró sexualmente sus victorias guerreras con la reina sobre aquella superficie de madera noble pensada para promulgar leyes. Felipe remató la anécdota, apostillándola como un historiador, lo que impacientó a Aznar, que protestó:

—En la Moncloa no me la contaste así, fuiste mucho más explícito.

Se abrió una promesa procaz que Felipe defraudó con elegancia. Aprovechó para llamar *Isabelona* a Isabel II y *Espadón de Loja* a Narváez, demostrando una familiaridad campechanísima con la historia de España, al tiempo que conservaba bien puesta la máscara retórica que Aznar intentaba quitarle, ansioso por enseñar al verdadero Felipe, el malhablado y brutal. Sin querer, salió el Felipe lector. Como les sucede a otros líderes, su dieta de libros está saturada de ensayos históricos. Tal vez no le interese mucho su propio pasado, pero sí el pasado del país.

Hasta entonces, yo suponía que su magia funcionaba por distracción, como la de todos los ilusionistas: encantaba con frases largas y envolventes que desarmaban poco a poco las defensas del público. Pero aquella tarde fue lacónico y venció igual. Como nunca he estado en un mitin suyo y sólo sé de su poder seductor por testimonio ajeno, imaginé que la base del conjuro era la palabra, y acudí esa tarde al Colegio de Arquitectos de Madrid con los oídos limpios y dispuestos a recibir con alegría el chorro de frases. Quería ponerme en la piel de sus burlados, como otros experimentan con las drogas para comprender qué le hacen al cerebro. No funcionó, quizá porque faltaba liturgia política y todo apestaba a simulación civilizada, pero sí comprendí lo del carisma y la atracción. Incluso en tono bajo y frase corta, aquel hombre impresionaba. Cómo no iba a enamorar a un país que parecía más áspero y violento que el de hoy, pero también era mucho más ingenuo. Si ahora sólo soy en parte inmune al encanto felipista, entonces habría estado indefenso, habría caído como todos los demás. Quizá peor.

2. La libertad está en tu mano (1975-1979)

Calle de Matías Montero, 18 (hoy, calle del Maestro Ripoll), Madrid, 30 de abril de 1976, 19.00. Se hacía raro ver a Miguel Boyer en mangas de camisa, relajado bajo el sol de abril en el jardincillo de su chalet, cercado por una tapia de tres metros que anulaba el ruido y la mugre de Madrid. Acostumbrado a dormir casi de pie en el cubículo que el partido le había alquilado en los altos del Palacio de la Prensa, aquel jardín mínimo le parecía a Felipe una finca. El primer secretario del PSOE pasaba sus días entre un catre sin ventilar y el despacho ilegal del partido de la calle Jacometrezo, cruzando Callao. Sin familia, más solo que la una y pálido de neones de la Gran Vía. Miguel era de los pocos compañeros que lo sacaban de paseo y le daban palique tras las reuniones clandestinas, enseñándole una ciudad que se le resistía y que le había tomado por un viajante que pronto se daría la vuelta hacia la provincia. La mayoría de los socialistas madrileños evitaban la intimidad con el jefe sevillano, un poco altivos, desdeñando sus confianzas andaluzas, pero Felipe y Boyer se entendían desde los primeros tiempos, con admiración y algo parecido a la camaradería. Asqueado de las estrecheras del centro de Madrid, Felipe agradecía el privilegio de tomar una cerveza con un Boyer de camisa remangada al sol de abril. Sabía lo mucho que le costaba a su amigo quitarse el traje y la corbata.

Aquel viernes de abril esperaban invitados a cenar y estaban un poco nerviosos. No sabían qué se encontrarían ni qué consecuencias tendría la noche. Llevaban muchos meses moviéndose por la capital, tejiendo amistades en restaurantes y cafés, intimando con políticos opositores, periodistas y empresarios. El quién es quién de la villa andaba muy intrigado por esos rojos que de pronto aparecían en todas las salsas. A diferencia de los comunistas, vestían bien, la mayoría se afeitaban y sabían elegir una corbata. Esto lo aprendió Felipe de sus tiempos de abogado. El primer consejo que daba a sus defendidos la víspera de un juicio era vestirse y comportarse con exquisitez.

—El juez siempre es facha —decía—, no hay que confirmarle los prejuicios sobre los rojos.

A eso se dedicó tras Suresnes, a desmentir los prejuicios de esa España que seguía convencida, tras cuarenta años de propaganda, de que los rojos no llevaban sombrero. No hacía falta cubrirse la cabeza para salir a su encuentro, pues ya ni los fachas llevaban sombrero en 1976, pero sí saber qué ropa ponerse en cada ocasión y elegir bien el color de los zapatos.

Economista y alto funcionario, Miguel Boyer había dirigido el servicio de estudios del Instituto Nacional de Industria y desde hacía unos meses era ejecutivo de la mayor empresa pública de España, Unión Explosivos Río Tinto, trabajo que debía a Leopoldo Calvo-Sotelo. Por su carrera, conocía a fondo el entramado económico y financiero estatal, y por su familia política conocía a fondo el barrio de Salamanca y el todo Madrid. A primera vista, parecía un joven soberbio y ambicioso, un producto típico de la burguesía madrileña, flaco y rancio, amigo de los lujos más banales y ajeno a farras, verbenas y cantinas proletarias. Jamás compartiría un porrón con un minero asturiano, aunque podía enseñarle a distinguir un riesling de un chardonnay. Pero bajo el traje escondía muchas cosas incómodas para el mundo clerical de la calle Velázquez, como una cultura imponente y bibliófila, una pasión rarísima por Egipto y, sobre todo, un compromiso político feroz que lo llevó a pasar un tiempo en la cárcel de Carabanchel sin un solo rechiste, aguantando las noches de celda mejor que algunos héroes obreros. A Felipe le impresionaban su conversación y su sabiduría en asuntos económicos, casi tanto como los nudos de sus corbatas y la familiaridad con que trataba a marquesas y directores generales, a quienes llamaba con el nombre familiar que dan los pijos a su prole: a los Juan los llamaba Johnny, y a las doña Concepción, Cuca.

No eran los salones del París de Proust, pero un sevillano hijo de vaquero necesitaba guías para alternar con esa gente, y Boyer se ofreció a ser uno de ellos —hubo otros, como Enrique Sarasola o Juan Tomás de Salas, el fundador de *Cambio 16*, pero no eran del partido—, aunque él no era hijo legítimo del barrio de Salamanca. El pedigrí republicano de su familia y la de su mujer le hacían bastardo. Su suegro había hecho dinero como empresario, de ahí que viviera en la calle Velázquez y que regalase aquel chalet de El Viso al matrimonio Boyer, pero ambas familias tenían pecados políticos originales.

Miguel Boyer había nacido en 1939 en San Juan de Luz, pues su padre, colaborador destacado de Manuel Azaña, hubo de exiliarse una temporada, y Elena Arnedo, su novia de primera juventud y su mujer, era hija de un socialista histórico, Juan José Arnedo, y de una escritora feminista, Elena Soriano. Las dos familias se enriquecieron en la posguerra, y tanto Miguel como Elena disfrutaron de infancias despreocupadas en el Liceo Francés de Madrid, donde se conocieron. De puertas afuera, no se distinguían de cualquier clan de la calle Velázquez. De puertas adentro, crecieron en el mundo perdido de la república. No el de la república popular de tortilla de patatas, sino el de la república meritocrática, la del feminismo intelectual del Lyceum Club, la vanguardia de la Residencia de Estudiantes y el reformismo filosófico del Ateneo. En vez de misas y puestas de largo, tuvieron bibliotecas y sobremesas sobre la opresión de la mujer. El café, eso sí, lo servía una criada con cofia.

Esa tarde, Elena llegaría tarde. Tenía lío en la clínica donde trabajaba como ginecóloga. Se cambiaría en el despacho y se pintaría en el coche, dijo, lamentando no poder dedicar más tiempo a arreglarse y confirmar la fama de moderna que se había ganado. Fue una de las primeras chicas de la calle Velázquez que se atrevió con la minifalda, y sus modelos desafinaban en el vestuario cursi de sus vecinas, con el que aquella noche debía estar a tono.

Cuando la llamaron de casa para decir que los invitados estaban allí, aún le quedaba un rato. Dios, iba a llegar tardísimo, y aquellos tipos no entendían que la mujer de la casa no estuviera allí para recibirlos. Mucho menos comprenderían su militancia feminista y su compromiso como ginecóloga por el derecho al aborto. Elena Arnedo, fundadora del Frente de Liberación de la Mujer y activista de los derechos reproductivos, recibía en su casa a un ministro del gobierno que encarcelaba a las mujeres que abortaban y a las doctoras que las asistían. Bastante sacrificio hacía. No podían esperar que, además, desatendiera la clínica para llegar a tiempo a sus quehaceres de esposa. Que esperase lo que hiciera falta el gordo aquel.

Manuel Fraga le sacaba veinte años a Felipe, era casi calvo y nunca le sentaron bien los trajes de rayas con pañuelo en el bolsillo con los que vestía su retrato de prócer. Diez años atrás, el mundo entero lo había visto en bañador en la playa de Palomares, en una treta de propaganda para demostrar que las bombas nucleares que cayeron allí no habían contaminado el mar. Desde entonces, Fraga fue esa barriga sobre un bañador largo que salía torpe del agua hacia la arena. En el espejo, él veía a un dandi políglota, un padre de la patria, un Churchill de Lugo. Los demás veían a un gánster sin acento italiano, un tipo peligroso y soez ante el que no sabían si temblar o reír. Eligieron la tercera vía, la del silencio sumiso. Aquella noche lo acompañaba su director general de política interior, José Manuel Otero Novas, un miembro civilizado del grupo cristianodemócrata Tácito, cuya misión era templar gaitas si su patrón se ponía a dar voces.

—¿Quiere cerveza, fino, vino blanco, algún licor? Mi mujer debe de estar a punto de llegar.

—Ah, ¿que su mujer no está en casa?

Poco antes que Fraga había llegado Luis Gómez Llorente, maestro de Boyer, con traje negro y echando humo por su pipa. Fraga carraspeó antes de estrechar su mano y miró la pipa sin que Gómez Llorente dejara de moverla como un botafumeiro. Por una vez, Felipe agradeció la presencia del pesado de Luis, famoso en el partido por alargar las reuniones de la dirección con apostillas, ruegos, preguntas y párrafos de letra pequeña en los que constaban minuciosamente sus desacuerdos. Estaba bien tener en la mesa a una mosca cojonera y fumadora para incomodar un poco a Fraga.

Hasta hacía unos meses, don Manuel había sido embajador en Londres, pero no cultivaba esa finura que los anglosajones llaman *small talk* y sirve para entretener las esperas sin recurrir a la política, la religión o el fútbol. Los socialistas tampoco estaban acostumbrados a las gentilezas. A su manera, cada bando coincidía en llamar pan al pan y vino al vino, y no sabían qué hacer de pie en aquel salón, uno con su pipa, otros con sus cigarros y Fraga con su furia sorda antitabaquera, mientras la señora de la casa se dignaba aparecer.

—¿Qué pasa? ¿En esta casa no se cena o qué? —rugió el ministro gallego.

Elena llegó al fin, deshaciéndose en disculpas. En un minuto estuvieron todos sentados y se abrió la primera botella de vino, con la esperanza de que suavizase las palabras, pero Fraga no bajaba la guardia. Menuda casita tenían esos descamisados. Así que los rojos vivían a lo grande, en lo mejor de Madrid, cenando con vino francés y casados con tías buenas. ¿En qué momento se habían hecho con la ciudad? ¿Cuándo habían dejado de esconderse en las buhardillas y de dormir en la Dirección General de Seguridad, cubiertos por una buena manta de hostias? ¿Qué cojones estaba pasando en España?

—Vamos a ver, vamos a ver, señores, a ver si nos entendemos, porque hemos venido aquí a entendernos y a mí me gusta hablar claro, carallo. Yo no voy a discutir sobre el señor Arias Navarro ni sobre el gabinete, pero ya saben que están cambiando muchas cosas y estamos preparando una reforma política, porque esto no puede seguir así. La cuestión es ir poco a poco, sin atragantarnos. Aquí nadie quiere follones, ¿verdad? Estamos de acuerdo en que hay cosas que sí y cosas que no, y habrá que entenderse, pero dentro de unos límites razonables. Yo les vengo a proponer que vayamos en la misma dirección cuando la reforma se apruebe. Miren, yo sé que ustedes representan a una parte del pueblo, eso no se puede negar. A cuánta, no lo sé y es irrelevante, pero hay mucho rojo en España, como hay Dios, y habrá que darles algo, digo yo. Toda esa gente no va a estar a dos velas toda la vida, eso ya lo hemos aprendido. Los tiempos son los que son y en Europa no aceptarían otra cosa. Aquí somos todos europeos, ¿no? Pues habrá que joderse y ser europeo. Yo soy responsable y no vengo aquí a contarles milongas sobre el gobierno. Lo que tenga que resolver con el señor Arias lo resolveré con el señor Arias. Ahora bien, sí les digo que el señor Arias no va a estar ahí toda la vida. El señor Arias ha cumplido su tarea, la ha cumplido muy bien, pero no está llamado para liderar los nuevos tiempos. Esos, y que me perdone Dios, le vienen grandes. No andemos con paños calientes, todos sabemos que ni Arias ni los demás aguantan unas elecciones. No sacarían un carallo de votos. Aquí las derechas necesitan gente europea, gente que entienda la democracia, que sepa salir a pegar discursos y a entenderse con los españoles normales, y que se entienda también con los americanos y con los gabachos, que parece que les damos asco.

—Quiere decir, don Manuel, que las derechas necesitan a gente como usted, ¿verdad? No como, digamos, el señor Areilza —interrumpió Luis Gómez Llorente, que había apartado los entremeses y llenaba otra pipa.

Fraga contempló cómo el profesor metía las hebras de tabaco en la cazoleta y las prendía con una cerilla, chupando al mismo tiempo y echando un humazo que subía hasta el techo. Otero Novas tocó suavemente el codo de su jefe, sacándolo de su silencio furioso. Este, volviendo la vista hacia Felipe, siguió:

—Miren, lo fundamental es que aquí no haya ni revolución ni pronunciamientos. De lo que se trata es de gobernar con sensatez, de demostrarle al mundo que sabemos ser civilizados. Se han creído estos franceses que nos vamos a matar otra vez por los campos, pero se van a enterar de que no. Para eso, todos tenemos que hacer un esfuerzo. El gobierno lo está haciendo. Yo lo estoy haciendo. Otero lo está haciendo, carallo, que lleva tiempo hablando de democracia. Falta saber qué esfuerzo van a hacer ustedes. Creo que puede beneficiarles mucho el plan que traemos, pero tiene un precio. Miren, yo voy a montar un partido grande donde quepan todos los *conservatives*, por hablar en términos anglosajones. Tengo a mi lado a los de Tácito, a los monárquicos, al Movimiento y a un montón de gente de bien y de orden que aspira a vivir en santa paz. Con ellos haremos una derecha moderna y europea, parlamentaria, naturalmente, con la que ustedes podrán llegar a acuerdos con facilidad. En la reforma que estamos planteando, ustedes serían la muy leal oposición. Una oposición todo lo dura que quieran, pero de ley, a la inglesa. Ustedes serán el partido de la izquierda razonable, de la gente de bien, los que comparten con las derechas el deseo de vivir en paz y en orden. Pero para eso tienen que ser serios y dejar de compadrear con los comunistas. Ese es el límite de lo razonable. Ustedes saben tan bien como yo que los comunistas no caben en España. Yo no puedo controlar a los militares si los comunistas andan por las Cortes y mandando. Por ahí no van a pasar, y exijo de ustedes la responsabilidad que ya han demostrado. A cambio, juntos formaremos un sistema de dos partidos. Estoy dispuesto a ofrecerle ser primer ministro, señor González, en un gobierno de concentración nacional. Y luego seguiríamos a la inglesa, con sensatez, con orden, con cabeza.

—No sé, don Manuel —dijo Felipe—. Una democracia tutelada no es una democracia. En última instancia, ha de ser el pueblo quien decida sus límites, no nos corresponde a nosotros.

—No diga tonterías, por Dios, que somos gente seria. Claro que la vamos a tutelar, si usted lo llama así. Aquí, o se tutela o cada cual hace de su capa un sayo y en dos días tenemos otra vez liada la marimorena. Es lo que hay, señor González, lo toma o lo deja. Aquí, el poder soy yo, y usted, por muchos amigos que tenga y muy buen vino que me sirvan, no es nada. ¿Me oye bien? Nada.

—Bueno, veremos quién es quién dentro de unos meses. A lo mejor tenemos los sitios cambiados en la mesa.

Con los segundos platos se hizo un intermedio en que los comensales arrancaron pellizcos de pan para llevarse a la boca y tener una excusa para no abrirla. Felipe era el único que contrapunteaba la riada palabrera de Fraga. Elena, Miguel y Otero Novas escuchaban con docilidad canina, y Gómez Llorente se ocultaba tras la pipa, fingiendo indolencia, como si nada de aquello le incumbiese.

—¿Qué le parece la merluza? —dijo Miguel, atacando con la pala del pescado—. Es gallega, de la lonja coruñesa.

Felipe agarró la botella y se sirvió una copa.

—Dígame una cosa que nos tiene intrigados, vicepresidente. ¿Qué cree que va a pasar con la pena de muerte?

—Qué carallo quiere que pase, pues que se queda como está.

—Para nosotros es una cuestión fundamental. No puede haber democracia con pena de muerte.

—Nos ha jodido. ¿Y qué son Francia, Inglaterra y Estados Unidos?

—En Inglaterra está casi abolida, en Estados Unidos sólo existe en algunos estados y en Francia se abolirá cuando gane Mitterrand.

—Ah, coño, y como Mitterrand hace eso, ustedes, como corderitos, detrás, que no se diga. Mire, España no es Francia, no me compare.

—Es que estamos intentando comparar y ser Francia. Creía que estábamos de acuerdo en lo de Europa.

—España tiene muchos enemigos y no nos podemos permitir renunciar a un instrumento eficaz contra ellos. Eso no se negocia, coño, no van a venir ustedes a dejarnos indefensos ante toda esa gentuza. ¿Ustedes leen la prensa? ¿Se han enterado de la cantidad de terroristas que hay aquí? A ver si van a ser amigos suyos.

—Oiga, don Manuel...

—Ni don Manuel ni leches. Una cosa es una cosa y otra cosa es otra cosa. A ver si va a venir uno de buena fe a una cena y acaba de romería con rojos terroristas. Carallo, lo que hay que oír.

Luis Gómez Llorente expulsó una nube negrísima:

—Calma, señores, calma. Entienda que nos resulte incomprensible que un universitario como usted, todo un catedrático, defienda un instrumento jurídico tan brutal como obsoleto, que se ha revelado del todo ineficaz como medida coercitiva del delito. Usted lo sabe bien, no me puedo creer que se obceque de ese modo.

—Mire, caballero, por respeto a la señora de la casa, me voy a callar, pero, si usted me dice eso en la calle, se traga la pipa esa con la que lleva atufándonos toda la santa cena.

—Bueno, bueno, bueno, a ver si vamos a salir a bofetadas.

—No vamos a acabar así porque a mí se me ha terminado el tiempo. Buenas noches.

Fraga se levantó sin tocar la exquisita merluza coruñesa. Otero Novas, que llevaba la suya por la mitad, dejó los cubiertos con pena y miró a Elena Arnedo, como si fuera a pedirle que se la envolviera para llevar. Sólo acertó a decir:

—Estaba todo delicioso, señora, muchas gracias por la cena.

Elena sacó un cigarro y ni se molestó en responder. Liberada al fin de su papel de anfitriona, se reclinó en la silla y pidió un cenicero, sin levantarse mientras los invitados huían. Por suerte, era primavera, hacía calor y no llevaban abrigos. Podían largarse dando portazos sin que la criada buscase las prendas.

Desde el jardín, los tres socialistas oyeron el motor del coche oficial, que se encendió con mal genio, como irritado por el silencio de El Viso. Miguel ofreció un digestivo y buscó una frase ingeniosa para burlarse de Fraga, pero no encontró ninguna. Luis chupaba de nuevo su pipa.

—También tú —le dijo Felipe—, podías soltar la puta pipa de vez en cuando.

—Es un caso perdido, González —respondió—, venía con ganas de pelea.

—Ya, joder, pero nunca ayudas, Gómez, es que nunca ayudas.

Elena salió agitando una copita de brandi.

—Habéis estado de pena, chicos. Me he arreglado para nada.

—Va, mujer, tampoco digas eso.

—A esta bestia hay que bajarle los humos, y os ha visto modositos. Le tenéis que hablar en su idioma.

—No hables de los humos, Elena —dijo Felipe—. Hay que joderse, nos tiene que tocar el único franquista que no fuma.

Madrid en 1975 no era tan hostil como Lovaina, la ciudad donde Felipe se fue a estudiar al acabar Derecho a comienzos de los sesenta y cuyos cielos bajos y grises lo deprimieron tantísimo, pero se hacía áspera. Más que a su familia, acostumbrada ya a su hueco en la mesa y en la cama, echaba de menos la alegría sevillana. Los domingos en La Puebla del Río, las discusiones en la terraza del parque María Luisa, las tertulias en cualquier casa, las meriendas de tortilla y las jaranas golfas con flamencos y flamencas. Hasta los policías eran familiares en Sevilla, donde la clandestinidad apenas era un sobreentendido. Un amigo de aquellos años recuerda que Felipe llegó tarde a una reunión del partido en un piso de seguridad. Desde la ventana, los militantes vieron un taxi parado con las luces y el motor en marcha, del que no bajaba ni subía nadie. A punto estaban ya de abortar el encuentro y buscar refugio en los callejones, cuando vieron a Felipe apearse del taxi y entrar al portal canturreando. Subió las escaleras radiante: había convencido al taxista para que se afiliara al partido.

En Madrid no se podía predicar en los taxis ni confiar en la amabilidad de nadie. Pasaba las noches solo y, hasta que unas compañeras se empeñaron en montarle un equipo con secretaria, también se aburría solo en la oficina junto a la plaza de Callao, que, a efectos policiales, era el despacho del letrado González. Aunque Alfonso viajaba casi todas las semanas y se quedaba en un hotel, sus visitas no calmaban la nostalgia, porque con Alfonso no se alargaban las sobremesas ni se hacían travesuras. No era esa clase de amigo que irrumpía en su casa a la hora de la siesta —que Felipe se echaba en pelota y en la cama, para compensar lo poco que dormía de noche— y tomaba asiento en la alcoba para fumar y contar chistes hasta que oscurecía. Con Alfonso sólo había política. Se entendía como con nadie se entendió jamás, pero sus familias no cenaban juntas y no iban al cine ni compartían ningún otro interés que no fuera el partido. Si alguien recomendaba una película que le había gustado mucho a Alfonso, Felipe replicaba: entonces, vamos a ver la otra, porque menudo coñazo si le gusta a Alfonso. En los primeros meses de Madrid, era su único contacto regular con el edén perdido de Sevilla, lo que lo alejaba mucho más, pues la Sevilla de Alfonso era otra, estaba hecha de versos en asonante y no olía a vaca.

Los compañeros de Madrid, con alguna salvedad, como Miguel Boyer, que le presentó a banqueros y altos funcionarios, no se portaron bien con los sevillanos. Si Alfonso derrochaba pesetas del partido en hoteles cuando viajaba a la capital no era por un sibaritismo incompatible con la clandestinidad (los registros de los hoteles dejaban un rastro que la policía seguía bien), sino porque casi nunca le ofrecían un sofá ni una cama turca para dormir un par de noches. Tampoco invitaban a Felipe a comer un guiso casero en familia. La única forma de sobreponerse a la morriña era trabajar duro y almacenar reservas de entusiasmo para conquistar Madrid.

Por suerte, Nicolás Redondo también bajó a Madrid para dirigir la UGT como dios mandaba, con la esperanza de que dejase de ser cosa de vascos y asturianos. Se acomodó en la calle Hermosilla, mucho más holgado que Felipe, y exprimió a sus conocidos y a los contactos de media vida de lucha obrera para que aquel se fuera haciendo un nombre en la capital. Convocaba almuerzos cerca de su casa, en un restaurante clásico llamado La Corralada, de cocidos, guisotes y botellas de rioja. A una de esas comidas asistieron miembros de *Cambio 16*, la revista que quería ganarse a todos los progres y que más temía la dictadura, quizá el semanario político más influyente del país, más que *Triunfo* y *Cuadernos*, que sólo leían los intelectuales. Redondo acudió a la cita en compañía de José Félix de Rivera y de un tipo fibroso y expansivo llamado Enrique Sarasola, que aparentaba unos años menos de los treinta y ocho que tenía entonces.

Sarasola no era socialista, pero simpatizaba con la causa. Invertía en la revista casi a fondo perdido, pues sus negocios estaban en otra parte. De chico apuntó maneras de futbolista, pero prefirió hacerse rico con los negocios, para los que tenía un instinto excepcional. Empezó en Colombia, como empleado de una auditoría, y al poco tiempo manejaba una fortuna y una agenda intercontinental en la que no faltaban amistades grises tirando a oscurísimas. La conexión con Felipe aquel mediodía fue propia de un flechazo e inauguró una amistad que sólo interrumpió la muerte de Sarasola en 2002.

Con su amigo millonario, Felipe descubrió Latinoamérica, pero de ese hilo tiraré más tarde. Lo importante aquí es que lo salvó de un destino de funcionario enmohecido, lo sacó a pasear y lo llevó de la mano a los reservados de los restaurantes y a los despachos de la Castellana cuando Felipe aún no era Felipe y el cuerpo de Franco sufría una tortura quirúrgica en el hospital de La Paz, en justa correspondencia por las miles de torturas que patrocinó.

El 19 de noviembre de 1975, Enrique Sarasola fue a buscar a su amigo Felipe a Barajas. Volvía este de París, de charlar con Santiago Carrillo. Había pasado unas horas en la capital de Francia, en una escala de regreso de Mannheim, donde había participado en un congreso de la Internacional Socialista al que estuvo a punto de no acudir porque le negaban el pasaporte.

—Franco se muere —le dijo Sarasola, nada más montarse en el coche—, me dicen que es cuestión de horas.

Felipe asintió y no dijo nada. Sarasola sabía que no participaba de la euforia antifranquista. No le parecía que la muerte del dictador fuera a abrir la caja de la democracia. El régimen no se enterraría con su cadáver, pero tampoco sobreviviría sin su fundador. Lo había escrito unos días antes en uno de los primeros artículos que publicó en la prensa legal, en la revista *Posible*, que dirigía su amigo Alfonso Palomares. Hablaba allí de la necesidad de pactos, de una izquierda sensata que debía entender que el único horizonte pasaba por construir una democracia.

Sólo con unidad y europeísmo, anteponiendo a cualquier utopía izquierdista el deseo de los españoles de integrarse en la sociedad de las naciones europeas, caerían los muros de la resistencia franquista. Por eso, aunque el antifranquismo sentimental hubiera puesto el champán a enfriar y soñase con descorcharlo en el instante justo en que se anunciara la muerte del verdugo, Felipe prefería la calma. Convenía quedar a la expectativa, no bajar la guardia ante las murmuraciones del búnker y anticiparse con sosiego a una reacción violenta del régimen. Era un momento muy peligroso.

—Carrillo cree que va a volver a Madrid en cuanto muera Franco y que lo van a recibir con un desfile en el aeropuerto, con toda la ciudad puño en alto.

—¿Y no va a ser así? —preguntó Sarasola.

—Ya veremos.

En la Internacional Socialista reunida en un castillo de Mannheim se seguía con pasión la agonía de Franco. Todos los demócratas del mundo esperaban la noticia de la muerte para romper a aplaudir. Willy Brandt recibió a Felipe como a un héroe. Todos los líderes socialistas lo abrazaban, pero, a solas, Brandt compartía la cautela de su amigo. Temían la reacción de los comunistas. ¿Y si un exceso de alegría provocaba una revolución? O peor: una reacción militar. Brandt recomendó a Felipe discreción y mantener abiertas todas las líneas de comunicación con los opositores. Sobre todo, con los comunistas. Había que transmitirles un sentido de la responsabilidad, que se mantuvieran sobrios. Por eso Felipe visitó a Carrillo en París antes de volver a España, y por eso aterrizó en Madrid inquieto y silencioso: el viejo cínico se veía ya como líder de los sóviets españoles, o algo así. Deliraba. No pintaba bien. Ojalá los comunistas del interior tuvieran más templanza.

Francisco Franco murió aquella madrugada y, aunque dicen que corrió algo de champán, lo descorcharon más en

Francia y Alemania que en España, donde dominaron escalofríos de miedo e inquietud y sollozos sinceros en las filas interminables de españoles que pasaron por el féretro para despedirse de su caudillo. No era fácil mantener el tipo en medio de aquella fiebre. Sobre todo, cuando la fama empezaba a perturbar los días de Felipe.

Tras la muerte de Franco en noviembre de 1975 se abrió un breve periodo de euforia liberal conocido como el *destape*. Se fundaron cientos de revistas y se rodaron decenas de películas eróticas. La atención hiperexcitada de los españoles se repartía cada mañana en el quiosco entre las portadas de las revistas de porno blando y los semanarios políticos que titulaban sin los pelos de la censura en la lengua (en mayo de 1976, *Interviú* fusionó tetas y política para que los ciudadanos no tuvieran que elegir en qué gastaban la calderilla: al fin se podía disfrutar en una misma publicación de las dos pasiones que dominaban el ánimo del país, la pornografía y la democracia). En un ambiente así, el anonimato de Felipe era imposible, por muy clandestino que fuera su partido, y su nombre y su cara empezaron a ser una estampa corriente en la prensa. Aún no salía en la tele ni en la radio, pero los lectores de periódicos, hacia la primavera de 1976, estaban sobradamente informados de quién era ese socialista. Lo cual no le favorecía aún, pues su telegenia no se corresponde con una fotogenia —nunca ha dado bien en las fotos—, y la letra pequeña de sus discursos no llegaba del todo en moldes de imprenta, desvestida de su voz. El todo Madrid, en cambio, disfrutaba de sus dones mesméricos y pedía la vez para degustarlos en un restaurante. Comer con Felipe era de lo más chic.

En julio de 1976, como muchos opositores esperaban, el gobierno de Arias cayó y el rey maniobró con Torcuato Fernández-Miranda para colocar al que parecía un hombre de paja, Adolfo Suárez. Sacaba a Felipe diez años, pero parecían quintos: educado, ambicioso y provinciano, se presentaba como el interlocutor ideal. Muy mal tenía que darse para que se repitiera con él una escena como la de Fraga en casa de Boyer. Como mínimo, habría un campo común para entenderse.

Suárez sentía una curiosidad enorme por ese Felipe que estaba en todas partes, y corrió a concertar una cita con él. Que fuera el líder de un partido ilegal era lo de menos. Las cosas iban tan rápidas que no había tiempo para protocolos ni melindres. Mandó emisarios al partido y concertaron un encuentro en el agosto vacío de Madrid, con los periodistas en la playa y los periódicos sin papel ni noticias. Se gustaron. Se interesaron. Se probaron los trajes de presidente y líder de la oposición, y viceversa, y vieron que les quedaban bien. No parecían ni españoles. Se veían a sí mismos alternándose en una España parlamentaria y educada, sin fragas, carrillos u otros fósiles.

Calle Jacometrezo, Madrid, 19 de octubre de 1976, 9.30. Un tipo flaco, repeinado y sospechoso se presentó en la sede ilegal de la calle Jacometrezo y preguntó por Felipe González (no por Isidoro), que aún no había llegado. La compañera al cargo de la oficina estaba avisada y le hizo esperar en una salita. En su informe, el visitante la describirá como «una señorita de unos treinta, poco agraciada, con gafas». Probablemente fuera Carmen García Bloise, que había vuelto del exilio para ayudar a montar el partido en Madrid y hacerle la vida un poco menos incómoda al primer secretario. Cuando este llegó a la oficina, «un hombre joven del PSOE con aspecto de servicio de seguridad» lo acompañó hasta el despacho del jefe. «Felipe me recibe en camisa, sin corbata, en su despacho (tres por tres metros), modestamente acondicionado». Todo era sencillo, pero normal, sin alardes clandestinos. Incluso había una bandera del partido en la sala de juntas, amueblada con quince o veinte sillas que, cuando se ocupasen, forzosamente llamarían la atención de los vecinos, sabedores de qué ocurría en ese apartamento. Franco no llevaba ni un año muerto, aún no había parlamento ni gobierno democrático ni Constitución ni elecciones a la vista, pero el PSOE funcionaba a la luz de aquella mañana de otoño como si fuera legal.

El visitante era un agente del SECED, el Servicio Central de Documentación, la inteligencia militar española, precedente del actual Centro Nacional de Inteligencia (CNI). Estaba allí para concertar una reunión entre su jefe y Felipe, a quien dejó una tarjeta para cerrar los detalles:

—Usted conoce seguramente quiénes somos y qué nos mueve: todos somos militares en activo, destinados en el Alto Estado Mayor e incrustados en Presidencia, aunque no somos la herramienta del presidente, como se dice por ahí. Él se lo explicará.

Cuatro días después, un coche recogió en un lugar acordado a Alfonso Guerra y a Felipe González y los llevó al hotel Princesa. Entraron por el aparcamiento sin pasar por el vestíbulo y subieron a una suite, donde los esperaban dos oficiales de paisano. Uno era José Faura, jefe de información del SECED. El otro, Andrés Cassinello, director de la agencia. Tenían cuarenta y cinco y cuarenta y nueve años, entre nueve y quince más que los socialistas, pero se consideraban de la misma generación, la que no vivió la guerra. Confiaban en que la edad fuera el campo de juego común, ya que nada más parecía unirlos. Antes de invitar a los entrevistados a sentarse, sacaron las pistolas de las cartucheras y las dejaron sobre la mesa. Para los militares, un gesto de buena educación, conversar sin armas. Para los civiles, una bravuconada que subrayaba quién mandaba y quién no; quién hacía las preguntas y quién las respondía.

Las tres horas que pasaron conversando fueron transcritas y guardadas en el Jano, un archivo creado por Carrero Blanco con información de opositores políticos que se ha convertido en una ballena blanca para investigadores y conspiranoicos, pues la leyenda dice que lo destruyeron. Este dosier sobrevivió porque adjuntaron una copia a la ficha policial de Felipe. Su lectura ilumina más sobre su pensamiento político y la situación del PSOE en 1976 que todas las entrevistas y artículos publicados ese año. Ahí están, mecanografiadas a doble espacio, con alguna que otra falta de ortografía, las palabras de cuatro tipos duros tanteándose, olisqueándose. Los sevillanos sabían que aquello podía ser sólo un intento de sacarles información. Los espías rebuscaban la pelambre del lobo bajo la pelliza de corderito que traían los rojos, pero tres horas de charla con tabaco y licores hicieron que olvidasen hasta las pistolas de la mesa. En el informe secreto dijeron que habían hablado «dentro de un clima de natural cordialidad».

Cassinello empieza agradeciendo la visita, que le permitirá tener una visión más real del PSOE que la obtenida por chivatos e infiltrados:

—En general, los que tienen facilidad para informar son los menos equilibrados. Así es muy fácil obtener información negativa de cualquier persona, pero es muy difícil obtener información equilibrada o positiva de las personas.

Los delatores siempre lo son por resentimiento. ¿Para qué servirse de ellos cuando se puede hablar tranquilamente con los jefes de verdad? Alfonso no interviene. Felipe, como es su costumbre, monopoliza la conversación y construye teorías generales a partir de sus anécdotas. Habla de la «operación» que han hecho en el PSOE para liquidar a la generación de Llopis y dice que la democracia española tiene que ser joven o no ser. Los que hicieron la guerra no valen.

—¿Crees que es más fácil entenderse con los jóvenes del otro campo? —pregunta Faura—. Que no tenga que haber una paz forzada, una paz que tengan que hacer los viejos de un lado con los viejos del otro.

—Absolutamente claro —dijo Felipe.

—¿Tú ves más fácil hablar con Martín Villa que Llopis con Arias? —pregunta Cassinello.

—Absolutamente claro, absolutamente claro.

—Imaginad cuatro capitanes generales y Llopis y Carrillo. Inconcebible, sus mentalidades son tan discordantes que no pueden ni sentarse a una mesa.

—Bueno, nosotros hemos eliminado su forma de hablar —dice Felipe—, porque hay dos formas de recorrer este camino, o utilizando la trampa del lenguaje, de la ocultación, o yendo por derecho y aclarar nuestras posiciones. Por supuesto, eso no quiere decir que uno diga siempre todo lo que piensa o todo lo que sabe, por prudencia política, sino que la claridad de la exposición conduce más fácilmente a un resultado, sea el que sea, que andar con los circunloquios clásicos de los hombres de la generación de la preguerra.

—Pero tú serás consciente de que nosotros venimos de un mundo donde la patria, el Estado y el gobierno eran lo mismo, y uno de los problemas que puede tener el gobierno ahora es separarlos y que los grupos políticos lo acepten, pero yo no creo que haya problema contigo.

—Conmigo es con quien menos —dice Felipe—, aunque como partido seguimos teniendo una mentalidad en cierta medida clandestina, y eso puede ser un problema al hablar con ciudadanos que no han tenido esa experiencia. Pero el punto fundamental de este encuentro es que tenemos una concepción del Estado semejante, así se lo dije a Suárez con toda franqueza. Para nosotros, España es España. Es importante resaltarlo desde el punto de vista político, porque España no puede ser el atributo de la derecha. Ni la patria ni el patriotismo son atributos de la derecha, ni de broma.

—Bueno —dice Faura—, yo eso lo veo en los artículos que más me emocionan, los de *El País*, que no son de la derecha. Ahora mismo son los únicos que defienden los valores permanentes de la patria, que están mucho más en vuestras manos que en las de los viejos santones de la derecha, que hacen discursos inútiles. Si desde el centro se articula una cosa así, será un patriotismo distinto al que dicen que defendemos los militares, que sólo es de bandera, bayoneta, asalto, conquista y guerra. En fin, cambiemos de tema. ¿Vosotros sois conscientes de lo dificilísimo que es pasar de una dictadura a una democracia?

—Absolutamente.

—Hay un viejo libro de Cambó —dice Cassinello— en el que dice que para salir de una dictadura a una solución democrática no hay más remedio que hacerlo desde la autoridad.

—Hay un coste.

—Eso. ¿Cómo valoráis ese coste y cómo veis lo que hace el gobierno?

—Mi opinión es que el gobierno no es lo bastante audaz o decidido para caminar hacia la democracia, y no lo es por un espíritu conservador, porque cree que se va a desplazar el péndulo del poder demasiado y puede que pierda el control de ese desplazamiento. Lo racional hoy es lo rápido, no lo precipitado. Me parecería estúpido lo precipitado. Nunca se puede pedir precipitación a un acontecimiento político, pero el ritmo histórico es infinitamente superior al de hace cuatro años. El país está cambiando de actitud social y política y hay que atemperar las acciones políticas al ritmo histórico, y creo que el poder, no digo ya el gobierno, sino el poder, no tiene en cuenta ese ritmo histórico. La alternativa democrática no se ofrece con limpieza. Suárez cree que, en épocas de crisis, el poder ejecutivo tiene que ser fuerte, pero, si no se apoya en un parlamento representativo, siempre será frágil.

—Pero vamos a ver, Isidoro o Felipe, vamos a ver, ¿no crees que todos, el gobierno y los demás, tenéis que jugar con lo que es y no con lo que debe ser? A la muerte del caudillo se vislumbra una meta deseable, pero se desconocen las posibilidades. A lo mejor no eres consciente del peligro de que una marcha desproporcionada, una acción demasiado sensible, una manifestación con los puños en alto o una «Internacional» pueden desatar una reacción que malbarate esa maniobra.

—Eso son gestos, la gran escenificación de la política. Eso da lo mismo. Lo que conviene ahora es convocar unas elecciones limpias para un parlamento que sea capaz de articular la vida política del país. Lo demás, cómo se llamen las instituciones y cómo se sustituyen unas por otras, da lo mismo.

—¿Y cuál es el obstáculo que ves ahora mismo en el gobierno?

—Pues que quiere garantizar la supervivencia de un poder autocrático no controlado por el parlamento, y por otra parte, quiere que las clases sociales que han dominado las últimas décadas sigan controlando todo, y las cuentas son facilísimas de hacer. Quiere un proceso que no sea limpio.

—¿Y si se garantiza la presencia de interventores de partidos políticos?

—Yo no hablo de esas garantías, sino de que el proyecto de reforma reconoce un ejecutivo no controlado por el parlamento, y entonces da igual que las elecciones estén garantizadas o no. Si eso sucede, iremos a las elecciones sólo para protestar y denunciar la farsa. Mire, nosotros no queremos atajos ni subterfugios: no nos presentaremos en coaliciones ni plataformas ni agrupaciones. Iremos como partido y con un programa de cambios para todos los aspectos del país, porque tenemos una idea de cómo deben ser las cosas, incluido el ejército.

—¿Y no sería un primer paso, una posibilidad de futuro?

—Este país va a la democracia como sea. El problema no es si va a llegar la democracia, sino cómo se va a llegar. Nosotros no queremos que nos metan en un frente popular ni ir a unas elecciones plebiscitarias ni para rellenar un hueco en las Cortes. Nosotros vamos con un programa y la voluntad de gobernar. Si el poder elige el terreno de juego, nos está forzando a ir con el puño en alto y «La Internacional», porque no deja hueco para expresarse con normalidad, y entonces se forman bloques, como el que quiere Fraga y su Alianza Impopular, donde se van a juntar todos los que quieren mantener sus privilegios. Y no rechazo eso porque me suponga un peligro electoral: Fraga no resiste la televisión, que va a ser importantísima en las elecciones. Cada minuto de televisión es un millón de votos, y Fraga no resiste un minuto contrapesado con alguien que sepa mantener la sonrisa y la calma. Es un momento muy delicado. Si el poder dice: aquí no se hace el congreso del Partido Socialista, naturalmente nos empuja a una radicalización, al ver que nos lanzan a la ilegalidad justo cuando estamos normalizando una relación política. Sería como si no hubiese muerto Franco.

—Mira, yo te comprendo y me parece lícito. A mí me sientan mal el puño en alto y «La Internacional», como a vosotros os pueden sentar mal el brazo extendido y el «Cara al sol», yo lo respeto. Pero tenéis que entender que se acerca el 20 de noviembre y que puede haber atentados cuando se debata el proyecto en las Cortes. En fin, con frialdad lo digo, ahora mismo es inoportuno plantear lo que dices.

—Claro que el congreso del partido va a irritar a los señores de las Cortes, los va a irritar, desde luego, pero los irritará hoy, mañana, pasado y siempre. Si no se celebra el congreso, se irritarán por otra cosa. Negarnos el congreso porque se vayan a irritar es injusto y no tiene sentido. Pero, en fin, incluso así, no hemos sacado los pies del tiesto, no hemos protestado desaforadamente, tan sólo hemos dicho que nos parece un error, pero no vamos a salir corriendo ni a sacar las banderas a la calle ni lo vamos a montar en Francia. Vamos a intentar hacerlo aquí, aunque nos echen.

—En la situación actual, impacta mucho más una solución seria que otra airada y crispada. Tenéis una clientela potencial sociológicamente moderada. Una postura crispada sería un suicidio para vosotros.

—Somos absolutamente conscientes. Si hacemos el congreso aquí, quintuplicaremos el número de militantes. Si lo celebramos fuera, nos quedamos como estamos. Eso es evidente. Nosotros pagamos un precio muy fuerte si lo llevamos fuera, pero el coste para el gobierno y la reforma política es más fuerte aún. El planteamiento que vemos ahora es este: si dentro de seis meses se convocan unas elecciones limpias, sólo hay dos posibles resultados, uno moderadamente progresista y otro moderadamente conservador. Entre el cincuenta y siete y el sesenta por ciento de los votantes se van a comportar como los de cualquier país europeo y van a apostar por la moderación. La balanza se inclinará por poco hacia el centro-derecha o hacia el centro-izquierda. Ahora bien, si las elecciones no son limpias y el gobierno se mantiene en sus trece, van a obligar a todos los partidos que quieren una democracia a agruparse en un frente para pedir que haya democracia. Eso sería desastroso, perderíamos la oportunidad feliz que tenemos ahora para sacar a este país de la situación en la que está con un coste social muy bajo.

Puede que Felipe tenga aquí mejor información que sus interlocutores, incluso que el gobierno. Cuando suelta esos porcentajes y hace esos vaticinios, no los fía a su intuición ni a las vibraciones que percibe cuando cruza la plaza de Callao cada mañana o al descifrar el estado de ánimo de los empresarios y los periodistas con los que almuerza en reservados del barrio de Salamanca. Quien habla aquí, aunque calle por respeto al gran jefe, es Alfonso Guerra, que comanda un instituto de técnicas electorales asesorado por los socialdemócratas alemanes. Guerra lleva un tiempo viajando por Europa, asistiendo a elecciones, aprendiendo cómo se monta una campaña y estudiando la demoscopia de vanguardia de la mano de los partidos que gobiernan en casi todos los países. Acaba de volver de las elecciones municipales de Bélgica, donde su equipo se ha empapado de encuestas, proyecciones, estrategias y sondeos. A esas alturas de 1976, Alfonso Guerra es uno de los españoles que más sabe de horquillas y decimales. Conoce la sociología electoral de un país sin elecciones, y el tiempo le dará muchas veces la razón a sus augurios, expresados con tanta precisión como soberbia. Su experiencia, y así se lo traslada a su jefe, le dice que en España sólo caben los moderados, y que los radicales de izquierda y de derecha tendrán que acomodarse en unos pocos escaños. Alfonso Guerra sabe en 1976 lo que no sabe casi nadie.

—Entonces —pregunta Cassinello— ¿crees que hay una diferencia grande entre el verbalismo revolucionario y la actitud realmente revolucionaria de todos esos grupos de izquierda?

—No sólo lo creo, sino que lo constato. Quieren comerse el mundo, pero no se comen nada, porque para eso hay que tener al pueblo detrás, y el pueblo no sigue a los radicales verbales. Pero hay un aspecto importante que el gobierno no ha apreciado, y es que los grupos más extremistas están orientados y controlados, y en parte ha sido gracias a la posición del Partido Socialista, que ha marcado pautas importantes.

—¡Y más solos que la una! —dice Alfonso.

—Hemos neutralizado el protagonismo de la Junta Democrática gracias a la Plataforma. Al integrarse ambas, desapareció el papel relevante que hace un año tenía un grupo político por todos conocido, que es hoy mucho menor. En un proceso, digamos, de normalización, un partido comunista lleva siempre las de perder, y uno socialista, las de ganar. Nosotros vamos hacia arriba, y ellos, hacia abajo, porque no es lo mismo mantener las catacumbas con los cuatro que manipulan que ir saliendo a la calle y dar un mitin y tener reuniones con unos y con otros, enfrentándose a lo que hay de verdad. La gente empieza a marcharse porque se dan cuenta de las manipulaciones.

—¿Y eso puede contribuir a mantener a Santiago Carrillo con su trágica historia?

—Ese es uno de los síntomas más claros de la temible torpeza en la que están.

—Vamos, yo comprendo que a vosotros os molestaría mantener en el poder al asesino de García Lorca, pero no me pidáis a mí que me trague al asesino de Paracuellos. Si él no lo hizo, al menos pudo tener una responsabilidad.

—Por auténtica torpeza. Carrillo creía que iba a ser el Berlinguer español y que iba a ocupar el espacio del Partido Socialista. Carrillo no es torpe, no tiene mucha imaginación, pero torpe no es, es un tipo astuto, con mucho juicio político, y era un planteamiento correcto viendo la esclerosis que se estaba produciendo en el Partido Socialista en el exilio. A partir del año 74 se convenció de que no había manera de ocupar ese espacio. En este país, el Partido Socialista, en un planteamiento democrático limpio, va a ser un partido probablemente del treinta por ciento de los votos, y el Partido Comunista va a ser de seis, siete o diez, y esto será así durante muchos años.

—Pero ¿cuántos partidos socialistas hay ahora mismo?

—No hay tantos —tercia Guerra—. Siglas hay muchas, pero si hablamos de partido, no hay tantos.

—Bueno —dice Felipe—, partido socialista y partido comunista sólo hay uno de cada, esta es la broma. Si entendemos partido por organización política que llega a todo el país, no hay más, el resto son plataformas, nombres raros, bromas de esa naturaleza que no son partidos.

—Está el Partido Socialista Popular —dice Faura—, que para mí tiene una honradez intelectual muy alta.

—Bah, es un club político.

—Ahí tengo yo a un pariente mío, diplomático.

—Sí, hay bastantes diplomáticos, pero en realidad...

—Tiene una gran imagen de honradez intelectual —insiste Cassinello.

—Sí, es curioso y paradójico, pero no es un partido. Se lo he dicho a Tierno en Lisboa, delante de Soares. La solución del socialismo es la unidad.

—Pero ¿podéis agrupar a toda esa gente? Aunque sólo sea para quitarnos trabajo a nosotros.

—Tenemos alguna responsabilidad en la división, por cómo planteamos la renovación del partido, pero el resto es culpa del PCE, y se lo he dicho a su gran jefe: estáis penetrando en las regiones con falsos partidos socialistas para jodernos, porque veis que crecemos de una manera desaforada y entonces nos salís con un Partido Socialista Aragonés o le metéis aire al andaluz. Eso no tiene importancia, lo único que me preocupa es Cataluña, pero en el resto del país no hay ninguna alternativa socialista que no sea la nuestra. Claro que el PSP tiene cierto prestigio intelectual en torno a Tierno, pero en unas elecciones libres no tiene nada que hacer. Mira, el único partido de toda la familia socialista que tiene una dirección que no ha creado el tampón de goma de las siglas es el nuestro. En los demás, todos los dirigentes son los socios fundadores. Tierno incluso se hizo un partido para él. Alejandro Rojas-Marcos, Vicente Ventura y Joan Reventós hacen sus partidos para ellos, son de un subjetivismo enorme, y son coyunturales. ¿Cuántos existían hace diez años?

—Dinos algo del PSOE Histórico.

—La inmensa mayoría se viene con nosotros, aunque siempre habrá una docena que traten todavía de enredar y manipular.

—¿Y el espectro ampliado a los grupos que se llaman socialdemócratas?

—Algunos desearían ser el ala derecha del partido. Otros no deberían ser nada, porque no son socialdemócratas, sino liberales camuflados.

—Hablas de Paco Fernández Ordóñez.

—Y de otros.

—¿No os inquieta que os quiten el sitio?

—El pueblo siempre tiene memoria histórica, por muchos años que pasen, y cuando la gente vaya a votar, cuando tenga que votar socialista, ese socialismo se identificará con las siglas del PSOE. Por mucha prensa que puedan tener la recién creada Federación de Partidos Socialistas o el Partido Socialista Popular, el que quiera votar socialista votará al PSOE, porque su tío, su abuelo o su primo fueron del PSOE, y esa memoria histórica está ahí.

—¿Por qué dices PSOE y nosotros decimos SOE?

—Yo casi siempre digo Partido Socialista.

Ellos nunca dijeron Partido Socialista, siguieron diciendo SOE cada vez que se vieron, siempre en hoteles, siempre con las pistolas en la mesa, siempre cordiales.

Resignada a una vida que no quería, Carmen Romero dejó Sevilla y se acomodó con los niños y su marido en un pisito de la calle del Pez Volador, en el barrio de la Estrella, un poco lejos del centro, un poco clase media, un poco anodino, un poco discreto. Tardó en mudarse porque buscó una plaza de profesora de literatura que no encontró, y tuvo que conformarse con enseñar idiomas en el turno de noche de un instituto de Carabanchel. No era su vocación ni su trabajo ideal, pero no quedaba tan lejos de sus pasiones literarias y le permitía mantener una vida autónoma, reservándose unas horas al día en las que podía no ser la esposa del político de moda.

En el otoño de 1976, Felipe ya era un famoso oficial. Lo reconocían por la calle, le daban palique, le pedían autógrafos y lo agasajaban en todas partes, pero aún no dominaba la televisión. Confiaba en ella, la esperaba con impaciencia. Sabía bien que su único rival en la pantalla era el presidente Suárez. Los demás, sobre todo Carrillo y

Fraga, serían devorados por la cámara, que los presentaría al pueblo como los detritos que eran. Suárez, antiguo director de la tele, también lo sabía, por eso se cuidaba mucho de compartir su poder. Mientras el PSOE fuera ilegal, Felipe tendría que conformarse con las portadas de *Cambio 16* y las entrevistas en blanco y negro de *El País*.

En diciembre, durante el congreso del PSOE, el primero celebrado en España y cubierto por la prensa como si fuera el de un partido normal, Carmen le robó todo el protagonismo a Felipe. Su cara sonriente en primer plano llenó la portada y la contraportada de *Diario 16*, en una entrevista a toda página titulada: «No soy celosa». Con el pelo corto y una blusa de cuadros atendió a Diego Bardón, un vivales de la edad de Felipe que se ganaba unos cuartos escribiendo de todo en ese periódico que siempre dio refugio generoso a vagos y caraduras. Bardón acabó sus días corriendo maratones y de torero. Cuando firmó esa contraportada, acababa de volver de París, de alternar con Fernando Arrabal y el grupo Pánico, es decir, de hacer el ganso. La entrevista, por desgracia, sólo tiene de patafísica la entradilla, donde Bardón da a entender que se ha colado a las ocho de la mañana en la habitación del hotel Meliá Castilla (donde se celebraba el congreso) para asistir al despertar del matrimonio y contemplar cómo Carmen se quedaba triste y sola tras el abandono del macho, que salía a cazar mamuts políticos. Tal vez escarmentada por esa experiencia, en el futuro, Carmen Romero sería más cuidadosa al aceptar entrevistas.

El titular disipaba la crónica rosa que envolvía a Felipe como una niebla. Tanto compadreo con el quién es quién de Madrid inspiró una leyenda de *playboy* millonario. Decían que era un señorito andaluz, hijo del bodeguero González Byass, que se paseaba por la Castellana en un Mercedes blanco. También decían que era el juguete sexual de la duquesa de Alba, lo que demuestra que el pueblo madrileño es conservador y reiterativo en sus difamaciones, pues desde Godoy y Goya siempre ha asociado a los *parvenus* con la titular de esa casa nobiliaria. Al negar sus celos, Carmen parecía confirmar el golferío de su marido. En la mente del español de 1976, no tener celos era consentir, y consentir significaba dar la razón a los difamadores, que el matrimonio atribuyó a los espías del gobierno: el teniente general Cassinello les dio las pruebas años después.

Si fue Suárez quien hizo circular los rumores, no entiendo su lógica. En un país machista y excitado tras cuarenta años de penitencia, donde las películas *Fulanita y sus menganos*, *La guerra de los sostenes*, *Pepito Piscinas*, *Los hombres sólo piensan en eso*, *El alegre divorciado* y *Muslo o pechuga* eran éxitos de taquilla, una imagen de mujeriego beneficiaba a un posible candidato. Frente a los catolicones con papada de la dictadura y a los eremitas de la extrema izquierda, casados con la revolución, la juventud velluda y flamenca de Felipe sólo podía inspirar simpatía. Muy pronto, en los mítines, las compañeras le gritarían: «Felipe, capullo, queremos un hijo tuyo». Gracias a *Diario 16*, sabían que podían gritárselo con alegría, sin que la compañera esposa, tan moderna, sincera e intelectual, se inquietase un pelo. No tiene sentido que Suárez —que también jugaba a dejarse querer por las señoras— intentase hundir a su rival con una treta que ensanchaba su mito. Si quería desacreditarlo, debería haber dicho que lo vio salir de misa un domingo del brazo de Carmen Polo. O que, en vez de acostarse con la duquesa de Alba, lo hacía con el duque. En el homófobo 1976, eso sí hubiera sido un golpe bajo.

El 3 de diciembre, dos días antes del inicio del congreso, Julia Navarro —entonces, una puntillosa cronista política, antes de convertirse en novelista superventas— publicaba una entrevista a doble página en el diario *Pueblo*, órgano del sindicato vertical. Hasta la prensa del régimen se rendía a Felipe sin condiciones: «Hoy Felipe González es uno de los políticos de más reconocidos méritos en España y en el mundo. Ha recorrido los pueblos de la península ibérica, ha entrado en las grandes cancillerías europeas, ha sido el orador del congreso laborista de Blackpool (Inglaterra), ha visitado a Fidel Castro, Willy Brandt, Boumédiène, Mitterrand, ha dormido en las jaimas polisarias del desierto saharaui...».

En cada página le echaba un pulso a Suárez. Como dijo a los espías militares Cassinello y Faura, si no se legalizaban los partidos y no se convocaban elecciones libres inmediatamente, los iban a obligar a radicalizarse, y nadie podría reprimir los truenos que se desatarían entonces. La única posibilidad de salir con bien de esa transición pasaba por un PSOE moderado y fuerte. Machacaba el mensaje, lo diseminaba en todos los foros, no dejaba un oído sin predicar, pero le seguía faltando la única tribuna que importaba. ¿De qué servía enamorar al presidente, a los periodistas políticos, a los banqueros y a todos los chupatintas con traje de Madrid si no podía hechizar a los españoles?

(Nota al margen: según me contó Felipe, cuando dimitió de la secretaría general del PSOE en 1997, Fidel Castro pidió un informe de su discurso de renuncia. Sus espías le mandaron una gavilla de papeles con el texto y varias crónicas periodísticas, pero Fidel lo tiró todo al suelo: «Ya sé lo que dijo, lo que quiero saber es cómo lo dijo». Por eso Felipe necesitaba la televisión, porque los españoles ya sabían lo que decía, pero no cómo lo decía).

El 10 de febrero de 1977, Suárez cedió y abrió el registro de los partidos políticos. Para todos, salvo para el Partido Comunista, aunque sus dirigentes ya vivían en Madrid y convocaban conferencias de prensa y llenaban las calles de militantes cívicos y serios, que respondían con paz a los tiros de los pistoleros fascistas, como demostraron tras la matanza de los abogados de Atocha el 24 de enero, uno de los días más sangrientos de aquellos años sangrientos. Ni siquiera el temple de los comunistas en los funerales y las manifestaciones de duelo ablandaron a Suárez, que pidió a Carrillo un poco de paciencia: la legalización llegaría pronto, pero antes debía preparar y controlar los cuarteles.

Frente a la disciplina monástica de los comunistas, los socialistas tuvieron unos días tontos de niño enrabietado. Entre los cientos de partidos que se registraron en febrero se incluyó el PSOE (Histórico), los irreductibles de Rodolfo Llopis. Felipe y Alfonso protestaron al ministro Fernando Abril Martorell:

—Es una putada, Fernando, cómo nos haces esto.

—Bueno, lo pidieron, y en el gobierno no podemos decir unos sí y otros no. Vale, sí, está lo del PCE, pero sabes que eso es especial.

—Coño, que se hubieran puesto otro nombre. Van con nuestras siglas, nos van a joder, la gente los va a votar creyendo que votan a Felipe.

—Venga ya, Alfonso. Son cuatro abuelillos que han venido de Francia. ¿Con qué cara les decimos que no? Se han chupado media vida en el exilio, déjalos, bastante desgracia tienen.

—Nos habéis jodido bien, pero bien. Habéis roto el *ferplei*.

—¿El qué?

—El juego limpio.

—Ya veréis como no pasa nada, no exageres.

Tal vez para calmar el disgusto y demostrar *fair play*, Felipe recibió una invitación para visitar Prado del Rey, la sede de Televisión Española. Ya no había motivo legal para no maquillarlo, iluminarlo, enfocarlo y meterlo en las casas de toda España. Eduardo Sotillos, entonces presentador del telediario, inauguró un género. Hasta entonces, no había entrevistas políticas, dado que, oficialmente, no había políticos a los que entrevistar. Ni el entrevistado ni el entrevistador estaban cómodos en sus papeles, aunque llevaban tiempo preparándolos. El primero tenía que demostrar eso que le atribuían los admiradores: carisma. El segundo debía modular sus preguntas entre el ataque y la cortesía, sin olvidar que rendía cuentas al gobierno.

El resultado fue tedioso. Visto hoy, Felipe suena monocorde y pesado, muy lejos del brillo de las distancias cortas, pero como no había precedentes con los que comparar el público respondió bien. La mayoría silenciosa, la que no militaba ni repartía pegatinas ni coleccionaba libros de Ruedo Ibérico, descubrió a un hombre tranquilo que hablaba con relativa claridad, aunque se enrollase un poco y se fuese por los cerros de las subordinadas. Incluso eso era bueno, pues transmitía reflexión y madurez. De los contenidos resonaron dos palabras: socialismo y libertad. Aclaró las diferencias entre comunistas y socialistas a una audiencia casi analfabeta en cuestiones políticas, para la que toda la oposición era roja, sin tonos oscuros ni claros. Sin libertades individuales y colectivas, dijo, no podría haber nunca socialismo. Esa era la distinción básica, que los comunistas no creían en la libertad.

Se podría haber dicho mejor, con más nervio y concisión, pero dicho estaba. Como le sucedió otras veces, no dio lo mejor de sí porque sentía que había ganado antes de salir al aire. Con unos rivales tan débiles, se podía permitir cierto relajo. Aun así, en el partido lo celebraron como si hubieran visto a Kennedy arengando a los berlineses. Grabaron el sonido del programa en un disco y lo usaron como propaganda electoral, enardeciendo los corazones socialistas, cada vez más numerosos. Incluso el entrevistador cayó rendido, como solía suceder y quedaba probado en las entradillas y perfiles de amor arrebatado que le dedicaban en los periódicos. Eduardo Sotillos, la cara del telediario, empezó a compadrear con los socialistas a partir de esa noche. En 1979 pidió el carnet del partido, y en 1982 se convertiría en el primer portavoz del gobierno de Felipe.

Polideportivo de San Blas, Madrid, 7 de mayo de 1977, 18.00. Desde aquella primavera del 31, en que el pueblo tomó la Puerta del Sol para bailar y emborracharse de clarete republicano, no se recordaba otra romería tan ingenua y unánime. Las fiestas del PCE, recién legalizado, se ganarían una fama merecida en los años por venir, pero entonces los comunistas aún eran militantes serios de cantautor y disciplina. Para divertirse, mejor los socialistas. Si hubiera que creer las crónicas que se publicaron al día siguiente, aquel sábado sólo hubo un mitin más de los muchos que se convocaban en un país hiperpolitizado que trataba a algunos líderes —sobre todo, a Felipe— como a estrellas del rock. Joaquín Prieto, por ejemplo, escribió para *El País* un texto sobrio centrado en los parlamentos de los protagonistas, sin apenas notas de ambiente, como si el público hubiera ido a escuchar los discursos.

En el polideportivo de San Blas, allí donde Madrid fundía en ocre descampado, en el lejano este de los feriantes, el PSOE montó un Woodstock político. La protagonista fue la masa, el pueblo. Todo Madrid acudió con espíritu verbenero —no el todo Madrid, el de los banqueros y periodistas en los restaurantes del barrio de Salamanca que cortejaban a Felipe, sino todo Madrid de verdad, el del sudor de metro y atasco—. Fue tanta gente que se agotó el papel de las entradas (a cincuenta pesetas) y tuvieron que abrir las puertas y dejar pasar. La prensa recordaría los discursos, pero los que asistieron recordaron la cerveza fría, las amistades exaltadas, los besos entre los pinos, las colas para afiliarse al partido, que eran las mismas que para comprar cerveza, y la cantidad de chicas que gritaban sin descanso «Felipe, capullo, queremos un hijo tuyo». Muchos salieron de allí con el carnet socialista, como quien sale casado de Las Vegas.

Trece meses después de aquella cena con Fraga en casa de Boyer, en uno de esos mayos generosos que hacen de Madrid la mejor ciudad del mundo, antes de que se abra el infierno del verano, el PSOE reunió a sus huestes en el campo de San Blas para declararle la guerra a la derecha. Manuel Fraga y su Alianza Popular fueron el demonio de aquel día y de toda la campaña electoral que empezaba. El socialismo no se alzaba contra el gobierno, no era la oposición a Suárez, sino el único partido capaz de cortar la última cabeza gallega que le había salido a la Medusa del franquismo. Si Suresnes fue el triunfo del nuevo socialismo europeo, y el congreso de diciembre en el Meliá Castilla la consagración de Felipe como esperanza de la izquierda blanda española, San Blas fue su demostración de fuerza popular. Felipe se socializaba, se entregaba a la masa para su uso y disfrute. No soy celosa, había dicho Carmen, y bien dicho estaba, porque un gentío beodo que gritaba el estribillo electoral («socialismo es libertad») por la tierra campa del fin de Madrid decidió esa noche que Felipe era suyo y que se iba a comer a Fraga.

Muy pocos dentro del PSOE se escabulleron del baile. El profesor Luis Gómez Llorente prefería fumar en pipa a una distancia más que aséptica desde la que podía sentir la enormidad de su derrota. Fue el único dirigente que puso reparos a la campaña. Unos reparos largos, llenos de frases subordinadas, paréntesis, sin embargos y no obstantes, que desesperaban a los compañeros en las reuniones. Cuando Luis pedía la palabra, los demás sabían que no llegarían a casa a tiempo para la cena.

Meses atrás, Alfonso Guerra había reunido a un equipo en una oficina fuera de la sede del partido, para trabajar tranquilos, y diseñó la primera campaña electoral moderna del PSOE, inspirándose en las que había estudiado en los partidos europeos hermanos. Los alemanes, siempre con el consejo a flor de labios, lo convencieron de lo que ya estaba convencido: Felipe era todo.

—Qué suerte tenéis —le decían—: fabricar un líder como él nos costaría a nosotros muchos años de trabajo. Vosotros lo tenéis de forma natural.

Tras muchas discusiones, Guerra dio con un lema sencillo y polivalente que sintonizaba con el hambre de concordia de aquel tiempo: «La libertad está en tu mano». La frase se estampaba bajo un retrato de busto de Felipe sobre fondo sepia. Serio, sin corbata e iluminado por su lado izquierdo, como en un cuadro barroco, marcando unas sombras de contraste en el lado derecho. Es una de las mejores fotos electorales que se le han hecho. Transmite blandura y dureza a la vez. Retrata a un hombre común al que se puede tutear, joven y viejo a la vez. La luz es cálida y difusa, pero las sombras perfilan a un tipo duro que no se arredra por la bronca. Guerra quería que los españoles vieran en Felipe a un amigo fuerte en quien confiar para un abrazo y para plantar cara a los malos.

Luis dejó hablar a Alfonso, examinó todos los carteles y la propaganda que se habían diseñado y preguntó si González —era de los pocos que no le llamaban Felipe— iba a ser el único protagonista.

—Claro, Luis, es nuestro caballo, es popular, la gente lo quiere, seríamos gilipollas si no lo aprovechásemos.

—Ya, ya, soy consciente de las variables mercadotécnicas, y no creáis que permanezco insensible a ellas, pero esta campaña, me vais a perdonar, compañeros, pero esta campaña no representa el espíritu socialista ni creo ser el único de los aquí presentes que se siente incómodo ante su despliegue... ¿Cómo llamarlo? Pornográfico. Sí, pornográfico. No lo entendáis en su literal sentido sicalíptico, sino como metáfora, ¿verdad? Es cuanto menos paradójico que un partido que se proclama socialista, tal es el nuestro, incurra en lo que no puede definirse de otra forma que culto a la personalidad, al más puro estilo de Stalin. ¿De verdad os parece bien empapelar España con la cara de González, como si fuera un Mao español?

—Hombre, Gómez, me parece que exageras...

—Déjame hablar, compañero señor Guerra, que yo no he interrumpido a nadie y me corresponde el uso de la palabra. Hoy por hoy, el Partido Socialista es fiel a su historia democrática. No es lo mismo pedir el voto para unas siglas que para una persona perfectamente contingente. Las personas pasan, el partido queda. Somos muchos los que trabajamos, muchos los candidatos. Si nos entregamos acríticamente a un solo hombre, corremos el riesgo de dejar de ser socialistas y hasta republicanos, nos volveríamos monárquicos. No creo que sea esta la campaña que refleja lo que somos y lo que queremos ser. Me opongo a este personalismo, por mucho que respete la figura del primer secretario. Esto no tiene nada que ver con los acuerdos o discrepancias que tenga o pudiera tener con el señor González. Esto va de socialismo y de ética.

Perdió Gómez Llorente aquella discusión, pero no le importó demasiado. Unas veces se ganaba, y otras se perdía. La controversia era la razón de su militancia. Para eso fumaba en pipa, para echar humo sin interrumpirse apagando y encendiendo pitillos, que van más con los tipos de frase corta. Pero aquel 7 de mayo en San Blas se sintió solo y ajeno como nunca se había sentido. Aquella romería no era su PSOE. Aquellas chicas excitadas que reclamaban ser inseminadas por el nuevo macho progre no eran su PSOE. Lo que para sus compañeros parecía un tapiz de Goya con majos y majas celebrando el socialismo y la libertad para él era una pintura negra de la Quinta del Sordo: jorobados, enanos y monstruos sin dientes salían de la caseta donde repartían carnets, presumiendo de número de afiliado y dos cervezas más en el gaznate. El sueño de una España civilizada se cubría de polvo de extrarradio.

Ya de noche, con los cuerpos reventados de verbena y bocatas de chorizo, recibieron a los oradores como la plebe del Coliseo aplaudía a la familia imperial. Se asomaban a la tribuna algunos compañeros de viaje, como José María de Areilza, el rey destronado de la derecha razonable que no pudo ser, y la cantante Massiel. Era San Blas el escenario perfecto para que los iconos pop del franquismo se diesen una ducha democrática. Salió Bettino Craxi, que acababa de hacerse con el partido italiano en mitad del fuego cruzado entre los marxistas de las Brigate Rosse y los fascistas de Ordine Nuovo, y le aplaudieron con entusiasmo contenido. Salió Mário Soares, primer ministro portugués, y le abuchearon un poco, porque ya se habían olvidado de los claveles y era el único orador de la noche que dirigía un gobierno —por tanto, el único que tenía ya algún cadáver en el armario y más reproches que esperanzas—. Luego salió François Mitterrand y los aplausos fueron unánimes y más entusiastas, dejando la noche alfombrada para la aclamación felipista.

—No habrá libertad —dijo Felipe— hasta que el pueblo decida cuántos y cuáles son los partidos. Todos deben ser legalizados, y no habrá libertad hasta que esto sea una realidad. Queremos que la libertad que se respira en este campo sea la de todos los hombres y todos los pueblos de España.

A Gómez Llorente, desde la distancia, se le ocurrió alguna réplica cruel. Libertad para aplaudir. Libertad para aclamar al líder. Libertad para decir que sí. Empezó a elaborarla, pero era muy tarde, estaba cansado y prefirió concentrarse en las volutas de humo, que parecían frases de un discurso que nunca pronunciaría.

Las elecciones se celebraron el 15 de junio, y hasta esa fecha no hubo en España otro tema de conversación que la política. Sólo se abrió un paréntesis cuando el Atlético de Madrid empató a uno con el Real Madrid en el Bernabéu el domingo 15 de mayo, una semana después de la fiesta de San Blas, consiguiendo así los puntos que necesitaba para ganar la liga. Quedó segundo el Barça, por un punto, y un Real Madrid desastroso se hundió hasta el puesto noveno. En plena campaña electoral, esto no era deporte, sino augurios de cambio. El equipo llorón, el del arrabal del río Manzanares, ganaba la liga; el Barça, alma del catalanismo, quedaba subcampeón por las justas, mientras el Madrid, símbolo de la hombrada y mascarón de la dictadura, chapoteaba en el ridículo. Era imposible no ver un presagio en el fútbol. El poder cambiaba de manos en una primavera hermosa de alegrías y verbenas para quienes llevaban la cabeza gacha desde 1939.

Si algo sorprende hoy es que la fiesta no acabase con disparos. La violencia política de esos meses de 1977 era insólita para un país en paz, aunque en favor de los españoles haya que decir que no era una excepción ibérica. En Italia se vivían los años de plomo, con el cadáver más o menos reciente de Pasolini y el próximo de Aldo Moro. En Alemania, la Fracción del Ejército Rojo alcanzaba el clímax de su historia: en abril asesinaron al fiscal general de la República Federal de Alemania y pusieron en jaque al gobierno socialdemócrata de Helmut Schmidt. En el Reino Unido, el IRA y sus escisiones ponían bombas en Londres y en las grandes ciudades, mientras en la Irlanda del Norte militarizada se vivían las consecuencias de los *troubles* de 1972. Aunque los españoles interpretaran todo lo que les pasaba con códigos nacionales, convencidos de que *Spain* era *different* y de que el franquismo y la guerra pesaban más que cualquier otra cosa, basta ampliar el foco para entender que el terror era la norma en la política europea, un mal de época, la resaca sin curar de otro mayo, el del 68. En la comparación con Europa, la violenta España no parecía tan violenta, aunque lo peor estaba por llegar. Pese a la matanza de Atocha de enero y al goteo continuo de guardias civiles y policías tiroteados en Euskadi, la primera mitad de 1977 fue relativamente pacífica. Tras las elecciones, arreciarían los pistoleros y las bandas terroristas de ultraderecha, y ETA se enredaría en una escalada que amontonaría un muerto cada tres días, pero la violenta transición fue menos violenta en la primavera de 1977, y quizá eso ayudó a que muchos salieran a bailar y a pedirle un hijo a Felipe. En todas partes podía armarse un quilombo, de cualquier gentío podía salir un pistolero y cualquier coche podía estallar, pero la mayoría se creyó que llegaba la libertad sin ira, como cantaba la canción de Jarcha que anunciaba las elecciones en la tele, y no se quedó en casa mirando por los visillos.

El embrujo de Felipe no apaciguó a los gánsteres, pero sí ablandó a muchos jóvenes de extrema izquierda que tenían al PSOE como la vanguardia de la burguesía monopolista capitalista. El 1 de junio hubo un mitin enorme en Zaragoza, en la plaza de toros. Felipe no era allí el mesías de la izquierda, ni el PSOE la fuerza dominante. La inteligencia progre del lugar se dividía entre el PCE y el Partido Socialista de Aragón, donde militaban José Antonio Labordeta y otros popes con tirón. El grupo del PSOE, comandado por Willy García Pérez, un profesor de Ingeniería que reclutaba compañeros entre sus estudiantes, ni siquiera tenía fuerza para colocar un letrero con sus siglas en su sede zaragozana: el casero les obligó a quitarlo cuando se les ocurrió adornar el balcón. Su actividad en 1977 se reducía a un acto modesto en el Casino Mercantil. Zaragoza estaba tan politizada y efervescente como el resto de España, pero los socialistas no habían sido invitados a la fiesta. Les costó muchísimo alquilar la plaza de toros y negociar los permisos. Fue una apuesta de todo o nada por Felipe. Sólo él podía sacarlos de la semiclandestinidad en la que aún vivían.

Como en todos los mítines, se temía la llegada de provocadores, casi siempre militantes de extrema izquierda que abucheaban al orador y montaban algo de bronca que no pasaba de un par de empujones, pues todos los grandes partidos tenían servicios de orden entrenados y eficaces. A Zaragoza llegó un grupo de jóvenes anarquistas de la CNT, tan radicales como meticulosos, dispuestos a boicotear el discurso de Felipe. Llegaron temprano, para encontrar sitio cerca de la tribuna y dejarse ver por los fotógrafos y las cámaras de televisión. Aplaudieron y gritaron «socialismo es libertad» como el resto del público, para no despertar sospechas, y escucharon a los teloneros como si les importara lo que decían. El candidato de la provincia era Ángel Cristóbal Montes, un profesor de Derecho que presumía de talento oratorio y parecía el hijo de Tierno Galván, un poco más estirado y menos erudito. Sus palabras calentaron a los anarquistas: era ese tipo de burgués altivo que detestaban, el marxista de cátedra pagado de sí mismo. Cuando Felipe alcanzó el micrófono y movió los brazos para agradecer los aplausos y pedir que parasen, en ese gesto ambiguo entre la gloria y la modestia, la muchachada acratoide había acumulado muchas reservas de odio y estaba lista para soltarlas en un estallido dadá. Entonces acabaron los aplausos y la música. Felipe dejó correr unos pocos segundos, midiendo el poder del silencio. Una tos por aquí, un piropo desde el fondo del tendido y algún silbido de ánimo, y Felipe empezó a hablar.

Quizá en un país más cínico, acostumbrado a los trucos de escuela retórica, la sensación no habría sido tan honda, pero, en una España tan ingenua y mareada por las novedades, la maquinaria mitinera del PSOE conquistaba a las almas más hostiles. Nada se improvisaba. Los militantes locales no tenían vela. Todo les venía impuesto por el equipo de Madrid, hasta la ropa que debían llevar. Un equipo comandado por Guerra, en el que brillaban genios del marketing como Julio Feo, había diseñado al detalle una estrategia centrada en mítines cortos y efectistas. En total, no debían durar más de noventa minutos. Los candidatos y jefes locales tenían limitados sus discursos a cinco o diez minutos, sin superar entre todos los cuarenta y cinco. Cuando era posible, Felipe llegaba a la plaza tras el último orador local y, si las circunstancias de seguridad lo permitían, cruzaba un pasillo entre el público para cambiarse abrazos con las primeras filas y calentar a la parroquia. Una vez en la tribuna, daba un discurso de media hora, no más. Media hora con alusiones locales, alguna anécdota personal, tres o cuatro pullas a la derecha, un par de guiños a la izquierda, aplausos, música y mutis.

Aquellos anarquistas esperaron a que el discurso avanzase un poco para arrancarse, pero descubrieron —incómodos— que aquel tipo no decía malas cosas. Incluso tenía cierto sesgo antifascista, no era complaciente con los fachas, al contrario. Siguieron escuchando, ya relajados, asintiendo de vez en vez. Uno de ellos empezó a aplaudir cuando el resto de la plaza lo hizo, pero paró en seco ante la censura de sus compañeros. Se miraron, pactando el momento en que se levantarían para reventarlo todo, pero no se decidían. El segundo aplauso no fue censurado. El tercero fue sincero, fundido con el aplauso general. Al terminar, todos en pie, ya no eran anarquistas. A la salida del mitin, casi noqueados, perdidos por las calles viejas, acordaron pedir el carnet del PSOE.

Uno de esos anarquistas sería años más tarde presidente de Aragón y se llamaba Javier Lambán. Como él fueron muchos quienes bajaron del monte donde se creían partisanos y se tumbaron, dóciles, en los suaves lechos del socialismo y la socialdemocracia. Así crecieron los socialistas por su flanco izquierdo, devorándolo y amansándolo. Los camaradas que resistieron, con cera en las orejas, inmunes al canto de Felipe, llamaron a los que se fueron traidores y arribistas. Lo hicieron desde la insignificancia de unos partidos jíbaros o desde la butaca dulce del desencanto. Tal vez fueron traidores, pero era difícil ser arribista en la primavera de 1977, cuando el PSOE y Felipe sólo eran promesas en un mar de siglas. Los ambiciosos llegaron después, cuando el partido tenía un poder que ambicionar. Entonces, quien daba la cara por una bandera sólo podía aspirar a que se la partieran.

Coclesito, Panamá, finales de agosto de 1977. Todo lo que sé de la aldea de Coclesito se lo he leído a Graham Greene: que su aeropuerto era una pista de tierra que sólo admitía aviones pequeños, que estaba cubierta de barro en la época de lluvias, que siempre hace un calor insoportable y que en los prados ganados por la tala maderera pastaban búfalos. Hoy, su único interés turístico está en la casa museo de Omar Torrijos, un monumento que cuenta la vida y obra del dictador cuyo nombre es ubicuo en Panamá. En 1977, era una cabaña de madera muy rústica, el capricho de su dueño, que lo era a la vez del país, un general de sombrero ancho y puro eterno que reinaba desde una hamaca y tenía un sentido muy peculiar de la hospitalidad, consistente en llevar a sus invitados a lo más hondo de la selva para admirar la madera y los búfalos y dormir borrachos de whisky al runrún de los insectos nocturnos. Allí estuvo Graham Greene, que narró las veladas. Allí estuvo también Gabriel García Márquez, que no narró tanto, y allí dormía Felipe González cuando no quería que lo encontrasen.

Con 118 diputados y 5.371.825 votos, casi el treinta por ciento del censo, el PSOE se convirtió en el segundo partido del país, un millón de votos por detrás de la UCD, pero 3,6 millones por encima de los comunistas. El resultado dio la razón a Felipe y pintó el paisaje que llevaba tiempo contándole al general Cassinello en sus charlas secretas: la democracia se armaba en un bipartidismo imperfecto, con dos grandes partidos que acaparaban casi el setenta por ciento del voto, dejando el resto para los extremos y los nacionalistas. De la sopa de letras socialista sólo sobrevivió, anecdótico, el PSP de Tierno, cuya absorción habría que negociar.

No habían aspirado a ganar. La fama de Felipe no bastaba frente a un gobierno que tenía a su servicio los medios de comunicación y un presidente, Adolfo Suárez, tan seductor como el propio Felipe. Sólo algunas tardes se dejaron llevar por el delirio y soñaron con tomar la Moncloa al primer asalto, pero el sanedrín felipista era de un realismo radical y siempre se movió en el horizonte de los cien diputados. Exhausto, Felipe se concedió el verano para meditar su retirada. Había devuelto el PSOE a su lugar y había ayudado a normalizar una vida democrática. Su trabajo político estaba hecho, había ido más allá de su compromiso. Por eso, en agosto escribió una carta, se la entregó a Alfonso en Sigüenza, donde los cuadros del partido se habían reunido para acordar una postura en el debate constitucional, que protagonizaría Guerra. Le pidió que leyera la nota a solas. Decía:

> He decidido dejar la Secretaría General del Partido. En el próximo congreso no seré candidato. Espero que este plazo no sea superior a un año. La amistad que subyace —a veces imperceptible— en nuestra relación política me obliga a que seas tú el receptor de la decisión. No te engañe la brevedad de la nota. Lo pensé seriamente y he querido dejar constancia escrita y en ti de esta decisión. No sé en qué momento lo comunicaré a los demás responsables del Partido. Hasta ahora nadie sabe nada.

Y desapareció un tiempo al otro lado del mar, en el continente que empezaba a sentir su casa. Una casa sin pesares ni obligaciones, *sans-soucis*. Era un territorio donde sus pasos no eran tan públicos, donde no había que medir las palabras y donde encontró figuras paternales y viriles que se prodigaban en aquello que casi nadie podía darle en España: consejos. Desde sus primeros viajes con Enrique Sarasola hizo amigos en Colombia, en Venezuela y en Cuba, pero sobre todo en Panamá, donde el carisma inconsciente y avasallador de Omar Torrijos le produjo un efecto parecido al que causaba él en los campos de San Blas y en las entrevistas de televisión.

Fue Torrijos quien se empeñó en conocer a Felipe. Andaba negociando con el presidente Jimmy Carter un nuevo tratado sobre el canal y quería reclutar observadores y emisarios internacionales. Necesitaba figuras con peso para defender la posición panameña y demostrar a los gringos que no era un general tarado que tocaba el guitarrón, sino un estadista con amigos poderosos en todas las capitales. Usaba a los amigos comunes que tenía con Felipe como alcahuetas, pero este, concentrado en la campaña y muy consciente de su imagen pública, se resistía a compadrear con él. Sólo cedió a las galanuras tras las elecciones, con la misión de echar una mano en la negociación del tratado como excusa.

—Sé que usted no me quiere ver —le dijo Torrijos casi al pie del avión—, porque me considera un dictador, y tiene razón. Pero, verá, yo soy un dictador convicto, confeso y converso. Le puedo explicar todo lo que necesita saber de dictadores.

A partir de ahí, amigos para siempre, siendo *siempre* la muerte de Torrijos el 31 de julio de 1981 en un accidente de avión que para muchos no fue tan accidental.

En Coclesito, después de las reuniones, recepciones y entrevistas oficiales, Felipe cursó su doctorado en dictadores latinoamericanos. El general, como le llamaba Greene, era un dictador de tercera vía que admiraba la socialdemocracia y quería instaurarla con fusiles. Sus tratos con Estados Unidos no le permitían acercarse demasiado a Cuba, y su talante liberal lo oponía a los regímenes fascistas de Chile y Argentina. Lo suyo era una cosa un poco blanda, un despotismo sin ilustrar de todo para el pueblo, pero sin el pueblo. Creía en la democracia para Panamá, pero para el Panamá del futuro, no el suyo. Mientras llegaban las elecciones libres, hizo de su república un refugio progre *sui generis*. Ciudad de Panamá estaba llena de pisos para exiliados argentinos, chilenos, peruanos, brasileños, paraguayos o de cualquier país con dictadores de derechas menos comprensivos que él. Era tan generoso en su política de asilo y tan raudo al poner los recursos del Estado panameño a disposición de cualquier causa justa que sus invitados olvidaban enseguida que su anfitrión era un sátrapa contra el que se habrían sublevado en sus propios países.

Una noche en Coclesito debatieron el caso de Laura Allende, la hermana menor de Salvador Allende. Pinochet la encerró dos años y luego la expulsó de Chile. Enferma de cáncer, suplicaba al tirano que la dejase volver para morir en el solar de su patria. Le mandaba cartas desde su exilio en La Habana, implorando un derecho de ciudadanía y una compasión imposibles. Laura, además de ser la hermana del mayor mártir del socialismo internacional y una mujer fragilísima de sesenta y seis años, había sido una política importante en el Chile anterior al golpe, dirigente socialista y una feminista destacada. La cuadrilla de Coclesito se instituyó en abajofirmante y acordó redactar una carta abierta o un manifiesto que forzase a Pinochet a compadecerse de la moribunda.

Tumbado en su hamaca, con los ojos entrecerrados por el humo del puro, Omar escuchaba la plática sin intervenir, se mecía a punto de dormirse. Unos proponían canalizar la carta a través de la Internacional Socialista; otros preferían una lista de intelectuales independientes; el de más allá pedía que no se olvidasen de la ONU...

—¿Y por qué no llamamos a Pinochet?

La voz venía de la hamaca. Todos se volvieron hacia Omar y callaron, por si les tomaba el pelo. Como anfitrión, era el único con derecho a burlarse de las causas sagradas, si así le apetecía. Esperaron la carcajada, pero esta no llegó.

—Soy el presidente de Panamá, ¿no? Y Pinochet es el presidente de Chile. Los presidentes de los países hablan, ¿no?

Y pidió un teléfono, habló con alguien de la capital y pidió línea con Santiago de Chile. Se recostó otra vez en la hamaca y esperó.

Al rato, el teléfono sonó, Torrijos descolgó, asintió un par de veces y dijo que le pasaran la llamada.

—¿Cómo le va, general? Me alegro de saludarlo. Por aquí todo bien, con los gringos jodiendo, ya sabe, pero bien, bien, estamos bien. Mire, yo le llamaba para pedirle un favor de dictador a dictador. Resulta que la señora Allende, que usted conoce...

De dictador a dictador, decía, y Felipe González, líder de la oposición y esperanza blanca del socialismo, no daba crédito. Le asombraba el desparpajo libérrimo con el que Omar Torrijos asumía todas sus contradicciones y las aprovechaba para sus estrategias y tácticas. Esa noche supo que el activismo sin poder era una pérdida de tiempo y de energías. El poder servía para conseguir objetivos, para llegar donde la retórica no alcanzaba. Sin poder no había transformación posible. Una vez conseguido, había que ejercerlo, y eso exigía un temple supremo. Levantar el teléfono y hablar con un asesino en la otra punta del mundo. Compadrear con él, si era necesario. Hacerle sentir el poder propio, no arredrarse, no encogerse jamás de hombros.

El carisma de Omar Torrijos se definía por el poder. No seducía por sí mismo, sino por la forma en que expresaba el poder con sus gestos, su sombrero, el humo del puro y la cadencia con que se balanceaba en la hamaca. Cada célula de Omar Torrijos era poder en potencia, siempre listo para ejercerlo.

A la mañana siguiente, en el desayuno, junto a un prado donde pastaban los búfalos de los que tanto se enorgullecía el general, hablaron de la firmeza que requiere el mando. Omar sólo le sacaba trece años a Felipe, pero no podía reprimir un paternalismo que proyectaba sobre todo lo que lo rodeaba. Le encantaba dar consejos y diseminar sentencias, y Felipe, tan desdeñoso con los paternalismos, los escuchaba con respeto y tomaba nota.

—Mira, Felipe, yo no sé de letras. Me gustan mucho Gabo y el inglés borrachín, Graham, pero no los entiendo.

Mis papás eran maestros de pueblo y me metieron a estudiar, pero cuando llegamos al pretérito pluscuamperfecto dije: alto ahí, alto ahí, alto ahí. Esto no se entiende, yo no valgo, déjenme tranquilo. Y me salí. Pero no soy tonto, carajo. Un poco bruto, tal vez, pero no tonto, y te voy a decir una cosa que no deberías olvidar: no te aflijas jamás. Si te afliges, te aflojan. Que no te vean débil, no dudes, no tiembles. En cuanto te noten el miedo, estás perdido. Recuérdalo, Felipe: si te afliges, te aflojan. ¿Es muy pronto para un purito? Es de los que manda Fidel.

Felipe se acercó a la lumbre que le ofrecía su amigo y aspiró hondo. No quería seguir la conversación, sino pensar sobre lo que acababa de oír, dejarlo crecer por dentro, a ver dónde enraizaba. Estaba cansado y soñaba con dejarlo, pero en compañía de Omar, en mitad de la selva, volvió a sentirse con fuerzas. En España le esperaba una constitución, levantar casi de la nada un país, pelear cada artículo y cada coma. ¿Estaba dispuesto a no afligirse? Llegó a Panamá convencido de que ese trabajo sería cosa de otros. Desde aquella mañana ya no lo tenía tan claro.

3. Cien años de honradez (1979-1982)

Sede del PSOE en la calle García-Morato (hoy, Santa Engracia), Madrid, 1 de marzo de 1979, 22.00. Los recuerdos se fabrican a la medida de la historia, por eso siempre llueve en los funerales, para no envilecer la tristeza con la banalidad del sol. Cuentan que hizo mucho frío el 1 de marzo de 1979. Javier Solana se puso una camiseta bajo la camisa y varios compañeros se hicieron con chaquetas y jerséis para aliviar un frío que les salía de dentro y tardaron mucho en quitarse. Con los años, conforme hagan y deshagan los recuerdos, sentirán cada vez más frío, y el frío de esa noche se proyectará sobre todas las noches anteriores de aquella maldita campaña.

A las diez, Felipe y Carmen ya sabían, con las proyecciones que Guerra hacía del primer escrutinio, que habían perdido las elecciones. Poco a poco se enteraron todos esos militantes que se daban calor en los pasillos y escaleras de García-Morato y todos los espontáneos que se amontonaron en la calle para celebrar una victoria que daban por hecha. Nadie podía creerlo. Ni siquiera los ganadores, la UCD gubernamental, que lo celebraron con discreción de señores, con un poquito de champán, en un brindis sin discursos. El resultado era muy parecido al de 1977. Sólo habían subido tres diputados, pero en realidad habían perdido tres, porque entonces Tierno se presentó aparte y ganó seis escaños, y dos años después, con todo el socialismo unificado, habían sacado menos parlamentarios que cuando concurrieron separados. La abstención había sido mucho más alta que en las constituyentes, pero con eso ya se contaba: una vez aprobada la Constitución, en diciembre de 1978, los entusiasmos políticos tenían que apagarse por fuerza. Para muchos, la democracia era la estación final de su lucha. Para otros, el muro de sus lamentaciones, el fracaso de la revolución. La fiesta de 1977 era resaca en 1979.

—Pero ¿cómo coño ha pasado esto? —se preguntaban por los pasillos de García-Morato, y se lo preguntaban bajito, para no molestar al jefe, que no salía de su despacho y se había sumergido en uno de sus ensimismamientos. Felipe tenía dos registros: o hablaba o callaba. En ninguno de los dos se le podía interrumpir. Su verborragia imponía, pero su silencio aterraba. La puerta de su despacho —que sólo se abría una rendija para que Julio Feo o algún colaborador muy íntimo entrase o saliese— era un agujero negro para los militantes y un signo de interrogación para los periodistas.

Había que reconocerle algún mérito a Suárez. Como las bestias heridas, dio tres o cuatro zarpazos letales. Jugó sucio, sabiendo que le quedaban pocas bazas. Era un enemigo formidable y nadie en el PSOE lo había infravalorado. De hecho, toda la campaña lo señalaba como el objetivo que había que abatir. El gran error estratégico de las primeras elecciones fue centrarse en Fraga, que no era nadie. Desde que el PSOE pilotaba la oposición, Suárez fue su único rival, pero costaba mucho presentarlo así después de tanto pacto de la Moncloa, tanta ponencia constitucional y tanta concordia democrática. La primera legislatura exigía renuncias y abrazos. Para colocar los cimientos y el andamiaje de una democracia se lo habían puesto demasiado fácil al gobierno, y Felipe había actuado más como socio que como opositor. Cuando llegó la hora de las elecciones, que se convocaron justo después del referéndum constitucional, tuvo que impostar una enemistad que no existía, y Suárez, tal vez más desesperado o menos escrupuloso, se aprovechó de la blandura ajena, endureció el gesto y sacó de paseo al fantasma más temido por las clases medias: el comunismo. Cuidado, señora, que vienen los marxistas.

En la larga noche de García-Morato, sin tocar un champán que nadie se atrevió a descorchar, otros, los menos, se tiraron a la autocrítica. Casi en susurros, pues no estaba la noche para darle vueltas al cilicio, reconocían que el lema fue terrible. «Cien años de honradez», decían las vallas, recordando que el PSOE, fundado en 1879, cumplía un siglo. Los comunistas tiraron de retranca antifranquista y pintaron en muchísimos carteles: «...y cuarenta de vacaciones», fijando para la historia el reproche —que los viejos socialistas siempre han protestado como injusto— de que el PSOE no combatió a Franco. ¿A qué venía subrayar la honradez cuando no había escándalos de corrupción? Hasta Fraga podía presumir de honrado. Menuda virtud. Era un lema perezoso y autocomplaciente, incluso soberbio. El lema de un partido que se daba por ganador antes de jugar.

El frío arreciaba, como escribió Rosa Montero en una crónica de aquella noche para *El País*, y de madrugada, cuando ya sólo había un puñado de fieles en García-Morato y nadie daba razón de Felipe, se impuso la teoría del frío. Como Napoleón, los socialistas culparon al general Invierno.

La campaña de 1977 fue una fiesta primaveral, pero la de 1979 sucedió en un febrero lluvioso y helador. Las plazas de toros llenas del 77 eran anfiteatros de paraguas en el 79, con asistentes que no podían aplaudir porque sostenían el mango con una mano para no mojarse. Empapados y temblando, el hechizo de Felipe no hacía efecto. Sólo querían que aquello acabase pronto para volver a casa. En algunos sitios pincharon y Felipe tuvo que esforzarse ante un grupo desangelado de militantes que maldecían la hora en que pidieron el carnet.

Seguro que no llovió tanto ni pincharon en tantas plazas. Si el resultado del 1 de marzo hubiese sido otro, hoy se hablaría de las tardes soleadas de febrero y de la dulzura templada de la noche del escrutinio. Yo también me recuerdo con gabardina y paraguas el día en que presenté aquel libro que nadie leyó.

La decepción fue tan profunda como abrupta, pues esa vez los duendes adivinos de Alfonso Guerra no acertaron. Aquel jueves, Felipe comió con sus íntimos en un reservado del restaurante El Parrillón. Lo acompañaron Carmen Romero, Alfonso Palomares (periodista gallego, futuro biógrafo felipista y esposo de Ana Tutor, que sería *secretario* —en masculino, por capricho historicista de quien así la nombró— de Tierno Galván en la alcaldía de Madrid) y Juan Alarcón (Juanito, su chófer, un viejo amigo de Sevilla que, a decir de muchos, era quien mejor le conocía. Trabajó como conductor hasta las siguientes elecciones. No quiso seguir en la Moncloa, por miedo a morir en un atentado de ETA, y se volvió a Sevilla, donde lo colocaron de secretario de redacción en las oficinas de *El País* en Andalucía, lo que demostraba que las amistades de Felipe con la prensa afín iban mucho más allá de la retórica y de los intereses editoriales compartidos, pero eso lo contaré más tarde. Allí se jubiló Juanito, sin arrepentirse de su fuga de la política. Murió en diciembre de 2020, cuando yo empezaba a coleccionar testimonios para este libro. Por eso, una de las frases que más se repite en mis archivos es esta: «Qué pena, esto te lo habría contado mucho mejor Juanito, que lo sabía todo»). El camarero bromeó con una victoria que daba por descontada: la próxima vez, dijo, les llevo el menú a la Moncloa. Nadie en la mesa dudaba de ello. Por la tarde, Pablo, el hijo mayor de Felipe y Carmen, preguntó si al día siguiente tendrían que mudarse.

Julio Feo, uno de los muñidores de aquella campaña, fue condenado como culpable. No lo despidieron, pero tampoco lo llamaron para montar las elecciones municipales de abril, justo un mes después. Entendió la indirecta y se retiró a su casa de Mojácar a reflexionar. Allí, tal vez influido por el sol mediterráneo y las cañitas frescas con papas aliñás, concluyó que no estaba mal la derrota. Repasó las crónicas y los análisis políticos de la prensa y se dio cuenta de que el argumento dominante era que el PSOE había perdido las elecciones, no que la UCD las había ganado. Ni siquiera Suárez se sentía ganador, sino beneficiado por el fracaso ajeno.

—Esto es buenísimo —se dijo—, esto significa que ya hemos ganado las siguientes elecciones, porque se ha impuesto la idea en toda España de que no hay más alternativa que Felipe.

Quiso compartir sus pensamientos con alguien, pero en la casa de Mojácar sólo estaba su mujer, que ya se los había escuchado muchas veces. Ni Alfonso ni Felipe ni nadie del aparato los oyeron, por suerte para Feo, porque en esos días de marzo no estaban para paradojas ni sofismos. No nos jodas, Julio, le habrían dicho. O peor: no nos jodas más, Julio. El tiempo le iba a dar la razón y, cuando se reconciliase con sus compañeros y le encargasen el diseño de la campaña de 1982, la montaría sobre la premisa de que ya habían ganado las elecciones, dado que habían perdido las anteriores.

Torrecaballeros, Segovia, 2 de junio de 1979. A los niños les aburre enseguida tirar la bolita y acertar con esas masas de hierro que parecen bolas de presidio. No tienen fuerza ni puntería para lanzarlas bien, y no hay manera de que ganen a un adulto paciente. Prefieren el fútbol, al que tampoco ganan, pero corren y se cansan y les sienta bien. A Felipe, no. Un par de carreras vale, pero no más. Toda España se enteró de que era muy malo en ese deporte cuando, en noviembre de 1978, se organizó un partido entre periodistas y parlamentarios para celebrar la aprobación en octubre del texto de la Constitución en el Congreso y en el Senado. Se citaron en un campo de tierra de la

127

ciudad deportiva del Real Madrid y a Felipe le tocó ser portero, vestido de rojo, el color del equipo de los políticos. Le metieron varios goles y ganaron los periodistas, pese a que el árbitro era el socialista Gregorio Peces-Barba, figura que desde entonces se tuvo por neutral y juiciosa. Algún plumilla pasó el resto de su carrera presumiendo de los goles que le marcó a Felipe.

No tenía trazas de futbolista. Tampoco de aficionado. Pese a ser del barrio del Betis y haber ido al colegio que queda junto a su estadio, nunca presumió de bético en sus guiños populares. El fútbol le importaba más bien poco. La petanca era mucho más interesante, una afición meditabunda y calmada que permitía pasar la tarde sin perder el hilo de una conversación infinita. Al elegir sus aficiones, Felipe siempre expresaba una contradicción entre lo pasional y lo laxo. Se abismaba en actividades que requerían un compromiso relativo, como si concentrarse en ellas fuera sólo una excusa para pensar mejor, no tanto una distracción de las preocupaciones, sino una manera de ordenarlas. Aquella tarde había echado unas cuantas partidas y los niños se impacientaban y pateaban un balón viejo. Se levantó un poco de viento serrano, anticipando una de esas noches frescas de primavera segoviana.

—¿Seguro que no quieres quedarte a dormir? —le insistieron los dueños de la casa.

—Seguro —dijo. Tenía que volver a Madrid. No sabía bien a qué. A preparar algún viaje, a escapar de los compañeros, a pensar en la retirada—. Venga, juguemos un poco al fútbol.

Su amigo Pedro agradeció el gesto, pero no se sumó al partido. Sirvió más bebidas y se sentó en una silla de enea junto a la puerta. Los niños y Felipe corrían por la hierba, se caían, se levantaban y se reían, y Pedro Altares agradecía la dimisión que le había devuelto a su amigo, aunque, como ciudadano y como periodista, la deploraba. Estaba de acuerdo con ese editorial durísimo que Javier Pradera había escrito en *El País* en el que decía que el futuro de un PSOE grande, europeo y democrático pasaba irremediablemente por la jefatura de Felipe, pero también era estupendo verlo correr tras el balón sin más propósito que el propio balón. En aquel año del desencanto, Altares estaba descubriendo que no podría ser amigo de verdad de un político tan poderoso, sobre todo si este llegaba a presidente. Lo que era bueno para él no lo era para su oficio ni para España. El romance tuvo sentido mientras vivía el dictador y durante los debates constitucionales. Terminados estos y puesta en pie una democracia —frágil, bombardeada, cuestionada, provisional y amedrentada por espadones, pero sorprendentemente vigorosa, pese a todo—, las amistades entre políticos y periodistas se iban a agrietar. El partido del año anterior no era el comienzo de una concordia, sino el final de una fiesta. Al menos, así lo sentía él. Por mucha generosidad que pusieran, si los políticos y los periodistas se comprometían a fondo con sus tareas, tendrían que separarse en algún tramo del camino, pensaba. Un día, el periodista publicará algo que molestará al político. Otro, será el político quien se callará o mentirá, o apelará a la amistad para conseguir un trato de favor. Los lazos se aflojarán y muchas amistades se perderán en el cielo limpio de Segovia como un globo mal atado a la mano de un niño.

Pedro Altares, director de *Cuadernos para el Diálogo*, tótem vivo del periodismo político español, ya sabía que la cuerda se había desanudado. Aún podía ver a Felipe. De hecho, aún estaba a tiempo de dar un salto y atrapar el cordel. Su retirada había sido una corriente de aire que se lo devolvía, pero no se hacía ilusiones: sabía que era temporal. Nadie creyó su huida. Volvería en cuanto la minoría crítica reconociese el fracaso de su golpe y el partido recuperara su unidad. Volverá para ser presidente, se decía el periodista. Era cuestión de dejar escampar los truenos. Unas cuantas partidas de petanca, lo que dura un verano.

Con el congreso extraordinario de mayo de 1979, el partido digirió el fracaso de las elecciones de marzo, tan sólo aliviado por el bicarbonato de las municipales de abril, cuando las coaliciones entre socialistas y comunistas ganaron en la mayoría de las grandes ciudades: Tierno Galván en Madrid, Narcís Serra en Barcelona, Martínez Castellano en Valencia o Sainz de Varanda en Zaragoza representaban el nuevo poder socialista. Se les escaparon Sevilla y Bilbao, pero tuvieron Vigo, Gijón, Cádiz, Málaga y casi todos los núcleos obreros. El nuevo mapa reflejaba la penetración urbana y popular de un PSOE que, en dos años, había pasado de ser un club de debate intelectual a una organización de masas con militantes en cada barrio y en cada pueblo. Por eso fue tan decepcionante el congreso, donde el partido se peleó por una palabra que sonaba a otro tiempo y a otro país: marxismo.

Felipe propuso, a través de Alfonso, lo que la izquierda radical de entonces conocía como un Bad Godesberg, por el escenario del congreso en que el Partido Socialdemócrata Alemán renunció al marxismo como doctrina en 1959. Felipe quería lo mismo para el PSOE veinte años más tarde en un partido que, salvo un tiempo de fervor revolucionario con Largo Caballero en los años treinta, nunca había sido doctrinario. Los tipógrafos madrileños que lo fundaron en 1879 no eran teóricos políticos, y el enviado de Marx que los asesoró en nombre de la Asociación Internacional de Trabajadores era el marxista menos marxista de toda la historia del marxismo: Paul Lafargue, yerno del filósofo, francés mulato nacido en Cuba y autor de un texto casi herético titulado *El derecho a la pereza*. Como francés y cubano, fue el encargado de organizar a los compañeros socialistas de España y Portugal, y se convirtió en su enlace con las grandes corrientes revolucionarias de Europa. Por eso, los socialistas de Pablo Iglesias asimilaron a su manera lo de la lucha de clases y la dictadura del proletariado. Cuando en Rusia ganaron unos marxistas muy doctrinales, el PSOE envió a Moscú una delegación que regresó con la cabeza gorda de tanta praxis y tanta superestructura. Muy pocos se dejaron vencer por la verborrea soviética. La mayoría se mantuvo en sus charlas de ateneo, hablando de despensas, escuelas y esas cosas más familiares y tangibles.

Borrar la palabra *marxismo* de los estatutos del PSOE suponía, en el argumento de Felipe, volver a los orígenes de un partido que siempre se había preocupado más por representar a la mayoría de la población que por ser fiel a unos principios ideológicos inmutables. Para sus opositores, liderados por Luis Gómez Llorente, Pablo Castellano y Paco Bustelo, era una traición al corazón obrero y un golpe de timón derechista. Por eso presentaron su propia candidatura a la dirección, para desbancar a los que Castellano llamaba *comanches*. Parecía una lucha ideológica entre derechas e izquierdas. En los pasillos, en cambio, se presentaba como lo que en verdad era: un asalto al poder de una minoría que, hasta entonces, había defendido posturas más conservadoras que las de Felipe y Guerra, pero aprovechaba el debate sobre el marxismo para aferrarse a la bandera roja, recuperar los nombres de Largo Caballero y Negrín, y derribar a los felipistas.

Su triunfo fue derrotar la ponencia en la que se tachaba el marxismo. Ante su fracaso, Felipe retiró su candidatura a la secretaría general, dejando el partido colgado de un abismo, pues los rebeldes sólo tuvieron el veinte por ciento de los votos. Habían puesto un freno al jefe, pero estaban muy lejos de reunir la fuerza suficiente para tumbarlo.

Redacción de *El País*, calle de Miguel Yuste, 40, Madrid, 19 de mayo de 1979. La planta de opinión de *El País* siempre ha sido la más silenciosa. En el resto de la redacción atronaban los timbres de los teléfonos, el teclear galopante de las máquinas de escribir y los gritos procaces que cruzaban unas habitaciones saturadas de machos con camisas remangadas y alguna que otra mujer joven que tenía que ser más procaz que sus compañeros si no quería que se la comiesen. Nada de eso se filtraba a la sección de opinión, con sus despachos enmoquetados y sus secretarias diligentes. Había horas en que el único ruido perturbador era el que hacían las páginas de *Le Monde* o del *Corriere della Sera* cuando uno de los editorialistas las pasaba con cuidado. El trabajo de estos consistía en leer y estudiar. Más que un periódico, aquello era un monasterio, y Javier Pradera, el abad.

Un editorial es un texto colectivo sin firma que pretende expresar la opinión de un periódico, pero el del domingo 20 de mayo de 1979, titulado «Felipe González», es tan lúcido que cuesta concebirlo como el resultado de muchas enmiendas y reescrituras. Su coherencia y claridad sólo pueden haber salido de la cabeza despejada de Javier Pradera en un fin de semana de paz en la planta monástica de la redacción. El texto intentaba limpiar el pringue de desánimo que cubría a toda la izquierda española ante la perspectiva de un socialismo descabezado, sin su mesías. ¿Cómo iban a vencer si dejaban marchar a su único general? ¿Acaso sobrevivió la Hélade a Alejandro Magno? ¿Las Galias habrían sido romanas sin Julio César? ¿Nápoles sería hoy italiana si Garibaldi hubiese dimitido? ¿Habrían resistido los franceses a los nazis sin las arengas de De Gaulle por la BBC? ¿Qué diablos era el PSOE sin Felipe? Menos que nada, una asamblea de facultad, un claustro de profesores no numerarios.

Empieza el editorial de *El País* reprochando la irresponsabilidad del PSOE, que, en vez de comportarse como la fuerza de la oposición y la alternativa de gobierno de una democracia, sufre una regresión juvenil. «¿Por qué este radicalismo verbal, que se muestra ahora como el fruto de una inmadurez intelectual?», se pregunta. Como militante comunista bajo el franquismo, represaliado y frecuentador de asambleas, Pradera comprende esas pasiones, naturales en hombres de compromiso. No es culpa de los alborotadores, sino de quien no ha sabido dirigir las discusiones y darles una forma correcta de expresión. El peso muerto que amenaza al PSOE se llama Alfonso Guerra, y contra él se dirige *El País* sin eufemismos: «No resulta comprensible la resistencia del primer secretario a reconocer que los fallos en la organización de su partido se deben tanto a la inadecuación del señor Guerra para administrarlo como a vicios estructurales de su diseño, especialmente la negativa a admitir tendencias en su seno».

Aunque la sintonía entre Pradera y Felipe era entonces profunda —y lo sería más en los años venideros—, este alegato felipista no lo inspiraba el propio Felipe, pues le exigía algo que no estaba dispuesto a ofrecer en 1979: la cabeza de Alfonso Guerra. El texto decía que su forma de dirigir el partido, como secretario de organización, podría quebrarlo. No era un reproche moral, sino práctico: necesitaban una figura más flexible. Guerra era un buen jefe para capillas y sectas, no servía para una organización de masas con quince mil concejales y ciento veintiún diputados. Sacrificarlo era la única forma de mantener el PSOE unido, cuando más cerca estaba del poder. El último párrafo del editorial es rotundo: «El PSOE es hoy un partido indispensable para la estabilidad y el afianzamiento del sistema democrático en España. No sólo es el interés de los socialistas, sino el de todo ciudadano con sentido histórico del Estado, el que debe promover y consolidar la existencia de una alternativa política como la que el PSOE representa en este país. No creemos decir ninguna tontería si añadimos que esa consolidación pasa por la permanencia de Felipe González en la secretaría general. Pero él mismo precisa constituirse, aun a costa de sacrificar afectos personales, en el punto de síntesis de las diversas corrientes y tendencias dentro del socialismo. Y encabezar la necesaria recomposición de fuerzas dentro de la comisión ejecutiva y el comité federal que permita a los socialistas españoles asegurar su unidad mediante el reconocimiento de su diversidad y ahuyentar toda tentación tránsfuga en ningún sentido. La derrota sufrida ayer por el equipo de Felipe González en la votación de la ponencia política no debe arrojarle a la tentación del abandono».

Si Pradera no hubiera sido un intelectual tan serio y en la planta de opinión de *El País* se tolerase algo de sentimiento y melodrama, el editorial debería haberse titulado: «¡Por favor, Felipe, no te vayas, te lo pedimos de rodillas!».

Cuando se publicó, Felipe ya se había ido. Su discurso de despedida estaba un poco más cerca de un bolero que de un editorial de Pradera:

—Nunca he sido un junco que mueve el viento en la dirección que sopla —dijo ante sus compañeros.

Con unas notas de rencor, sin ahorrarse reproches, aludió varias veces a la ética y a la moral. Era un disparo directo al corazón de quienes se sentían ideológicamente puros, los Castellano, los Gómez Llorente, los Bustelo. Les respondía: el puro soy yo, no me vais a retratar como un Maquiavelo sevillano, yo no estoy aquí por el poder. En sus propias palabras:

—Yo no estoy en la política por la política, sino por un impulso ético, que no suena demasiado revolucionario, que no suena demasiado demagógico, pero que es lo que mueve a Felipe González a hacer política.

Esa forma de citarse en tercera persona, rarísima en él, que siempre usó el yo sin complejos ni edulcorantes mayestáticos, es un destello de bolero despechado. Casi se adivina la silueta de un Felipe González gris, de espaldas, perdiéndose en una niebla ingrata. Si es un truco de magia, es de los buenos: el hechicero se desvanece y, mientras se funde, el público empieza a echarlo de menos y a lamentar el instante en que lo contrarió. El marxismo no le importaba a nadie a aquellas alturas. Nunca importó, ahora lo sabían. Querían decírselo, como Pradera desde la planta de opinión: Felipe, no te vayas. Pero Felipe ya estaba en Segovia jugando a la petanca con su amigo Altares y dejándose meter goles por sus hijos.

A finales de septiembre, un congreso extraordinario recibió a su jefe pródigo por una puerta grande abierta de par en par. Alfonso, lejos de ser decapitado, ascendió a vicesecretario general y asumió todo el poder en el partido, dejando a Felipe las manos libres para la tribuna parlamentaria y ese palacio de la Moncloa que se perfilaba al fondo. El secretario general socialista demostraba así dos cosas: que no se afligía por los editoriales de la prensa aliada —y, por tanto, no se aflojaba— y que no había proyecto ni estrategia sin su lugarteniente. Eso no se discutía: quien lo quisiera, debía saber que el poder de Alfonso era innegociable. Los opositores internos fueron apaciguados con una reforma del partido que reconoció la existencia de corrientes de opinión con capacidad jurídica. Así nació Izquierda Socialista, el grupo revoltoso de Pablo Castellano. Todo quedaba más o menos en orden. Se trataba entonces de marchar hacia el poder sin tropezar con los cordones de los propios zapatos.

Todos sus críticos y enemigos —y no pocos de sus entusiastas— ven en este episodio del verano de 1979 la prueba de una ambición digna de Macbeth. Dibujan a un personaje capaz incluso de hacerse a un lado para que sus enemigos se quemen al sol mientras él espera en la umbría de Segovia o meciéndose en una hamaca de la selva panameña. Una vez achicharrados (o apuñalados entre sí), el héroe regresa entre peticiones de disculpas y hurras de salvador. Aún no ha llegado a la Moncloa y ya se ha retirado varias veces: dimitió en 1973 de la ejecutiva formada en 1972, no tenía intención de presentarse en Suresnes en 1974, escribió una renuncia a Alfonso Guerra en agosto de 1977 y volvió a hacer mutis en mayo de 1979. Habrá más salidas, hasta que dejaron de impresionar, como en el cuento de Pedrito y el lobo. Tanta huida sonaba a estrategia plebiscitaria. Hoy lo llamaríamos chantaje emocional.

Felipe no se ha tomado muchas molestias en rebatir esto. Siempre ha sido tan perezoso como tajante en la réplica a las acusaciones personales. Quien quiera que me crea, y quien no, pues allá él, parece decir. Felipe estaba cansado desde que entró en la política, pero a la vez sentía que no podía romper su compromiso. La fatiga no era una razón suficiente para dimitir.

Julio Feo se refería a él como un purasangre, su caballo ganador. Tanto cundió la comparación que una de sus primeras biografías se tituló *El caballo cansado. El largo adiós de Felipe González*. La escribió el periodista Ismael Fuente en 1991, y para la portada escogieron una foto horrorosa de Felipe con la cara apoyada en la mano izquierda, más dormido que meditabundo. El libro cuenta la historia de alguien que no quiere estar donde está ni hacer lo que hace y no encuentra la manera de escaparse de la vida de poder y compromiso en la que se ha enjaulado.

A Felipe no le gustaba la imagen del caballo cansado. Tampoco la del purasangre, pero mucho menos la del césar dictador que empezó a cundir en la prensa de derechas a partir de 1985 (*La ambición del César* se titula un superventas de José Luis Gutiérrez y Amando de Miguel firmado en 1989, que recurre a la superchería de la fisiognómica para comprender al personaje a través de su cara). La metáfora del caballo cansado no contradice del todo la del tirano maquiavélico, por más que los antifelipistas nieguen el agotamiento e interpreten sus anuncios de retiro como estrategias ladinas para conservar el poder. Se puede ser ambicioso y estar cansado de la propia ambición. Se puede perseguir algo y renegar de ello una vez conseguido.

Este misterio de Felipe González —que sólo pueden resolver los muy partidarios o los muy opuestos, tomando partido por una de las dos teorías— se entiende mejor con otro animal. Julio Feo era un señor bien que puso de moda la bufanda progre entre la *beautiful people* y creyó que era más moderno e internacional vender un caballo, pero el cuadrúpedo que va con Felipe es la vaca. Se entiende que Feo declinase la metáfora con un mohín de asco y se centrara en lo equino.

Hijo de un vaquero cántabro del valle de Resines, criado en granjas y vaquerías, entre La Puebla del Río y el barrio de Bellavista, Felipe González nunca ha renegado del aroma a bosta ni del suero de la leche recién ordeñada. No sólo entiende de vacas, sino que le gustan, disfruta en su compañía (yo diría que bastante más que en la compañía de muchos políticos). Sabe cuándo una está preñada y de cuánto, cómo hay que tratarlas y qué cuidados precisan. A diferencia del caballo, la vaca es tranquila y paciente. No corre, prefiere deambular mientras pasta. Una vaca ambiciosa no galopa ni derriba el cercado, simplemente espera a que el mundo la acompañe. Si la trocha está despejada, avanza tranquila por ella. Si hay obstáculos, se para a pastar hasta que se pueda seguir.

Por supuesto que había cálculo en las retiradas sucesivas de Felipe. Tal vez no siempre, pero un político tan hábil no podía ser a la vez tan ingenuo. Muchas de esas apuestas podrían haber salido mal —órdagos, los llamaban los periodistas aficionados al mus, que, en aquella época eran todos, empezando por Manu Leguineche, que escribió un tratado sobre ese juego de naipes—, y ese era su gran valor político y la prueba de que había un sentido ético en ellas: sólo juega así de fuerte quien no teme perder. El compromiso ético al que aludió en su discurso de despedida de mayo de 1979, y al que recurrirá de continuo en los años por venir, es también una forma de dar sentido a una contradicción humanísima que sólo un rumiante con un estómago dividido en cuatro partes puede masticar y digerir.

Congreso de los Diputados, carrera de San Jerónimo, Madrid, del 28 al 30 de mayo de 1980. Bajaron los reyes de un coche oficial que paró en la puerta reservada a los diputados. Saludaron al presidente, Landelino Lavilla, hombre galdosiano que parecía estar esperando la visita desde 1850, y una comitiva los acompañó al edificio de enfrente, que iban a inaugurar. En los diez pasos que separaban la parte vieja de la nueva —comunicadas por un pasillo en la primera planta— se sorteaban ciento treinta años de historia parlamentaria española. El Congreso de los Diputados siempre fue un edificio chato y sería invisible de no ser por los leones y la columnata clásica que se asoman a la carrera de San Jerónimo. Hasta la ampliación, inaugurada el 28 de mayo de 1980, no devino un poder democrático real, con volumen y peso en el centro de la capital. Había en el edificio nuevo una sala de prensa, espacio para archivos, despachos, salas de comisiones y muchas otras cosas que requiere la vida parlamentaria cuando esta no consiste en dormir siestas y votar sí a las órdenes de un dictador.

Se eligió un buen día para modernizar el Congreso: tras la recepción, los diputados entraron al salón de plenos y debatieron la primera moción de censura de la democracia, presentada por Felipe González contra Adolfo Suárez. No había ninguna posibilidad de ganarla, pero eso era lo de menos. Se trataba, como en el caso del edificio nuevo, de ofrecer un espectáculo parlamentario a la altura de una democracia sin complejos.

Cuesta creer que un debate larguísimo, con discursos de dos horas, despertase alguna pasión en el público, pero la democracia era aún una novedad. Las cadenas de radio emitían los plenos en directo, y la televisión, en diferido. A veces, sin resumir. La televisión pública no tenía competencia, así que nunca se sabrá qué parte de los espectadores respondía a un entusiasmo sincero y qué parte se resignaba a la dieta del monopolio. Lo importante era que sus señorías estaban en un plató, hablando sin mediación para millones de votantes. Los oradores no se interpelaban entre sí, sino que estaban pendientes de cómo sonaban fuera.

Pocas veces como en aquellas sesiones ha expresado Felipe tan bien esa ambigüedad entre ética y estrategia que sus enemigos le reprochan y sus partidarios le celebran. Alfonso Guerra, como portavoz parlamentario, se defendió en esos términos desde la tribuna:

—La moción de censura es un deber moral cuando la oposición considera que el gobierno no ha defendido los intereses de la nación ni los de los ciudadanos. En nuestro país, esta moción de censura ha sido ya útil como procedimiento de dinamización de la vida política, como forma de creación de una ilusión colectiva que ha terminado con el mito del desencanto político. Cuando los ciudadanos son informados de la verdad de lo que ocurre en esta cámara, demuestran interés por la política. Cuando se les secuestra la realidad, los ciudadanos contestan con la apatía. Una moción de censura es, por último, un impulso para la clarificación, para que cada partido, cada hombre y cada mujer en este país tomen posición de lo que ocurre políticamente. Gracias a la retransmisión de este debate, un buen número de españoles ha podido comprobar cómo el señor Suárez (hasta ese momento, un líder carismático de UCD) caía de las vitrinas y, desde el punto de vista político, se hacía pedazos en el suelo.

Deber moral y pedazos en el suelo no eran incompatibles en la retórica de Guerra. Ambos participaban del mismo juego cívico. Felipe, en su última intervención antes de las votaciones, hizo un alegato parlamentarista:

—Es importante que los debates sean frescos, permanentes, clarificadores; es enormemente importante que las instituciones parlamentarias funcionen como funcionan en esos países que se utilizan siempre como modelo de referencia, pero a los que no se hace caso a la hora de asumir responsabilidades. No se trata tanto de aparecer o no en televisión como de aparecer cuando el país lo demanda para seguir la acción de gobierno, para explicar éxitos y fracasos, para continuar dando al pueblo una inyección permanente de moral ante los fracasos.

Qué bien peinado sonreía Suárez desde el escaño. Qué bien acompañado parecía aquel hombre solitario que hizo del disimulo un arte. Lo habían abandonado todos y acababa de descubrir que nunca tuvo a nadie. Solo había llegado a la política y solo se iría unos meses después, cuando no pudiera disimular las grietas de la cara, esos pedazos en el suelo de los que hablaba Guerra. Pero Adolfo Suárez sonreía entero, ocultando los dientes que le torturaban con dolores que tampoco expresaba.

En una tarde de insultos inspirados, Guerra lo llamó el tahúr del Mississippi. Daba el tipo. Era fácil imaginarlo en la mesa del fondo de un casino, echando faroles y sacando los ases de la baraja. Algunos decían que llevaba pistola. No en el Congreso, pero sí que tenía una a mano y sabía usarla. Se pasaba de valiente, según algunos. Incluso quienes creían que para presidir esa España hacía falta carácter lo tenían por demasiado firme. Le faltaba un punto de blandura demócrata para ser Kennedy.

Adolfo Suárez venía de la provincia más provinciana, Ávila. La familia de su madre tenía algún posible en el pueblo de Cebreros, pero su padre era un viejo republicano que sobrevivió como un pícaro y enseñó a su hijo a no fiarse de nadie, ni siquiera de él. Sin más pedigrí que su ambición, el joven Adolfo se abrió paso entre el alto funcionariado del Movimiento. Impresionó con sus dotes aduladoras al ministro-secretario José Solís, que era lo más parecido que tenía el franquismo a un reformista. Solís lo apadrinó y lo acompañó en una carrera gris por los andamiajes administrativos del régimen, hasta que su pupilo se colocó en la dirección de Televisión Española. Desde allí desplegó las artes del disimulo, que incluían ciertos atributos de camaleón: sabía ser el mejor invitado en las fiestas de las masías del Ampurdán, donde compadreaban los jefes de correajes y camisas azules, y hablaba bien la lengua de los derrotados cuando le tocaba fumar en compañía de un crítico o de un opositor. Se inspiraba entonces en el gesto de su padre, el republicano viejo y desahuciado, y transmitía ese frío de exilio que los antifranquistas reconocían al primer vistazo.

Las peleas entre las familias del franquismo lo colocaron en la terna que el Consejo de Estado propuso en 1976 al rey para designar al presidente que sustituiría a Carlos Arias Navarro. Creyó Torcuato Fernández-Miranda que aquel pimpollo de Ávila sería un buen hombre de paja para gobernar él en la sombra, pero se equivocó, y Suárez se sacudió enseguida las espigas para convertirse en lo que siempre quiso ser: un hombre de Estado. Él solo, sin ayuda, había liquidado las Cortes de Franco, al proponer una reforma que las transformaba en un parlamento. Luego legalizó los partidos, promulgó una ley de amnistía para que pudieran regresar los exiliados y convocó unas elecciones que ganó con un partido de mentira, una coalición hecha de retales de funcionarios del Movimiento súbitamente transformados en demócratas de toda la vida y de abogados y notarios que le copiaban el peinado y las corbatas: la Unión de Centro Democrático.

Como presidente legítimo, sin sombras ya de leyes de la dictadura, consumió cientos de cartones de tabaco negro para encofrar esa sucesión de pactos que la historia llama transición. Los más famosos fueron los de la Moncloa, que se enuncian en plural porque hubo un acuerdo entre los sindicatos, los empresarios y el gobierno, y otro entre los partidos políticos. En el primero se llegó a lo que los economistas llaman un pacto de rentas: para afrontar el desplome económico provocado por la crisis del petróleo de 1973, los empresarios se comprometieron a reinvertir los beneficios en mantener la actividad de las empresas, mientras que los sindicatos renunciaron a pedir subidas de sueldo. En el segundo pacto se demolió parte de la legislación represiva del franquismo, que aún estaba vigente: se decretó una libertad de prensa efectiva, y se derogaron leyes que castigaban a las mujeres (por adúlteras, por ejemplo) o que atentaban contra la libertad sexual (por primera vez, los españoles pudieron comprar libremente anticonceptivos).

Suárez se entendió con Santiago Carrillo y con Felipe González. Con Manuel Fraga, menos, porque con Fraga no había quien se entendiese. Las conversaciones, risotadas y complicidades con los jefes comunista y socialista corrompieron poco a poco su imagen de jefe conservador. Sus votantes —esos españoles de bien, temerosos de Dios y del índice de precios al consumo, gente para la que era pecado tanto blasfemar como dejar de pagar una letra del coche— empezaron a sentirse traicionados. Los abogados ucedistas peinados a raya que se sentaban en los despachos de los gobiernos civiles y las direcciones generales comenzaron a plantearse que su presidente cargaba demasiado hacia la izquierda. Tal vez tenían razón los del búnker, y el hijo de un rojo acababa siendo rojo, como una fatalidad genética. Suárez se entendía tan bien con la izquierda que parió con ella una constitución neutra. Por primera vez en la historia de España, la ley fundamental no tenía más principios ideológicos que garantizar los fundamentos democráticos elementales. El texto no es militante. Por tanto, nadie puede apropiárselo.

Aunque fue un esfuerzo colectivo y todos los partidos de la ponencia constitucional aportaron lo suyo, renunciando cada uno a sus programas, el protagonismo de Suárez estaba fuera de toda duda. Fue quien más arriesgó, quien más empeño puso y quien más sufrió en el trance. En 1980 era presidente porque Felipe González no supo ganar las elecciones. Tenía razón Guerra: aquella tarde en el Congreso, al cerrar el debate de la moción de censura, los trozos de Adolfo Suárez se esparcían por el suelo. El presidente se había dejado todo en el camino. Sus compañeros de partido luchaban entre sí como hienas, ignorando su cadáver político, y sus votantes lo habían cambiado por Felipe. No saldría adelante aquella moción, pero la había perdido.

En aquel pleno no lo parecía. Había que acercarse mucho para percibir las grietas y darse cuenta de que el cuerpo del presidente sólo se sostenía por el traje. En cuanto le aflojasen la corbata, se descuajeringaría. Era su arte del disimulo lo que le mantenía con el pelo en su sitio, impecable, como era su disciplina de camaleón lo que acallaba el dolor de muelas que le atravesaba la boca en mitad de los discursos.

Leer aquellas jornadas en el *Diario de Sesiones* asombra a cualquiera que haya asistido a un pleno premasticado y guionizado del siglo XXI, pero escucharlas —y, sobre todo, verlas en las grabaciones de televisión— es una experiencia mucho más impresionante. La sonrisa de Suárez en su escaño mientras Santiago Carrillo le recuerda que una vez quiso formar un gobierno de coalición con él; las réplicas elegantes, casi siempre improvisadas, de todos los portavoces; las carcajadas llenas de civilización que salen de todos los escaños. Por supuesto que la moción fue un movimiento estratégico que obligó al gobierno a defenderse y puso a Felipe en el escaparate de la nación, como un tribuno sensato y concernido por los gravísimos problemas que Suárez, hundido en las arenas movedizas de su propio partido, no sabía atender. Pero también fue un rearme moral del parlamentarismo, el examen de reválida de una democracia que muchos percibían como retórica. Se vivían los tiempos del desencanto. La sociedad española —el pueblo español, como se decía entonces—, desfondada por el esfuerzo de parir una constitución, había dimitido del entusiasmo ideológico que siguió a la muerte de Franco y se enrocaba en un cinismo achulapado, justo cuando hacía falta un nuevo esfuerzo de ingenuidad para construir todas las instituciones.

La moción forzó a los diputados a pronunciarse ante las cámaras —las parlamentarias y las de televisión— acerca de todas las angustias que llenaban las portadas de los periódicos. En abril de 1980, la inflación superó los quince puntos y el desempleo pasaba del diez por ciento, pero el juvenil llegaba casi al cuarenta. La población española era muy joven. Los *baby boomers* de los sesenta acababan de hacerse mayores de edad y se encontraban de frente con la cola del paro. La delincuencia estaba disparada: en 1980 había más presos en las cárceles que en 1955, en pleno franquismo. Los centros de las ciudades estaban prácticamente tomados por los quinquis, delincuentes juveniles, casi niños, que robaban coches y atracaban farmacias. Eran tan ubicuos que protagonizaban una épica menor en las películas de José Antonio de la Loma, maestro fundacional del cine quinqui, y salían en coplas pop que glosaban sus gestas, al modo juglar.

Joaquín Sabina escribió una canción titulada «¡Qué demasiao!», que cantó Pulgarcito —un músico callejero al que tenía recogido en su casa— en un programa de la tele. La letra empezaba: «Macarra de ceñido pantalón, / pandillero tatuado y suburbial, / hijo de la derrota y el alcohol, / sobrino del dolor, / primo hermano de la necesidad». Se convirtió en la oda al delincuente que entonaba una clase media que lo admiraba en la distancia, pero sujetándose el bolso y poniendo el cepo antirrobo en el volante del coche. Los delincuentes no escuchaban a Pulgarcito, preferían las rimas sexuales de Los Chunguitos o el desgarro de Bambino, a la venta en las gasolineras que atracaban. Los chicos de los barrios obreros, siempre a un paso de lo quinqui, pero separados por un breve tramo de renta y un graduado escolar, rendían culto con plegarias a medio camino entre el estilismo intelectual del cantautor y la fiesta gitana. Cantaban a Obús («No distingue bien la Constitución, / la autonomía o pleno. / La verdad es para él / un cuento de chinos. / Un hábil puente y un empujón, / y su mundo echa a andar. / Un segundo de su vida, / una aventura más») o se postraban ante forajidos de ficción como Jim Dinamita, inventado por Burning, los trovadores de los presos multirreincidentes: «En La Elipa nací / y Ventas es mi reino, / y para tu papá, nena, / soy como un mal sueño. / A una guiri violé al salir del talego / y me llenó de plata por todo ello».

La atracción por la vida marginal llegó a las clases altas con la droga. Por el Madrid de la movida se mezclaban el lumpen y la joven burguesía, siempre dispuestos a compartir jeringuilla, aunque no gustos musicales. Abundaban figuras como Eduardo Haro Ibars, hijo de los periodistas Eduardo Haro Tecglen y Pilar Yvars, o Iván Zulueta, hijo de un empresario donostiarra, que estilizaron el mundo de la droga en el que se dejaron la juventud y la vida mediante poemas, libros y películas de arte y ensayo. Eso también era la normalización de España: el paisaje juvenil del centro de Madrid no se distinguía tanto del centro de Londres.

Como síncopa en una partitura, sobre esta melodía atronaba otra delincuencia, esta política, que en 1980 llegó a su cumbre: ciento treinta muertos en atentados (noventa y tres de ellos, obra de ETA), uno cada tres días. Fue el año más sangriento de la transición. Tampoco faltaban bardos para celebrar las hazañas de los terroristas.

El gobierno de Suárez, que no tenía mayoría absoluta, se encontraba atrapado entre la debilidad de la UCD, que se desmembraba en capillas y caudillos, ávidos de repartirse los despojos de su presidente, y una oposición que le apretaba por la izquierda. Tanto Felipe González como Santiago Carrillo habían aprendido de la legislatura constituyente que no les sentaba bien mostrarse condescendientes con el poder. Con la moción, Felipe no sólo recuperaba su papel de opositor duro, sino que se ofrecía al pueblo español como el líder necesario que entendía la situación grave del país. En su discurso sacó todos los temas de la crisis, de las colas del paro a los coches bomba, de los quinquis al índice de precios al consumo. No dejó de mencionar ni uno, eludiendo con elegancia las discusiones doctrinales sobre izquierdas y derechas o sobre socialismos y socialdemocracias en las que querían embarrarle los diputados de la UCD. Sabían que invocando el fantasma del comunismo tenían una escapatoria. Ni Felipe ni Alfonso mordieron los anzuelos antifascistas. Perseveraron en el papel de prohombres con la corbata bien puesta. Ética y estrategia, siempre unidas.

El propósito no era destronar a Adolfo Suárez, sino obligarlo a salir de la Moncloa y exponerse en la dialéctica parlamentaria, para enseñar después a toda España, a través de la televisión, sus pedazos por el suelo. El presidente no se despeinó ni perdió esa media sonrisa tan encantadora como cínica: incluso roto, parecía entero.

Suárez aguantó medio año más. Dimitió en enero de 1981, abriendo las puertas del Congreso a su noche más triste, la del golpe de Estado del tricornio y los disparos del 23 de febrero. Pero eso es historia de sobra conocida. Estas otras sesiones, que se cuentan entre las mejores del parlamentarismo español, se recuerdan mucho menos, por eso merecen más prosa. Si los disparos del teniente coronel Antonio Tejero la noche en que se investía presidente al sucesor de Adolfo Suárez, Leopoldo Calvo-Sotelo, sólo rompieron la escayola de la bóveda, sin derrumbarla sobre la democracia, en parte fue porque esta tenía ya cimientos fuertes, fraguados en tardes como las de la moción de censura de mayo de 1980.

4. Por el cambio (1982-1986)

Calle de Antonio Cavero, 37, Madrid, 28 de octubre de 1982, 13.00. Julio Feo se echó la bufanda al cuello —con ese descuido tan coqueto que con los años se haría famoso entre los covachuelistas de la Moncloa—, se puso la chaqueta y, con las llaves del coche en la mano, salió de casa. Saludó en la puerta a los policías y caminó despacio por aquel vecindario de chalets sin lustre. Apenas se cruzó con nadie hasta el sitio donde había aparcado, unas calles barrio adentro. Habían convenido que un trasiego de coches en la puerta llamaría la atención de los periodistas. Arrancó y se dirigió a la otra punta de Madrid, a buscar precisamente a un periodista, el único al que se permitiría ser testigo de aquella tarde y contarlo en un periódico.

José Luis Martín Prieto esperaba impaciente en la esquina de la cita y, cuando Julio lo recogió, le pareció que viajaban muy lejos, a la ultraperiferia. Tantas vueltas dio el conductor para despistarlo que Martín Prieto no sabía si aquello quedaba al norte, al oeste o al este. Llevaba demasiados kilómetros en el cuerpo. Había cubierto toda la campaña de Felipe, incrustado en su autobús con una pequeña banda de cronistas. Al dictar los textos a la redacción de *El País* cada noche, le costaba saber si estaba en Cuenca o en Badajoz. Su inmersión en la caravana política había sido tan honda que empezaba a acusar cierto síndrome de Estocolmo: Felipe y su equipo le parecían ya amigos, y eso era peligroso. Al escribir, debía esforzarse mucho por mantener las distancias.

Nada más entrar en el chalet, un basset hound robusto y simpático le recibió como si fuera de la casa, olfateándolo con toda confianza.

—Se llama Pelayo —dijo Julio Feo, quitándose la bufanda y acariciando al animal, que bajo sus manos parecía un complemento de moda.

Andaban por la casa la hija de Julio, su asistenta, Piluca Navarro (secretaria de Felipe), José Luis Moneo (médico personal de Felipe, imprescindible en toda la campaña para controlarle la dieta y mandarlo a dormir), Juanito Alarcón con su mujer y, por supuesto, Felipe con Carmen Romero. La prensa creía que el candidato estaba en su casa de la calle del Pez Volador o en el cuartel electoral del PSOE, que dirigía Guerra, o en la sede del partido. Nadie sospechaba que se escondía en el chalet de Julio Feo, adonde llegó después de votar, dando esquinazo a los fotógrafos. Allí esperó los resultados sin más contacto con el exterior que dos líneas de teléfono directas: una con el despacho del ministro del Interior, Juan José Rosón, y otra con el de Alfonso Guerra en el cuartel electoral. Por lo demás, había whisky y licores —champán no, que estaba muy caro por la inflación—, buena comida y sofás amplios para echar la siesta.

A Martín Prieto le concedieron el privilegio de pasar el día junto a Felipe sin ninguna barrera ni presión: que contase lo que le diera la gana. Durante la campaña había escrito un ramillete de crónicas que ya formaban parte del mejor periodismo político nunca escrito en España y que son hoy una de las fuentes más ricas para quien quiera conocer aquella época. La que escribiría aquella tarde, justo antes del cierre de los colegios electorales, se titula «Felipe González espera tranquilo en casa de un amigo» y merecería también un sitio de honor. Con una prosa muy limpia, más anglosajona que latina —cosa muy rara en el periodismo español, que se desparrama por el lado barroco—, transmite algo asombroso: la calma doméstica que antecede al mayor cambio de la historia de España. Si Martín Prieto no hubiera dejado ese testimonio, sería muy difícil creer que Felipe González pasó el día de su gran victoria sesteando, fumando cigarros canarios, dejando que dos peces de hielo se derritieran en el whisky, acariciando a Pelayo y jugando a cosas de niños con la hija de Julio Feo. El documento tiene también el valor de ser único y definitivo: nunca más habrá crónicas tan cercanas de Felipe. A partir de ese día, una nube de gabinetes y secretarias lo protegerá del contacto directo con los plumillas.

Poco después volvió Juanito Alarcón, que había salido a buscar a Pablo Juliá, el fotógrafo que ilustraría la crónica de Martín Prieto. Juliá era el fotógrafo de *El País* en Sevilla, pero sobre todo era amigo de Felipe. Se conocieron en 1967, cuando este era ya un abogado laboralista que andaba trasteando con el PSOE, y aquel, un chaval que estudiaba Filosofía y Letras y rondaba las asambleas. Juliá había llegado a Sevilla desde su Cádiz natal y era más pobre que los estudiantes del *Buscón* de Quevedo, pero le daba igual. Jugaba a la política sin tomársela tampoco muy en serio. Era comunista, aunque no del PCE, mucho más a la izquierda, y le gustaba incordiar a Felipe llamándolo burgués y socialdemócrata. Lejos de enfadarse, este ejerció de tal con su amigo. Una tarde se enteró de que Pablo vivía en la pensión Vergara, un agujero mohoso del barrio de Santa Cruz, y lo sacó de allí para instalarlo, con Juanito Alarcón, en uno de los pisos que su padre tenía por Sevilla y reservaba para sus hijos. Sin que se diera cuenta, le pagaba parte de la matrícula en la facultad (dame mil pesetas —le decía—, que voy a arreglar la matrícula de Carmen [Romero] y de paso pago la tuya, y Pablo no sabía que la matrícula costaba mucho más de mil pesetas, que abonaba Felipe) y le llevaba ropa sin herir su orgullo (este jersey no le gusta a mi cuñado, mira a ver qué tal te queda a ti, sería una pena que no se lo pusiera nadie).

En aquellos años, Felipe fue más que un amigo para él, casi un mentor y, por supuesto, un protector. Por eso es Juliá quien aporta los mejores y más contundentes testimonios de la honradez felipista. Un día, Felipe se pasó por el piso para comer algo con sus dos amigos, y estos sacaron unas latas de perdiz escabechada. Por cómo se miraron, Felipe entendió:

—Las habéis robado, ¿verdad?

Como estudiantes pobres de izquierdas, robaban cosas todo el tiempo y acallaban la culpa diciéndose que robaban al franquismo, que eran actos de sabotaje contra una dictadura. Felipe se enfadó muchísimo con ellos:

—Un socialista no roba, coño. A nadie, no se roba nada a nadie.

Ya entonces Pablo Juliá era socialista, aunque un poco desganado. Duró en el partido lo que duró la clandestinidad. En 1976, en vísperas del primer congreso en España, Alfonso Guerra le propuso como liberado, es decir, a sueldo del partido, para que pudiera dedicarse por entero a la política. A Felipe no le pareció bien. Invitó a su amigo a comer y le dijo:

—Pablito, tú para esto no sirves. Dedícate a las fotos, que tampoco se te dan muy bien, porque yo hago fotos mejor que tú. No vales para la política, eres demasiado ingenuo, tú no aguantas lo que hay que aguantar aquí.

Pablo perdonó la brutalidad de las palabras felipistas, a la que estaba acostumbrado, asintió y se convirtió en uno de los pocos amigos sevillanos de los tiempos de la clandestinidad que no hicieron carrera política. También, en uno de los pocos amigos antiguos cuya amistad nunca se ha visto nublada por la ambición ni los conflictos de intereses. Una amistad que se mantiene hoy y que, el 28 de octubre de 1982, le abrió la puerta del chalet de Julio Feo para hacer historia con su cámara.

Unos años antes, en 1974, Pablo había firmado una de las estampitas más famosas de la historia del PSOE: la foto de la tortilla, recuerdo de una merienda campestre a las afueras de Sevilla con Felipe González, Alfonso Guerra, Luis Yáñez, Manuel Chaves, Carmen Hermosín, Carmen Romero y otros jóvenes comanches del PSOE, todos prestos a asaltar Suresnes. La foto se titula en realidad *Naranjas*, pues es lo que están merendando. Antes de eso, en 1968, hizo uno de los mejores retratos que jamás se le han hecho a Felipe: en su casa del barrio de Bellavista, en verano, un jovencísimo González se apoya en el capó de un coche. Lleva una camisa de cuadros de manga corta y fuma lo que queda de un purito, casi una colilla. No parece darse cuenta de que lo están retratando. Atento a algo fuera de cuadro, sonríe a medias con los ojos entrecerrados.

Es raro sorprenderlo tan al descuido. Aquel día en casa de Julio Feo, Pablo consiguió de nuevo arrancarle un par de sonrisas íntimas. El gran jefe socialista está recostado en un sofá. En la derecha sostiene una copita, y con la izquierda abraza a Vanessa, la niña de la casa, con la que ha estado jugando. Esta, al ir a poner la mesa, preguntó:

—¿Cuántos seremos?

—Doscientos en el Congreso y ocho para comer —dijo Felipe.

En la mesa, el candidato tomó la medida de la discreción con la que afrontaba su nueva vida:

—Me he tenido que librar de toda la Internacional Socialista. Ni Brandt, ni Mitterrand, ni Soares, ni nadie. Ha costado convencerlos de que no hay que celebrar mucho, que hay que ser discretos. El cabrón de Rosón me ha pedido que controle la calle esta noche. Qué morro tienen. Ya han dimitido, tenemos que hacer su trabajo, como si estuviéramos gobernando.

No sólo renegaba del champán por el precio, sino por miedo a que su descorche incitase a los militares a responder con fuego real. El país aún tenía en los huesos el frío del golpe. Nadie lo sabía en el chalet, salvo Felipe: la inteligencia militar había desarmado un intento para la víspera. Tenían un plan para reventar las elecciones con una operación muy sangrienta que incluía asesinatos de políticos y la toma del palacio de la Zarzuela, para que el rey no pudiera repetir su discurso del 23 de febrero. Cada poco tiempo, sorprendían un complot, lo cual era bueno y malo a la vez. Bueno, porque su detección significaba que los militares sediciosos eran cada vez menos importantes y tenían menos capacidad operativa; malo, porque seguía habiendo demasiado golpismo en los cuarteles. Felipe había prometido una celebración sobria, nada que ver con los festejos de masas del triunfo de Mitterrand en París en mayo de 1981. Todos los líderes socialistas internacionales que llevaban arropándole desde Suresnes aceptaron quedarse en casa y mandar telegramas de enhorabuena sin exagerar los signos de exclamación.

Tras el chasco de 1979, no se esperaban sorpresas en el recuento. Alfonso había hecho bien sus cálculos y la campaña fue un éxito sin matices, lleno tras lleno en todas las provincias. Julio Feo hizo valer su tesis de que las elecciones estaban ya ganadas desde 1979 y que el trabajo de la campaña consistía en no perderlas. La experiencia electoral de otros países indicaba que el candidato favorito se iba desgastando con la exposición en la campaña. Al segundón le suele ir bien salir a dar mítines, porque puede remontar en ellos su intención de voto, pero quien parte con ventaja debe cuidar mucho su imagen para no perder votantes en el camino. Era muy difícil sumar más escaños de los previstos por los sondeos, pero una mala campaña podía hacer que perdieran muchos. Por eso, el trabajo consistió en apuntalar al Felipe experimentado, al Felipe heredero de una tradición democrática, al líder capaz de sacar el país adelante. En un coloquio en Televisión Española, días antes del comienzo de la campaña electoral tras la convocatoria de las elecciones, el director de *Cambio 16*, José Oneto, le preguntó sobre el lema, «Por el cambio».

—¿En qué consiste ese cambio? —dijo.

Felipe se lo pensó un poco, quizá de verdad, buscando unas palabras que no había negociado con su equipo, y contestó con un segundo lema:

—Que España funcione.

Podía haber dejado la respuesta ahí, pero ya había cogido impulso y no supo reprimir la explicación que la redondeaba. Tras un par de paseos por los cerros de Úbeda, citó a su amigo Olof Palme:

—Unos portugueses le dijeron que deseaban que en Portugal dejase de haber ricos. Palme les dijo: «Yo quiero que en Suecia deje de haber pobres». Yo les digo a ustedes: yo quiero que en España deje de haber miseria. Yo no estoy contra nadie. Lo que quiero es que deje de haber marginación.

Ya estaba, lo tenían. El candidato clavó el mensaje que querían oír unos españoles hartos de que nada funcionase, acomplejados por un atraso endémico y desencantados con una democracia que no terminaba de notarse en la vida cotidiana. A partir de ese instante, Felipe sólo tenía que pasear la frase por España como un atleta porta el fuego olímpico. Que España funcione. Todo el esfuerzo consistía en que la frase no se apagara. Y no se apagó. La llevaron prendida hasta el chalet de Julio Feo, en el número 37 de la calle Antonio Cavero de Madrid, donde calentaba la sobremesa mientras Pablo Juliá hacía fotos y Martín Prieto anotaba en su cuaderno.

A las nueve menos cuarto, cuarenta y cinco minutos después del cierre de los colegios, sonó el teléfono de la línea segura con Guerra. Lo cogió Julio Feo. La voz de Alfonso al otro lado dijo:

—Pásame con el presidente.

—¿Qué pasa? —dijo Felipe.

—Presidente —anunció Guerra, subrayando por segunda vez el cargo, con la hipérbole de actor clásico que cultivó siempre—, el Partido Socialista Obrero Español ha obtenido doscientos dos diputados.

Carmen, Julio y los demás, que estaban pegados al teléfono, oyeron a Alfonso y saltaron de alegría, con gritos y lágrimas. Todos se abrazaban, brincaban y daban vivas, pero Felipe colgó sin inmutarse. Los demás, desconcertados por la tranquilidad imperturbable del jefe, se tranquilizaron también. Julio confesó, casi en susurros, que tenía en la nevera unas botellitas de champán, pese a las prohibiciones, y sugirió que tal vez era ese el momento de abrirlas.

—Nada de champán —dijo Felipe—. Si acaso, una copita de vino, para brindar. Pero rápido, que hay que prepararse para esta noche.

La foto para la historia no la hizo Pablo Juliá, que siempre ha trabajado en un registro más importante, el de la intrahistoria. El testimonio que ilustraría las enciclopedias y los manuales de historia de bachillerato fue obra de César Lucas. Antes de la medianoche, Alfonso y Felipe se asomaron a la ventana de una suite del hotel Palace y saludaron a una multitud discreta que coreaba el nombre de Felipe. Los dos amigos se dan la mano, levantando los brazos, unidos en un gesto triunfal. No es gran cosa. Un icono austero para una noche en la que muy pocos se emborracharon.

He escrito *los dos amigos* y he escrito bien. En el cierre de esa campaña de 1982, en un gran mitin en Sevilla, Felipe se refirió a Alfonso como «mi amigo del alma, mi amigo de siempre». La mayoría de los exégetas, los públicos y los privados (es decir, los que cuentan anécdotas del presidente con el ruego de que no se sepa que las han divulgado ellos), sostienen que nunca fueron amigos, y que su relación fue política, no íntima. Atribuyen la confesión del mitin a la exaltación del momento, pero yo creo que se equivocan. Esa foto es el retrato de dos amigos en el momento más dulce de su amistad.

Los entusiastas socialistas apiñados entre la plaza de las Cortes y la de Neptuno se disolvieron pronto, y los empleados del Palace no tuvieron que esforzarse mucho en controlar el jolgorio de los salones. Nadie destrozó las suites ni hubo que llamar a la policía para poner orden. Tampoco aparecieron los temidos piquetes fascistas. La noche terminó de forma muy discreta, en el edificio de *El País* en la calle Miguel Yuste, en una cena tardía con el director del periódico, Juan Luis Cebrián, el dueño, Jesús de Polanco, algunos periodistas y algún que otro columnista famoso, como Francisco Umbral, que recordó a Felipe «de melena y botas, sin corbata, y se sentó con las piernas cruzadas, a fumar un puro de Fidel». Escribió este retrato mucho después de aquella cena, cuando Umbral ya no trabajaba para *El País* ni para el felipismo, sino al contrario. «Del balcón del Palace al comedor de *El País* —concluyó—, dos ámbitos del liberalismo histórico».

Un nuevo poder se aposentaba en los interiores de Madrid y dibujaba rutas entre redacciones, palacios de gobierno, salones de intelectuales y juntas de accionistas. Aquella noche nació una simbiosis destinada a cambiar el paisaje español. El periódico que aspiraba a representar la España democrática se declaraba, como más de diez millones de votantes, felipista. Dos periodistas de *El País* acompañaron a Felipe en su clímax político, y el mismo periódico se encargó de darle de cenar y de brindar con él, ya quizá sin melindres, a carcajada llena.

En el edificio contiguo se imprimían los ejemplares que anunciaban su victoria, y el ruido de las rotativas amortiguaría los aplausos de los brindis, por si molestaban a los espadones. El titular de la primera página era insípido, a tono con el aire discreto que buscaban todos: «El Partido Socialista, con 201 escaños [*sic*, eran 202, pero el último escaño se asignó cuando el periódico ya había cerrado la edición], consigue la mayoría absoluta para gobernar la nación». *Diario 16*, auspiciado por *Cambio 16*, donde Felipe había encontrado sus primeros amigos en la prensa, fue mucho más celebrador: a toda página y en mayúsculas, se leía «PRE-SI-DEN-TE».

Julio Feo y Juan Tomás de Salas, el dueño del Grupo 16, tenían sus diferencias desde los tiempos en que aquel trabajaba en una oficina paredaña con la redacción de *Cambio*, y estaban acostumbrados a pedirse favores que luego no se hacían. Por ejemplo, Julio apalabraba una portada para su candidato, y luego lo sacaban en páginas interiores, dándole la portada a Fraga o a cualquier otro. O al revés: desde la redacción pedían a Julio una exclusiva, y luego este se la daba a otro medio. Quizá eso fraguó una distancia que llevó a Felipe a acercarse a *El País*, que caía entonces en manos de la familia Polanco, después de unos primeros años de accionariado muy dividido, con representantes de muchos intereses económicos y políticos. Tampoco hay que olvidar que Enrique Sarasola, amigo íntimo del ya presidente, era uno de los fundadores de *Cambio*. El PSOE no podía alejarse de ese núcleo de poder periodístico y acercarse a otro sin que saltasen las alarmas de traición.

A cinco columnas, la portada de *El País* se ilustraba con una foto apaisada del nuevo presidente abriéndose paso entre el público y los fotógrafos al bajar de la tribuna en el Palace. La mano de un entusiasta que lo saluda le tapa media cara. Todo había cambiado, pero convenía fingir que todo seguía igual.

Palacio de la Moncloa, Madrid, 2 de diciembre de 1982, 19.30. Los madrileños presumen de vivir en una capital inventada por un rey que no la habitó y prefirió gobernar su imperio desde un monasterio en las montañas. Sabedor de que no es bien querido, el gobierno de España se esconde de un pueblo que se envanece de los franceses que degolló y de los reyes que mandó al destierro. La historia dice que los parisinos acabaron con más reyes y tiranos que los de Madrid, y no por ello Mitterrand y sus primeros ministros se refugiaron en el campo. Quizá los gobernantes franceses sean menos cobardes que los españoles, y ponen el cuello, además del cargo, a disposición de la plebe.

El número 10 de Downing Street, el Palazzo Chigi, la Cancillería Federal, el hotel Matignon y el palacete adjunto al palacio de São Bento no sólo están en el corazón de Londres, Roma, Berlín, París y Lisboa, sino que ordenan la ciudad en torno a sí, justificando su condición de capital. Madrid es la única metrópoli europea con un gobierno en el exilio. El único poder a la vista son los ministerios, sobre todo los nuevos de la Castellana. Por eso el poder no se expresa en España con la épica de Shakespeare, sino con la miseria pícara de un covachuelista de Galdós.

Mientras un primer ministro inglés o un canciller alemán ven desde sus ventanas un trozo de ciudad, un presidente del gobierno español sólo ve pinos. Su residencia está escondida incluso dentro del recinto de la Moncloa: es el último edificio, al fondo de todo, donde no llegan las visitas. La realidad entra en el palacio por el ruido de los coches que corren por la carretera de La Coruña o por la M-30. Al rey Juan Carlos le pasaba lo mismo, pero peor: se instaló en el palacio de la Zarzuela, que más que palacio es un chalet grande (como la Moncloa) en mitad de los montes. Por esta manía de jugar al escondite, ni los gobernantes españoles contemplan su capital mientras gobiernan, ni los ciudadanos se hacen una idea de cómo es un palacio de gobierno del que sólo ven paredes y puertas en las fotos oficiales. Sé bien lo eficaz que es su aislamiento. He sido su vecino, estudié cinco años a menos de doscientos metros de la puerta de la Moncloa. Me he emborrachado muchas veces en los campos de Cantarranas de la Universidad Complutense, que rozan la verja del palacio, y nunca noté su presencia. Es una obra maestra del camuflaje, colocada con mucho cuidado fuera de cualquier vista.

Adolfo Suárez trasladó la presidencia del gobierno a ese paraje de la Ciudad Universitaria de Madrid que fue línea de frente durante la guerra. Antes, el despacho del presidente estaba en el número 3 de la Castellana, en lo que hoy es el ministerio de Política Territorial. Allí se conserva la sala donde se reunía el consejo de ministros de la Segunda República, con los mismos muebles. Suárez trabajó en ese edificio hasta que la policía le avisó de que un francotirador estuvo apuntando a su ventana desde un edificio vecino. Se mudaron a la Moncloa para esconderse y trabajar protegidos por dos destacamentos de la policía y de la guardia civil. Gobernar España exige desde entonces aislarse de ella.

A diferencia de otros palacios, la Moncloa no fue residencia de reyes hasta 1802, cuando Carlos IV la heredó de la duquesa de Alba, la maja de Goya, su última propietaria noble. El edificio estuvo en la corona hasta 1868, cuando una revolución se lo apropió para el Estado, que construyó en los terrenos una escuela agraria. Luego se fue viniendo abajo por falta de uso, hasta que la batalla de la Ciudad Universitaria del otoño de 1936 lo dejó hecho cascotes. Franco levantó en la década de 1950 un palacio nuevo que no se parecía al original, y lo rodeó de jardines. Suárez apenas lo reformó, y a Calvo-Sotelo, que fue presidente durante veintiún meses, no le dio tiempo ni a pensar si aquello le gustaba o no. Cuando los González-Romero llegaron en diciembre de 1982, tras dejar su piso undécimo de la calle del Pez Volador, desde el que se veía casi todo Madrid, respiraron hondo y trataron de encontrarle el lado bueno. A los niños les resultó más fácil, y Felipe tenía demasiado en la cabeza para preocuparse por la *domus*, pero Carmen tuvo que hacer con toda la longitud de sus tripas un corazón artificial gigante. Sólo así se notaba el pulso en esa nueva vida de vigilancia y atenciones.

Antes de mudarse, en el silencio del piso de Pez Volador, dejó claro que no pensaba ejercer de primera dama y no acompañaría a Felipe en los actos, a no ser que fuera imprescindible. También seguiría enseñando en el instituto y trabajando con Nicolás Redondo en la UGT, donde era una dirigente activa de la federación de enseñanza. Llegó al palacio dispuesta a preservar una carrera y una personalidad separadas de su marido, pero a los cinco minutos de instalarse allí se dio cuenta de que cumplir su plan sería mucho más difícil de lo que pensaba. El mundo quedaba muy lejos, al otro lado de esos jardines que parecían más frondosos de lo que eran, y para mantener el contacto con lo de afuera necesitaría toda su fuerza de voluntad.

Más desubicados todavía estaban los cargos que formaban el gobierno. Mientras negociaban el traspaso de poderes con el equipo de Calvo-Sotelo y los funcionarios fijos adscritos al palacio, descubrieron su precariedad. Salvo pompa, allí faltaba de todo. Sobraban edecanes y ujieres para abrir puertas, servir mesas y llevar notas de un despacho a otro en bandejitas de plata. Incluso había un funcionario al que apodaban la Ser, como la radio, porque su cometido era anunciar a voces la presencia del presidente. Cada vez que entraba o salía de un sitio, gritaba: «El presidente ha entrado en su despacho» o «El presidente ha salido del consejo». Como en un guión de Rafael Azcona, abundaban los personajes recién salidos del imperio austrohúngaro, pero faltaban oficinas, mobiliario, líneas de teléfono, telecomunicaciones e incluso seguridad.

La Moncloa estaba aislada, pero no protegida, aunque de eso tardaron en darse cuenta. En marzo de 1984, el diputado vasco Ricardo García Damborenea pidió una entrevista con el presidente, que lo recibió en su despacho. Al terminar la charla, le dijo:

—Por cierto, presidente, llevo un treinta y ocho en el bolsillo.

Desde la llegada al gobierno, muchos se habían preocupado por la fragilidad aparente del palacio, pero nadie se había atrevido a ponerla a prueba entrando con un arma y llegando a la vera misma del presidente sin que nadie lo notase. Aquello abrió una crisis enorme de la que se encargó Julio Feo, secretario de Presidencia, que diseñó un plan de seguridad de arriba abajo, con arcos detectores de armas y muchos más controles en la puerta.

Todos los socialistas destinados en el palacio se sorprendieron de lo pobre y endeble que era la sede del poder ejecutivo español. Para Guerra, parecía una dirección provincial de deportes, comparación que da cuenta de lo muy en serio que se había tomado el vaticinio de Mitterrand en Suresnes. Otro con menos apego al poder lo habría comparado con un apeadero ferroviario o una escuela de pueblo, pero los jóvenes socialistas, baqueteados en dos elecciones generales y con quince mil concejales repartidos por España, ya sólo pensaban en términos administrativos. Su mundo estaba hecho de subsecretarías, comisiones y embajadas.

Para que España funcionase, debía funcionar primero el gobierno, y este necesitaba un sitio operativo, suficiente y digno para acometer sus tareas. En 1982, la Moncloa constaba del palacio, que era a la vez residencia del presidente y sala del consejo de ministros, y dos edificios heredados de la época en que aquello era terreno de los ingenieros agrónomos: uno era el almacén de semillas, y el otro, el laboratorio donde se analizaban. El primero es hoy el edificio Semillas, donde instaló su despacho Alfonso Guerra; el segundo se llama edificio del Portavoz del Gobierno, pero en época de Felipe se llamaba Oficina de Información. Es allí donde el presidente y los ministros atienden a la prensa tras los consejos. Felipe construiría un edificio más, el del Consejo, para separar las funciones de gobierno de la residencia. Los dos edificios restantes que forman el llamado complejo de la Moncloa se levantaron más tarde (la sede de la vicepresidencia) o se integraron después, al vaciarse de otros usos (el llamado edificio INIA, sede del Instituto Nacional de Investigación Agraria, hoy ministerio de la Presidencia).

Los orígenes agrícolas de la Moncloa han inspirado muchas metáforas fáciles sobre la fertilidad y el sembrado de la política, no todas mal traídas. La cuestión agraria ha sido en la historia española más importante que la cuestión social, o ha sido la verdadera cuestión social. Desde los ilustrados del siglo XVIII hasta los debates políticos y

160

filosóficos del xx, todo el pensamiento español se ha centrado en el campesino y sus problemas. Para los conde de Aranda, Floridablanca, Campomames y Cadalso, modernizar España era invertir en sus regadíos y transformar sus secanos en vergeles. Los regeneracionistas, con Joaquín Costa a la cabeza, se obsesionaron con ello y contagiaron el estribillo a los pedagogos krausistas que nutrieron de ideas los primeros años del PSOE de Pablo Iglesias. Por muy obreros que presumieran ser, los fundadores no ignoraban la raíz campesina de España: la federación más fuerte de la UGT fue durante un tiempo la de trabajadores de la tierra, y una de las tareas urgentes que los socialistas acometieron durante la Segunda República fue la reforma agraria, que empezó con unos decretos de Largo Caballero.

Entre los males eternos de España, el campo ocupaba el primer lugar en todas las enumeraciones reformistas, y Felipe González se había pasado la campaña electoral citando a Lucas Mallada, un regeneracionista de segundo orden, a la sombra de Costa, cuya obra más famosa, publicada en 1890, se titula *Los males de la patria y la futura revolución española*. Felipe la citaba con efectismo, subrayando tanto su conexión con esa tradición de pensamiento reformista como el hecho de que con su gobierno terminarían los lamentos y empezarían las obras para remediar los males. Que la sede del gobierno ocupase un lugar dedicado a modernizar la agricultura conectaba el proyecto de Felipe con el de aquellos ingenieros del siglo xix. Que el nuevo presidente fuera el primero de la historia que sabía distinguir de un vistazo una vaca retinta de una morucha o una rubia gallega, y decir cuántos litros podía dar cada una al ordeñarlas, perfeccionaba la metáfora hasta el último ribete. Por supuesto, Felipe sembró un huerto junto al palacio cuando se le pasó la manía de la petanca. Ya entonces, bien podría haber grabado a la entrada de la Moncloa aquello de Virgilio, patrón pagano de los agricultores: «*Parva propria magna, magna aliena parva*» («Lo pequeño, si es propio, es grande; lo grande, si es ajeno, pequeño»). O al revés, si se considera la cantidad de poder que manejó.

Casi nada de esto existía el jueves 2 de diciembre de 1982, cuando, pasadas las siete y media de la tarde, Alfonso salió del despacho y cerró la puerta, dejando la habitación en penumbra. Felipe abrió el que ya era el cajón de los puros y encendió un habano. Estaba a solas por primera vez en todo el día. Carmen y los niños llegarían al día siguiente. Se recostó en el sillón y pasó las yemas de los dedos por el borde de la mesa. Adolfo Suárez le había contado su leyenda: era el escritorio del general Ramón María Narváez, el Espadón de Loja, siete veces presidente del consejo de ministros con la reina Isabel II. Sobre sus maderas nobles y recias, ambos se habían entregado a sus amores. Eso dicen las malas lenguas historiográficas. El Espadón le sacaba treinta años a la reina, a la que casaron con un primo homosexual, como era costumbre en la época.

No iba a ser Felipe el primer socialista que se compadeciese de la suerte de una borbona, pero había que reconocer que aquellas soledades eran muy espesas para una niña a la que coronaron con trece años. No sé si el presidente, tan aficionado a la historia de España, sabía entonces que hubo un izquierdista afín al PSOE que ya se compadeció a fondo de aquella reina. Benito Pérez Galdós la visitó en París, a finales del siglo XIX, y la entrevistó en su palacio de exilio. El escritor, que aprendió a odiar la monarquía en los últimos tiempos del reinado de aquella, cuando conoció el Madrid embarrado y furioso de la década de 1860, se compadeció de una anciana que aún lloraba por la infancia que no tuvo. Le dedicó uno de los libros más generosos de los *Episodios nacionales*, titulado *La de los tristes destinos*, e inauguró un género literario que pocos han seguido: la compasión política. Fue el único que trascendió la copla y las burlas sobre la ninfomanía isabelina para comprender la soledad de una niña triturada por la historia.

No creo que Felipe hubiese leído ese episodio. Y, si lo leyó, no estaba en disposición de apreciarlo. Aún se le aparecían en las volutas de humo del cigarro las palabras de Omar Torrijos, el pobre Omar, que se estampó en un avión el año anterior: si te afliges, te aflojan. Podía imaginar a la reina Isabel con las faldas y las enaguas por la cintura, las piernas abiertas apuntando al artesonado, mientras el Espadón cumplía su cometido de macho liberal sin quitarse el uniforme. Aquella primera noche en la Moncloa no iba a ir más allá del chiste. Necesitaba reírse a solas un rato. Ya vendrían noches solemnes, de cita de Shakespeare y de *Memorias de Adriano*.

Tres horas le había costado a Alfonso explicarle su organigrama de la Moncloa, que Felipe escuchó sin añadir ni quitar gran cosa, agradecido en silencio por que su amigo hubiese aceptado la vicepresidencia. Se hizo de rogar mucho. Era coqueto Alfonso, lo sabía desde la primera vez que se cruzaron en la universidad de Sevilla. Había que celebrarle la figura y el genio, rondándolo como a una novicia oculta tras la verja de un palacio del barrio de Santa Cruz. Alfonso, como Felipe, siempre amenazaba con irse. Aquella vez había un lío de amores de por medio, por eso le hacía gracia despachar con él sobre la mesa de Narváez. Guerra se había enamorado de una chica fina de Sevilla con casa en Roma y se había compuesto una vida furtiva de hoteles y viajes por Europa, incompatible con la vicepresidencia. También estaba cansado, no se veía en el gobierno, decía, él era más de partido, animal de fondo. Felipe, que nunca derrochaba halagos y era cáustico hasta con los que más quería, se desvivió por hacerle comprender que era indispensable, que habían llegado hasta allí juntos y que juntos debían seguir. No hicieron falta muchas palabras, pero sí muchos gestos. Durante aquel despacho de la primera tarde en la Moncloa, ninguno de los dos aludió al asunto. Nunca lo hacían. Su amistad consistía en sobreentenderse.

Tampoco hablaron de Miguel Boyer ni de Carlos Solchaga. Alfonso disentía de algunos de los nombramientos de ministros de Felipe, y este estaba al tanto de las disensiones, aunque no las pusiese en palabras. Guerra sentía celos de Boyer. No le gustaba la influencia que tenía sobre el secretario general. Detestaba que lo llevara a almorzar con banqueros y le susurrase al oído blanduras socialdemócratas de niño de papá que invierte en bolsa. Tampoco le gustaba el espíritu veleta de Miguel, que se fue del partido tras el congreso de 1976 porque sintió que le quedaba demasiado a la izquierda, y regresó en 1979, cuando el PSOE abandonó el marxismo. Podía conceder que, al menos, Boyer tenía pedigrí de izquierdas y había estado en la cárcel. Ahora que salían antifranquistas por todas partes, Alfonso valoraba mucho a los pocos que podían acreditar que lo fueron, y Boyer se había jugado el tipo, no como el tal Solchaga, que no había salido de los despachos de los bancos y se había afiliado, como tantos otros, cuando ya no había moros en la costa.

Boyer y Solchaga tenían mucho poder en el gobierno. El primero comandaba un ministerio que eran tres: Economía, Hacienda y Comercio. El segundo llevaba Industria y Energía. Entre los dos se proponían transformar de arriba abajo la economía española, con una seguridad y una soberbia que intimidaban. Para Guerra eran un contrapoder insoportable, porque Boyer era el único ministro con interlocución directa con el presidente. Todos los demás debían pasar por el despacho de Guerra si querían hablar con Felipe. Más allá de los celos personales, los planes de Boyer no eran populares en el PSOE ni, por supuesto, en la UGT, que sólo había colocado a un dirigente, el abogado laboralista Joaquín Almunia, en la cartera de Trabajo. Una conquista muy menor. Nicolás Redondo temía que Felipe y Alfonso se merendaran a un Almunia demasiado joven, que no sabría imponer los intereses de clase en el gobierno. Redondo se desesperaba cuando no lograba hablar con Felipe, lo que ocurría cada vez con más frecuencia.

—Hay que ver —se lamentaba el sindicalista vasco—, hay que ver cómo nos ha salido este chaval, con todo lo que nos debe, el muy cabrón.

Nicolás no era el único compañero de Suresnes que se sentía apartado de la gran fiesta socialista de 1982. De los tres vascos que descubrieron a Felipe en el comedor del hotel Larreta de Bayona en 1969, sólo uno, Ramón Rubial, estaba contento con su despacho de presidente del partido (un cargo que en el PSOE es honorífico y tutelar). El tercer conspirador del Larreta, Enrique Múgica, rabiaba en su casa, sin creer que nadie lo llamase por teléfono para ofrecerle el ministerio que merecía. Desde antes de las primeras elecciones, Múgica era el enlace entre los socialistas y el ejército. Siguiendo la tradición británica, se tenía a sí mismo por ministro en la sombra. Llevaba demasiados años cultivando amistades uniformadas y memorizando rangos para que, al final, el ministerio de Defensa lo ocupase el pollopera del alcalde de Barcelona, Narcís Serra, que ni siquiera había hecho la mili y no distinguía a un sargento de un teniente coronel. Nunca se había sentido tan traicionado. Escribió una carta a Felipe pidiendo unas explicaciones que no se le concedieron.

A Múgica le habría bastado con leer la prensa o charlar con algún compañero de confianza para entender los motivos de su caída: durante la investigación del golpe de Estado del 23 de febrero de 1981 se descubrió que pocos días antes había almorzado en Lérida con el general Alfonso Armada, cerebro de la insurrección. Todo el complot le había pasado por la cara y no lo vio porque estaba ocupado chupando los caracoles que le servía el general. Un político que compadreaba con golpistas no podía dirigir el ejército. Felipe lo descartó en cuanto tuvo noticia de aquel almuerzo, pero no se lo dijo —nunca decía nada a nadie— y, hasta el día en que se anunciaron los nombres de los ministros, el pobre Múgica confiaba en ser uno de ellos. Los años de amistad antifranquista, los viajes a Toulouse y las noches de

Suresnes debían pesar más que una comilona con militares. Que Felipe no lo entendiera así hirió de muerte su orgullo y levantó una brisa de rumores en el ala izquierda del partido: cuidado con Isidoro, que no tiene amigos, no se acuerda de nadie, va a lo suyo.

No había pasado aún una noche en la Moncloa y ya se resentían muchos huesos ajenos por la presión de su poder. Si te afliges, te aflojan. Pasó otra vez la mano por la mesa centenaria que había sobrevivido a la lujuria borbónica y a tantas revoluciones, guerras y golpes. Había que ser como esa mesa, no aflojarse, ignorar los gritos de Nicolás Redondo cuando Piluca, la secretaria de Felipe, le decía que no podía ponerse y le pasaría el recado. Había que resistirse a dar explicaciones al pobre Múgica y dejar que la cabeza de Alfonso soltara un poco de vapor para no explotar por la envidia. Todos debían saber, si no lo habían aprendido antes, que no había llegado a ese despacho para afligirse ni para aflojarse. Lo que venía era demasiado duro para perderse en ñoñerías y en narcisismos.

En las semanas anteriores, durante el interregno llamado *traspaso de poderes*, el PSOE había visto los papeles que el gobierno de Calvo-Sotelo nunca le enseñaba. Boyer pidió una reunión urgente con Felipe y le informó de que la situación económica era mucho peor de lo que se imaginaban. El gobierno saliente llevaba demasiado tiempo sin hacer nada y todos los índices andaban disparatados, con proyecciones catastróficas. Si no se intervenía con urgencia y decisión, la ruina estaba al caer. Miguel propuso devaluar la peseta inmediatamente, sin esperar al primer consejo de ministros, y subir la gasolina un veinte por ciento. Sólo así se frenaría la especulación sobre la divisa española, que estaba afectando a las exportaciones, y se evitaría un derrumbe fiscal.

—Hay que hacerlo ya, presidente. Mejor esta semana que la que viene.

Felipe asintió. Había entregado a Boyer el poder económico para que lo ejerciera sin pedir permiso.

Aquella tarde de diciembre —noche cerrada y fría en Madrid, con el despacho iluminado por una lámpara de pie y la ceniza a punto de llenar un cenicero macizo que reinaba en el escritorio de Narváez— contenía el misterio del cambio. La historia de España estaba a punto de dar su mayor giro narrativo, más radical que los de las guerras y revoluciones. A aquella mesa que había decorado tantas épocas le faltaba sostener la gran transformación jamás vivida por el país.

Como todo cambio, fue una obra colectiva. No tuvo otro sujeto que la sociedad española. Fue el pueblo —como entonces se decía, porque decir *pueblo* era hablar como Narváez, y después de ese cambio de 1982 ya nadie decía pueblo, porque no se hablaba como Narváez— el que protagonizó todo, pero quienes creemos en el azar celebramos que, en el instante decisivo, el poder estuviera en unas manos que no se afligían ni se aflojaban. Otro presidente más sentimental, de los que cogen el teléfono a los amigos de la UGT, reparten cargos por amistad o complacen los egos de sus socios más histriónicos, no habría servido.

Hay muchas escuelas de historiadores. En 1982 dominaban los marxistas y sus primos hermanos esotéricos, los estructuralistas, que no creían en el individuo, sino en las corrientes de la historia. Para ellos, las causas y las consecuencias se encadenan mediante una lógica que supera la contingencia de las personas: los gobernantes y los líderes son actores que interpretan un guión escrito por el filósofo Hegel. Nadie puede escapar de su tiempo. El proletariado triunfará porque está destinado a triunfar. Aunque fracase, acabará venciendo porque la historia así lo marca. Casi nadie seguía en 1982 la escuela historiográfica contraria, la de los grandes hombres, inventada por Thomas Carlyle. Pobre Carlyle, qué poco lo leyeron, con lo bien que escribía. Según esta doctrina, la historia no respondía a unas fuerzas incontrolables —eso que en las tragedias se llama *destino*—, sino a la voluntad de un puñado de personajes a los que la casualidad, la ambición y las circunstancias sociales habían encumbrado a un poder desde el que podían alterar la marcha de la historia. Carlyle pensaba en Napoleón, cuya vida tenía muy fresca.

La teoría de los grandes hombres reaparece de vez en cuando, envuelta en neojerga académica y disculpas epistemológicas —sigue siendo una herejía historiográfica—, para explicar lo que el destino no entiende. En 1982 nadie se atrevía a aludir a ella, pero en años recientes algunos historiadores ingleses (hay que ser inglés para expresar ciertos argumentos sin que suenen a fraude) se han empeñado en decir que no hay nada inevitable, y que, en la madeja inextricable de azares que provocan una guerra o la desaparición de un imperio, hay que tener en cuenta el carácter de los poderosos. Tal vez la guerra de 1914 no habría estallado si los ministros austriacos y serbios no se hubiesen llevado tan mal, ni los obreros de Petrogrado habrían reclamado todo el poder para los sóviets si no se lo hubiese pedido Lenin. El orgullo, la paciencia, el narcisismo o la discreción de quienes gobiernan influyen en el curso de la historia, no son adornos para hacer más entretenidos los libros.

Felipe González había recorrido España prometiendo un gran cambio a un pueblo que había confiado en él como nunca se había entregado a otro gobernante. Nadie había recibido un poder popular tan rotundo y extenso. Le habían entregado el país entero para que ejecutase ese cambio. Se lo habían dado a él. No votaron al PSOE, votaron a Felipe. Ningún otro candidato habría ganado como ganó él. Pero los diez millones de ciudadanos que le votaron no sabían que votaban a un tímido implacable. Habían visto al chamán, al tipo sosegado, al señor elocuente y sin pompa que hablaba un andaluz muy particular y parecía el amigo perfecto para pasar un domingo en el campo, como en la foto de la tortilla donde nadie comía tortilla.

Otro en su lugar, además de perder la noción de lo real, se habría resistido a romper la ilusión de todos esos millones de buenas personas que esperaban de él no sabían muy bien qué milagro de santo. Otro en su lugar le habría dicho a Boyer que esperase un poco, porque no podía anunciar, nada más llegar al palacio, que el cambio consistía en empobrecerse y en pagar más cara la gasolina. A muchos otros, a los mismos que hubieran llamado a Múgica por caridad y a Nicolás Redondo por lealtad, les habría quemado el cetro en las manos y habrían pedido, como los niños que no quieren ir al colegio, cinco minutos más de sueño, un poco más de verbena, que la realidad no destrozase tan pronto ese entusiasmo ingenuo de los mítines. Calvo-Sotelo, que no era un tipo popular y no podía decepcionar a nadie, pues nadie esperaba nada de él, fue incapaz de tomar decisiones duras: las manos se le hacían mantequilla si le daban a firmar un decreto. Pero Felipe, por su naturaleza, por haberse criado entre vacas con un padre lacónico y estajanovista, por haber entendido siempre que había compromisos que trascendían las amistades, era la persona que ese instante histórico necesitaba.

Palacio de Buenavista, Madrid, finales de diciembre de 1982. El camino desde la puerta del palacio hasta el despacho se hacía eterno con tanto taconeo, tanto firmes y tanto saludo. Cada ordenanza que se cruzaba se ponía a sus órdenes, y el ministro respondía con un gesto vago de la mano y unas palabras timidísimas que unos entendían como *gracias, gracias* y otros como *descansen*. Algún sargento sostenía que, en tales ocasiones, el ministro hablaba en catalán y decía no sé qué de *collons*, pero nadie le hacía mucho caso. Lo único evidente para todos era que el ministro quería llegar pronto a su despacho y ponerse a salvo de *susórdenes* y taconazos.

—Vaya panoli nos han puesto de ministro, mi sargento —comentó un cabo de comunicaciones, tras saludarlo con toda la marcialidad reglamentaria.

—Me cago en sus muertos, cabo, la próxima vez que le falte al respeto al ministro le voy a poner a hacer guardias en las Chafarinas hasta que me crezcan plumas de avestruz en los cojones.

—Sí, mi sargento, perdón, mi sargento.

En el palacio de Buenavista, antes ministerio y, desde hacía un año, cuartel general del ejército de tierra, los ministros eran intrusos. Más que como a jefes, se les honraba como a diplomáticos extranjeros. Eran autoridades civiles de visita, había que ponerse a su servicio y esperar que no se alargasen demasiado. Narcís Serra, que ya se sentía intruso en Madrid, tenía que esforzarse mucho para cumplir lo que le había pedido Felipe. A sus treinta y nueve años, escondía su timidez intelectual tras una barba espesa y unas gafas de miope. No tenía hecha la mili por tener los pies planos y no distinguía a un aviador de un marino. Además, era catalán, un barcelonés de la calle Muntaner que no descuidaba un solo rito catalanista, de la coca de Pascua a la rosa de Sant Jordi, pasando por los canelones de Sant Esteve, y fue un rojo del *Felipe* (el Frente de Liberación Popular) antes de ser un rojo de Felipe. Llevaba casi un mes en el cargo y aún no sabía por qué estaba allí. El presidente le había explicado cómo encajaba en su plan, que Serra apoyaba en todo, salvo en que no sabía por qué iba él a hacerlo mejor que cualquier otro. Si ese era el premio por haber sido el primer alcalde socialista de Barcelona y haber implantado la sucursal del PSOE en Cataluña, maldito el día en que se metió en ese fregado.

Le tocaba despachar con Álvaro Lacalle, motivo de su insomnio y de un ardor de estómago casi crónico. Por eso había ido temprano, para serenarse un rato antes de que el general de brigada diese con los nudillos en la puerta.

—¿Da usted su permiso, señor ministro?

—Pase, pase, don Álvaro. General, quería decir. Pase, general.

—No importa, ministro, es usted civil, no está obligado al reglamento. ¿Me permite sentarme?

—Por favor. ¿Quiere café, un refresco, algo de comer?

—No, gracias. Si le parece, podemos empezar.

—A su servicio.

—He estado trabajando en mi discurso. Aún no está terminado, no me dejan un rato tranquilo para escribir, pero querría que le echase un ojo al borrador, por si quiere comentar algo.

—¿Qué discurso?

—El de la Pascua Militar, ¿cuál va a ser? Vamos un poco retrasados con los preparativos.

—Muy bien, déjeme ver...

El borrador eran diez páginas mecanografiadas, con multitud de tachaduras y correcciones en los márgenes. Serra lo leyó en diagonal, guiándose por las palabras escritas en mayúscula, que eran muchas: Patria, Rey, Nación, Ejército, Armas, Constitución, Españoles, Unidad, Democracia y Valores Democráticos. En las correcciones a mano, añadía mayúsculas a palabras que se habían escrito en minúscula civil. Parece un texto en alemán, pensó Narcís, que se sentía seguro tras la barba y las gafas, pues reprimían los sarcasmos. El general Lacalle no notó nada. Rígido en la silla, con la vista fija en la pared, aguardaba la opinión del ministro.

—General, esto...

—Dígame, ministro.

Buscaba Narcís un tono de autoridad, pero la voz se le había metido dentro, más abajo del píloro, y sólo emergía un hilillo seseante que se confundía con el ardor de estómago. El general Lacalle oyó algo así:

—Nosesescursosquelreyo.

—¿Perdone?

—Quenobrascursosaparterreyo.

—¿Le pasa algo, ministro? No le entiendo.

—Digo que no habrá más discursos que el del rey y el mío, como ministro de Defensa.

Lacalle sintió un bofetón y le costó mantenerse en la silla. Cogió los folios que Serra había dejado en la mesa y se indignó en mayúsculas.

—No puede ser. Yo soy El Jefe de los Ejércitos, según La Escala de Mando. Me corresponde A Mí hablar En nombre Del Ejército durante La Solemne Pascua Militar.

—El orden de intervenciones ya está decidido. Hablará el rey, y luego yo. Nadie más.

—No Lo EntiEndO.

—Eso es todo, general. Puede retirarse.

Lacalle se despidió con el saludo reglamentario y cerró la puerta con delicadeza, pero a Narcís le sonó a portazo. A solas, se quitó la chaqueta y aireó un poco la camisa, que estaba empapada. Había aguantado el desafío de esa mañana. A ver cuánto tardaba en llegar el siguiente.

Mayúsculas aparte, la ilusión de Álvaro Lacalle de creerse el verdadero jefe del ejército no era del todo vana. Quien lo nombró presidente de la Junta de Jefes de Estado Mayor, el ministro ucedista Alberto Oliart, se esmeró en darle ese trato. En la blandura paralizante del gobierno de Calvo-Sotelo, se intentaba evitar otro golpe de Estado como el de Tejero por el método de la complacencia. Creía Oliart, como creía su presidente, que, si los militares estaban cómodos, las furias franquistas se irían calmando solas. Por eso metieron a España en la OTAN en mayo de 1982, como si fuera el jamón de una cesta navideña generosa: el gobierno quiere lo mejor para sus militares, que no les falte de nada.

Lacalle no era un ultra ni un golpista, pero comprendía a los sublevados y confiaba en que recibieran un trato misericordioso. Los periodistas que glosaban sus méritos en la prensa destacaban que le gustaba más una biblioteca que un casino militar. Había estudiado economía, al margen de su formación bélica, y había tenido cargos civiles, por lo que era mucho más razonable que los oficiales que envidaban a grande y a chica en el casino de la Gran Vía, pero también tenía un pedigrí guerrero: luchó como requeté voluntario en la guerra civil, en la que terminó como alférez provisional, y obtuvo los galones en Rusia con la División Azul. No renegaba de aquello, al contrario: se creía con méritos más que sobrados para mandar el ejército y llevarlo a la democracia sin avergonzarse de la gloria franquista.

En Oliart encontró un ministro perfecto, un político sin iniciativa ni dotes de mando que firmaba los documentos que él le preparaba. Lacalle se acostumbró a decidir todo, no sólo la rutina diaria, sino las líneas maestras y la política de defensa de España. Envalentonado, se puso a teorizar y diseminó por los cuarteles la teoría del poder militar autónomo.

Autonomía era la palabra de moda. Todas las regiones se estaban constituyendo en comunidades autónomas por la vía lenta, la del artículo 143 de la Constitución. De pronto, todo en España era autónomo: la universidad, el poder judicial, el banco central, la televisión (*sic*), el sistema sanitario, todo aspiraba a funcionar con autonomía, sin comisarios políticos ni subsecretarios del Movimiento en la presidencia de cada organismo. ¿Por qué no podía también ser autónomo el ejército? ¿Qué había de malo en que los militares se gobernasen a sí mismos sin la injerencia de civiles con los pies planos que murmuraban en catalán y nunca habían desmontado un cetme? Si España quería un ejército apolítico, la mejor manera de conseguirlo era ponerlo a salvo de los políticos.

Durante las siestas de Oliart, el general Lacalle había tenido tiempo de trabajarse el discurso de la autonomía militar. Había pulido sus sofismas con tanto esmero que ya no les quedaban rebabas franquistas. Si colocaba sus ideas en la Constitución, daba la impresión de que cabían. Por supuesto, era un truco de ilusionismo: un ejército autónomo de la autoridad democrática era una monstruosidad constitucional, pero la música sonaba bien en muchos sitios. La primera misión que Felipe había encomendado a Serra era imponer el poder civil y acabar con las ilusiones autonomistas de Lacalle y sus amigos. La misión larga, la que llevaría varias legislaturas, era coger esa organización anticuada, politizada, carísima e inútil para la defensa nacional y transformarla en un ejército moderno, profesional, bien dotado y que no perdiese su presupuesto en pagar nóminas de oficiales con más conocimientos estratégicos del mus que del arte de la guerra. En resumen, hacer un ejército que no diera miedo ni vergüenza, que no asustara a los españoles con levantamientos y que protegiera al país de cualquier enemigo exterior, no como aquella vez en el Sáhara, cuando una marcha de civiles desarmados provocó la retirada más deshonrosa e inverosímil de la historia militar universal.

Serra era metódico y se tomó la tarea con calma y por partes. Lo primero era asentar el poder.

—Si te afliges, te aflojan, Narcís —le dijo Felipe.

Lo esencial era no aflojarse, pero él tenía un concepto de autoridad muy flexible y sutil. Había ido a los escolapios de la calle Balmes, donde fue un buen alumno, con un gran sentido de la disciplina, y sus padres eran burgueses del Ensanche tirando a pequeños, con un buen pasar, pero sin fortunas en el banco. En casa se leía y había mucha tertulia política e intelectual en torno a la escudella de los domingos. Una de las pocas cosas que tenía en común con Felipe González era que su compromiso político no les dio disgustos con sus padres, a diferencia de lo que pasó con tantos otros, que dejaron de hablarse con los suyos. Había vivido en Barcelona toda su vida, en una Barcelona plácida de café y paseo de la que sólo se ausentó dos años para estudiar en la London School of Economics, que presumía de ser la universidad menos elitista del mundo inglés. Como político, tampoco había tenido que imponerse ante enemigos peligrosos, ni siquiera como alcalde —especialmente como alcalde: la ciudad lo adoraba—, ni como militante. De Narcís Serra podía esperarse una buena conversación de sobremesa o una argumentación trabajada, pero no podía imponer su voz quebradiza y carraspeante a oficiales que le sacaban treinta años, iban armados y habían hecho una guerra.

—Por eso te necesitamos, Narcís —dijo Felipe—, porque sólo alguien como tú puede hacerles entender de qué va esto. No cedas, no te aflijas, no te aflojes. No tienen que respetarte ni admirarte ni quererte como ministro, pero tienen que obedecerte.

Palacio de la Moncloa, Madrid, 16 de enero de 1983, 10.00. Al morder la tostada aquella mañana de domingo, se acordó de su amigo Pablo, que se la comía del revés, con el lado de la mantequilla hacia abajo, para no pringarse los bigotes. Ventajas de hombre afeitado: él podía morder con dignidad, si es que había algo digno en aquella soledad de la residencia de la Moncloa. No era buena señal que se acordase de los amigos. Las tostadas no tenían el efecto de la magdalena de Proust. Él no se recreaba en los años salvajes, no le apretaba el traje de presidente. ¿A qué se debían, entonces, esos arañazos por dentro del esternón? Volvió a la pila de periódicos, imponente en un domingo, y se resistió a admitir que le había afectado. ¿Se estaba afligiendo?

En una tira de *Mafalda*, Guille, el hermano pequeño, finge que lee un periódico, y Mafalda, por seguirle el juego, le pregunta qué dice la prensa:

—Me ponen por las nubes, como siempre —responde el canijo.

Hasta ese domingo de enero, leer los diarios era para Felipe una experiencia idéntica a la de Guille. No esperaba que siempre fuera así, en algún momento tendría que romperse el idilio, pero ¿tan pronto? Aquella montaña de papel disparaba mucho fuego amigo. No se trataba de las diatribas de un franquistón en una tercera de *Abc*, sino de

El País y de *Diario 16*. Las primeras regañinas serias. Y lo peor era que no entendía de qué hablaban.

De algunas cosas sí estaba al tanto, pero le parecían críticas menores. Era normal que las decisiones de Serra en Defensa escocieran, o que hubiese líos con algunos nombramientos que salían rana, pero lo de la televisión le había tomado por sorpresa. Cogió el teléfono, pidió hablar con el portavoz, Sotillos, y le dijo:

—Búscame a Balbín y habla con él.

Pero Balbín no estaba en ningún sitio. José María Calviño, director general de Radiotelevisión Española, dijo que estaba enfermo.

—Enfermo, ¿no? Ya.

José Luis Balbín, director de informativos de TVE y del programa *La clave*, llevaba desaparecido desde el viernes, cuando la cadena suspendió la emisión programada. *La clave* era un debate de actualidad en directo que marcaba el tono de la semana y se había convertido en una especie de crónica dialogada de la transición. Primero se emitía una de esas películas que el franquismo había censurado y, después, un elenco de intelectuales, hombres públicos e incluso prohombres, discutía como si, en vez de espectadores, al otro lado de la cámara hubiera alumnos del Collège de France. La imagen de Balbín fumando en pipa en el centro del plató era para algunas familias tan tutelar como un diosecillo doméstico romano. No se podía borrar de la pantalla sin que saltasen las alarmas en todo el país. Algunos periodistas se preguntaban si ETA lo había secuestrado, y otros intentaban confirmar un secreto a voces en la profesión: que el gobierno había censurado el programa.

El País y *Diario 16* pedían esa mañana la destitución de José María Calviño. *El País* ironizaba sobre la vocación teatral de Alfonso Guerra: «Balbín y Calviño se habrían dedicado estos días a interpretar los papeles estelares de *El enfermo imaginario* y *Tartufo*, dos obras de Molière, adaptadas en esta ocasión por Alfonso Guerra, con el fin de cubrir la agresión más estúpida, hipócrita y grosera perpetrada contra los principios que animan el Estatuto de RTVE». *Diario 16*, con el estilo más gritón de Pedro J. Ramírez, tiraba por el melodrama: «Es doloroso decir que el PSOE hace con la televisión todo lo contrario de lo que debería, cuando tanta ilusión se había puesto en su gestión. Pero los hechos son los hechos y la verdad es que, hoy, Guerra, Calviño y Balbín están matando, con su abuso y su incapacidad, la escasa libertad que quedaba en televisión y construyendo en su lugar otro instrumento de acción —de represión— política».

Como en las mejores tragedias históricas, la tormenta empezó en un vaso. Se cumplía el primer mandato de los nuevos ayuntamientos democráticos y, antes de las nuevas elecciones, en *La clave* plantearon un debate sobre cómo había cambiado el poder municipal en España, copado por la izquierda. En la nómina de invitados estaba Alonso Puerta, que había sido secretario general de la federación socialista madrileña y segundo de Tierno en el ayuntamiento de Madrid. En 1981 hubo un asunto feo a cuenta de unas adjudicaciones que Puerta no vio claras y, en las discusiones internas del partido, este acabó expulsado del mismo. Para entonces, Puerta era un disidente ruidoso que se había aliado con los restos del PSOE Histórico, refundado en las siglas de PASOC. Al alcalde de Madrid no le gustó que su enemigo tuviera un hueco en la televisión y, en una cena con José Luis Balbín, se lo dijo. Este, a su vez, se lo transmitió a Calviño.

Nervioso en su despacho de Prado del Rey, Calviño pidió línea con la Moncloa. La secretaria le puso con el director del gabinete, Roberto Dorado, quien le dijo que Alonso Puerta no podía salir por la tele.

—Pero Balbín no da su brazo a torcer —dijo Calviño—. Dice que él escoge a los invitados, que para eso es el jefe de informativos.

—A ver —dijo Dorado—, esto ya lo hemos hablado con el vicepresidente, y lo mejor sería suspender el programa.

Tras colgar, Calviño llamó a su despacho al director de la cadena, Antonio López, y le dijo:

—Manda a Balbín unos días fuera, a donde él quiera. Arréglale las dietas. Que se vaya a Alemania, a ver cómo hacen allí los telediarios, lo que sea. Hay que suspender *La clave* y tenemos que decir que su director está indispuesto. Que llamen a los invitados para desconvocarlos.

La intervención de Alonso Puerta habría pasado con más pena que gloria en un programa sobre cuestiones municipales que no parecía destinado a romper los audímetros, pero la desaparición de Balbín y los rumores fundadísimos de que Alfonso Guerra había impuesto su poder sobre la televisión fueron un golpe imprevisto para muchos. ¿Ese era el cambio? ¿Tenían razón los cínicos que citaban la novela *El gatopardo*? ¿Habían cambiado todo para no cambiar nada? Las quejas decepcionadas de los periódicos amigos transmitían una desilusión tan sincera como incrédula.

No se ha podido demostrar que Felipe estuviese al tanto. Que buscara a Balbín ese domingo tras leer los periódicos indica que tal vez sea verdad que no lo sabía. Tampoco se sabe si fue Guerra quien suspendió el programa o un cargo de Moncloa más guerrista que Guerra y ansioso por complacer los deseos del jefe antes de que este los expresase, pero los hechos contrastados demostraban una injerencia muy grave del gobierno en la tele: había un director de informativos que recibía indicaciones del alcalde de Madrid acerca de los invitados de su programa, y había un director general que consultaba con los despachos de Moncloa la idoneidad de los contenidos que programaba.

La semana siguiente fue la más difícil desde que gobernaban. Tocaba dar explicaciones, pero no acertaban a entonarlas. Balbín apareció el martes por la noche y declaró que, en efecto, había caído enfermo, con gripe y taquicardias, y hubo que suspender el programa porque no había tiempo para que un presentador sustituto se estudiase el guión. Súbitamente, a las dos de la tarde, se repuso de milagro, pero el programa estaba ya suspendido, así que decidió aprovechar un viaje que tenía pendiente para estudiar los telediarios de la televisión alemana, y pidió un taxi a Barajas.

Los columnistas y los escritores de editoriales se rieron con ganas.

El jueves por la mañana, Alfonso Guerra bajó del Mercedes oficial en la plaza de la Lealtad y forzó la sonrisa cuando el portero le sujetó la puerta y el director del hotel lo acompañó, dándole la coba de rigor, por las alfombras y los pasillos hasta el saloncito donde lo esperaban las seis periodistas. Intentaba disimular el mal humor, que no venía de la molestia de dar explicaciones, sino de la oportunidad perdida. Le hacía mucha ilusión ese cónclave, y, por culpa de Balbín, de Calviño, de Tierno y de la madre que los parió a todos, lo iba a desperdiciar con un asunto tan feo que no le permitiría lucir palmito. Seis cronistas parlamentarias jóvenes, de entre treinta y cuarenta años (Pilar Urbano, Consuelo Álvarez de Toledo, Pilar Cernuda, Raquel Heredia, Julia Navarro y Charo Zarzalejos), habían fundado una especie de club que invitaba a desayunar a los políticos cada jueves en el hotel Ritz. Del coloquio salía una entrevista que cada una publicaba en sus medios. Se llamaban *Los desayunos del Ritz*. Para Guerra, era como dar un concierto solista en un salón de París. Cualquier otro jueves, habría entrado con el pecho inflado y una carretilla de estrofas escogidas de grandes maestros de la poesía española para adornar el discurso, pero esa semana tenía que guardárselas todas. Ya no iba a coquetear, sino a defenderse. Cualquiera que hubiese leído los periódicos de la última semana sabía que no le esperaba una sola pregunta amable, y eso que no era un grupo de periodistas hostiles. Alguna incluso era militante del partido y debía su trabajo a su carnet socialista. Tal vez, ese desayuno no era el momento de recordárselo, cuando le iba a preguntar por la censura en la tele, pero seguro que podía hacérselo saber con los ojos. Todo era cuestión de dramaturgia.

Se mantuvo firme y cortés en la negación:

—No sé nada.

—¿Cómo voy a intervenir en Televisión Española?

—No conozco al señor Calviño. Lo vi en el acto de toma de posesión, pero no he hablado con él en mi vida.

—Yo entiendo que esto puede creerse o puede no creerse. Dejo a su criterio que crean lo que mejor les convenga.

—¿Qué son esos editoriales, epistolarios matinales, que simulan ser la opinión de todo un periódico cuando sólo es la de tres personajes?

Quieto, Alfonso, se dijo. Hasta ahí. Lo habían acorralado y se le había soltado la lengua sevillana. Había ido al Ritz a arreglar el lío, no a hacerlo más grande. Necesitaba una frase más ingenua, algo de Poncio Pilatos. Repasó el repertorio y recordó las discusiones con Felipe cuando intentaba convencerlo de aceptar la vicepresidencia. Carraspeó, sonrió todo lo que dieron de sí los labios y dijo:

—Yo, en el gobierno, estoy de oyente.

Al día siguiente, el titular destacó en negrita en todos los diarios, y no se perdió al envolver el pescado. Al contrario que casi toda la prosa periodística, la imagen de Alfonso Guerra como oyente perduró años. Guerra, el inocente. Guerra, el diletante, el que va a los consejos de ministros a aprender, el que pasea por el poder con la curiosidad y la impertinencia de un viajero romántico. Alfonso, el despegado, el lector de Machado al que de vez en cuando interrumpen la lectura para tratar con él cosas mundanas que no entiende, programas de televisión que no ve, directores generales que no le constan.

Las seis cronistas del Ritz agradecieron la frase. Pocas veces pescaban una tan buena.

Con el titular aún fresco en los quioscos se encaminó Felipe aquel viernes de enero a los estudios de la tele de la discordia para someterse a una entrevista de Ramon Colom, que estaba obligado a hacer algo insólito en la historia de la cadena: preguntar libremente al presidente del gobierno, sin guión ni insinuaciones ni cuestiones pactadas. El momento requería que Felipe recibiera al periodista a portagayola, recuperando los símiles taurinos de los tiempos ilegales de Francia. No le importaba. Felipe tiene un método para salir de estos lances sin cornadas: echar conferencias. Colom hizo un trabajo dignísimo, pero no lo sacó de la negación. No sabía nada de la suspensión del programa. ¿En qué cabeza cabía que el presidente se dedicase a tales trapacerías? Fue más allá, desenroscando esa prosa oral que empalma perífrasis, subordinadas y reiteraciones, para no dejar un segundo de silencio:

—Yo pienso, y lo he dicho muy recientemente, que el gobierno no debe interferir para nada en la labor de los medios de comunicación. Ni el presidente, ni nadie por debajo del presidente está por tanto legitimado para hacer ningún tipo de presión a los medios informativos y pido a estos que ejerzan su misión con libertad y responsabilidad, ya que de ellos depende la formación de una conciencia ciudadana. La crítica al gobierno es buena, sobre todo, si es seria y rigurosa, pero, si se convierte en una crítica de «abajo el que suba», no es un buen principio para garantizar la convivencia en paz y libertad.

Hasta el domingo, Julio Feo contuvo la respiración en su despacho. No se quitó la bufanda, por si acaso una corriente de desilusión le acatarraba. Sólo cuando abrió el sobre con los resultados de la encuesta sobre la entrevista se la desanudó y la dejó sobre la mesa. La mayoría de los españoles creía a Felipe, y su popularidad sólo había bajado seis puntos. Seguía siendo altísima, del cincuenta por ciento.

—Qué caballo, qué purasangre —se dijo—. Si aguanta esto, lo aguanta todo. España quiere a Felipe.

Plaza del Pueblo, Rentería, Guipúzcoa, 21 de julio de 1983, 18.53. Todo el pueblo junto, blusas y camisas, permanentes, pantalón de domingo y niños repeinados con ganas de gastar la paga de la abuela. Todo el pueblo en la plaza, en multitud uniforme de fiesta vasca, cubriendo cada baldosa y cada escalón de la iglesia. Los ojos vueltos al balcón del ayuntamiento, pendientes del chupinazo y de la banda municipal, lista para tocar «El centenario», la canción que inaugura las fiestas de la Magdalena. Hacía calor, aunque no tanto como en el resto de España, donde las familias se cocían en el caldo espeso de las fiestas patronales sin el alivio del mar. En Rentería no se ve el Cantábrico, pero se nota su frescor. Brillaba el sol, los bares estaban cargados de vino y la gente tenía ganas de emborracharse para fingir que no vivía allí, sino en un pueblo vasco ideal, con chacolí helado y la sidra que sobró de la última temporada. Si se quedaban en la plaza del Pueblo y sus calles viejas, podían fingir que Rentería no era esa excrecencia proletaria que los pocos guiris que caían por allí describían, sin horror al tópico, como dickensiana.

No todos —bien lo sabían— querían bailar «El centenario» y olvidar las penas. Algunos habían ido a la plaza a recordarlas y hacérselas recordar a otros. Allí estaban los de siempre, convocados por Herri Batasuna para impedir que el alcalde izara la bandera española, como había anunciado. El pueblo tenía alcalde nuevo desde hacía un par de meses. José María Gurruchaga era un profesor de primaria forastero —que, por serlo, se atrevió a encabezar las listas— que había arrasado en las municipales, sacando el cuarenta por ciento de los votos al frente de la lista del PSOE y robándole la alcaldía a los abertzales. Le preguntaron qué iba a hacer el día de las fiestas de la Magdalena, y el hombre, con una voz más bien baja, pues no era expansivo, dijo que lo normal, lo que había que hacer y lo que le correspondía como alcalde democrático: encender el cohete e izar las tres banderas oficiales, la del pueblo, la vasca y la española. En Herri Batasuna dijeron que ni hablar, que durante su mandato se había retirado la bandera de los perros invasores y que no iba a volver a ensuciar las fiestas, y convocaron una protesta.

En torno al ayuntamiento y rodeando la plaza había unos hombres con periódicos enrollados. Un abertzale se fijó en una cara familiar. Uno de aquellos tipos le sonaba. Claro que le sonaba, le sonaba muchísimo.

—¡Son policías! Han traído policías. ¡Fuera *txakurrak*! —Y le arrojó a la cara las monedas que llevaba en el bolsillo y una bolsa de huevos que había traído para estampar contra la bandera.

El aludido se revolvió y empuñó el periódico enrollado, que ocultaba una porra, con la que atizó en las piernas y el lomo a quienes se acercaban. Sus compañeros hicieron lo mismo. Una lluvia de huevos, cristales y monedas respondió a su ataque. Faltaban dos minutos para el chupinazo, y todo el mundo se pegaba en la plaza. Los niños, en vez de esconderse, recogían las monedas para redondear la propina de la abuela, curados ya de todo espanto. Vivían en Rentería, no merecía la pena esconderse por unas cuantas hostias.

El alcalde socialista pensó lo mismo.

—A la mierda —dijo—. Es la hora, a izar las banderas, estos cabrones no nos van a amedrentar. Aquí empiezan las fiestas por mis cojones.

Con ayuda de un concejal, sacó las tres banderas y corrió dentro del edificio, contra cuya fachada los manifestantes tiraban todo lo que encontraban. La banda no tocó «El centenario». En su lugar, las furgonetas de antidisturbios tomaron la plaza con botes de humo, dispersando a la multitud por las calles viejas, de donde salían gritos:

—*Gora ETA-militarra!*
—*Gora ETA-militarra!*

—¡ETA, mátalos!
—¡ETA, mátalos!

Aquella tarde pasó a la historia chica de España como la guerra de las banderas, un nombre mayúsculo para un suceso tan pequeño, en el que no murió nadie, aunque sí hubo muchos heridos y un señor se quedó ciego al recibir en la cara el impacto de un bote de humo. Frente a lo que pasaba a diario en el País Vasco, lo de aquella tarde bien podría haberse quedado en algarada folclórica, un suelto sin foto en la página par de sucesos local. Sólo desde las elecciones del 28 de octubre de 1982, menos de nueve meses antes, ETA había matado a veintidós personas, todas en el País Vasco o Navarra, cinco de ellas en San Sebastián y alrededores, muy cerca de Rentería. Hubo también secuestros largos y hasta una operación policial en Madrid que sitió un barrio entero, llevó a los agentes a entrar casa por casa en busca de un comando y acabó con un asalto de los geos a un edificio de Cuatro Caminos.

Tanto ETA militar como las escisiones de los terroristas que no aceptaron la rendición de ETA político-militar habían declarado abiertamente la guerra al gobierno socialista y querían encender una espiral de acción-reacción, lo que, en la jerga de la banda, significaba que querían que el gobierno endureciese la represión para presentarse ante el pueblo vasco como la verdadera resistencia. En este paisaje, la guerra de las banderas sonaba trivial, pero nadie la leyó así. Rentería era un símbolo, y la violencia de aquella tarde de julio de 1983 demostraba que, si había una guerra, el gobierno la estaba perdiendo.

El despliegue de policías de paisano con porras ocultas fue una medida del gobernador civil que se tomó, al parecer, de espaldas al alcalde. Se intentaba solucionar así la anomalía gravísima en que vivía el pueblo desde hacía casi un año, cuando cuatro policías nacionales fueron asaltados en un bar de carretera, mientras almorzaban. Un comando de ETA oculto en las colinas cercanas al bar, situado en una encrucijada rural al sur de Rentería, se lanzó sobre los agentes y los acribilló. Fue el último de una serie de ataques contra policías y guardias civiles, que incluyeron palizas y linchamientos alentados por la alcaldía de Herri Batasuna. Harto de abrazar a viudas, el gobernador civil mandó retirar los cuerpos de seguridad de Rentería. Cerró el puesto de la guardia civil y la policía dejó de patrullar sus calles. Los vecinos sólo tenían a mano una policía municipal que nunca cogía el teléfono ni se dejaba ver cuando los cristales se rompían a pedradas.

Al teléfono del alcalde llamaban muchos corresponsales extranjeros interesados en escribir crónicas sobre el Belfast español. Lo llamaban así, el Belfast español, lo que para el alcalde era un síntoma de que habían escrito la crónica antes de viajar. Después de Francia, esas barriadas a la vera de una carretera nacional 1 cargada de camiones que iban a la frontera eran el lugar más seguro para un terrorista de ETA. Antes de huir al santuario, paraban en Rentería y, antes de moverse por España, cuando venían de la muga, se quedaban en Rentería, donde recibían apoyo e instrucciones. Ningún movimiento escapaba al control de ETA, cuyos ojos espiaban atentos, entre los visillos, las porterías, los quioscos y cualquier atalaya con vistas a la calle.

A ojo estadístico, cuando José María Gurruchaga ganó las municipales de mayo de 1983, era uno más de los miles de alcaldes socialistas que coparon el poder de tantísimas ciudades españolas. Nadie podía extrañarse de que un militante socialista gobernase un lugar poblado por *maketos*, inmigrantes del interior de España que trabajaron como mano de obra en las fábricas de la zona. La UGT había sido fuerte allí, pero Rentería ya no era el proyecto de un falansterio, sino un pueblo que se encerraba en casa cada vez que los de las ikurriñas lo mandaban. Los vecinos expresaban su querencia socialista con el voto, en silencio, sin ganas de llevarla más allá. El PSOE controlaba el ayuntamiento, pero no tenía forma de gobernarlo, pese a su amplia mayoría de concejales: los funcionarios, la policía local y toda la sociedad servían a ETA. El alcalde Gurruchaga estaba solo.

Palacio del Elíseo, París, 20 de diciembre de 1983, 15.00. La última vez que compartieron mesa sin cámaras, micrófonos, turnos de palabra y abrazos fingidos para la prensa, el PSOE era un partido ilegal, y Mitterrand, un postulante al que Giscard d'Estaing miraba por encima del hombro. Fue en Latché, la casa de campo que François y Danielle Mitterrand tenían en los bosques de Soustons, en las Landas, a cuarenta kilómetros de Bayona. De aquel fin de semana, Felipe se llevó a Sevilla foie gras de oca artesano y productos franceses con los que convidó a merendar a los amigos. También la sensación de que podía contar con el socialista francés, con quien había tenido hasta entonces un trato frío. Se entendieron en Latché, aunque sus proyectos políticos fueran tan distintos. El gran jefe francés quería culminar el programa de la Comuna de París, nacionalizar la banca e instaurar un socialismo democrático de color rojo oscuro bajo un cielo azul providencial como el que adornaría su calva en los carteles electorales de 1981. A Felipe le bastaba con que España funcionase. Paseando por los bosques landeses, Mitterrand intentó convencerlo de que debía coaligarse con los comunistas, como iba a hacer él en Francia. Platicaron entre cigarros y vino, y se concedieron respeto mutuo. No se hicieron amigos, pero sí aliados. Sin ese fin de semana campestre, nunca habrían roto los bloques de hielo que los separaban y jamás se habría planteado esa otra reunión, ya con pompa palaciega, fotos oficiales y comunicados de prensa.

El requisito impuesto por la parte española fue que la entrevista se celebrase a puerta cerrada y sin nadie más en la habitación, ni siquiera traductores, pues Felipe hablaba muy bien francés, que era la lengua que usaba para charlar con sus amigos europeos, los Brandt, los Palme y demás. Eduardo Sotillos, el portavoz del gobierno, contó a la prensa que tratarían de temas agrícolas y de la postura de Francia sobre la entrada de España en la Comunidad Europea. Las crónicas del día siguiente dejaban claro que nadie creyó a Sotillos: aquel 20 de diciembre de 1983 los presidentes sólo podían hablar de ETA.

Cuando los fotógrafos se dieron por satisfechos y los ujieres cerraron las puertas, François ofreció algo de beber mientras Felipe encendía un puro.

—Tú dirás —dijo Mitterrand con las palmas de las manos abiertas, en señal de disposición absoluta—, tenemos tiempo para tratar de lo que sea. Empieza.

—François —Felipe cuidaba mucho el trato entre autoridades: sólo usaba el nombre de pila en situaciones de confianza; en público, siempre se dirigía a él como señor presidente—, como bien te habrá informado tu ministro, que se ha reunido varias veces con el mío, estamos muy preocupados por la situación de la frontera.

—Te escucho.

—Lo de Hendaya no puede volver a repetirse.

—Estoy de acuerdo, Felipe, es inadmisible que la policía española secuestre a gente en suelo francés.

El 18 de octubre de 1983, tres geos y un inspector de la policía nacional siguieron por las calles de Hendaya a José María Larretxea, dirigente de ETA político-militar VIII Asamblea refugiado en Francia desde hacía una década. Vigilaron su domicilio y lo vieron salir y arrancar su moto, como cada día. Se mantuvieron a distancia hasta que alcanzó las afueras del pueblo y, en una carretera secundaria, embistieron la moto y derribaron al motorista. Entre los cuatro policías intentaron meterlo en el maletero del coche, pero Larretxea pesaba más de cien kilos y no podían con él. Para reducirlo, le echaron encima una granizada de patadas y puñetazos que llamó la atención de una patrulla de gendarmes. El proyecto de secuestro, que se había planeado en la jefatura de policía de Bilbao, acabó con los cuatro policías detenidos y un escándalo diplomático, que sólo se apaciguó con una tanda de reuniones entre ministros españoles y franceses y esa entrevista privada. Acababa de nacer el GAL.

—Ese es el problema, que no podemos perder a los terroristas en cuanto cruzan la frontera. Necesitamos que nos ayudéis. Nada de esto pasaría si nuestras policías se coordinasen y fuéramos juntos hacia el mismo sitio.

—Pero esto es una cuestión menor. Tú y yo no estamos para tratar sucesos ni resolver los problemillas de unos comisarios. Para eso tenemos ministros.

—No, François, no he venido a París para resolver hechos concretos, sino para explicarte qué significa el terrorismo de ETA, porque no lo sabéis, no tenéis ni idea, y yo necesito que el presidente de Francia me escuche, que comprendas la gravedad de lo que sucede.

—Está bien, cuéntame.

—Desde los años sesenta, ETA ha tenido en Francia su base de operaciones. Los habéis tratado como refugiados, confundidos con los opositores antifranquistas. No distinguíais a unos de otros, y tal vez durante la dictadura era comprensible, pero hace ocho años que somos una democracia y llevo más de un año en el gobierno. Nos entendemos bien, yo he estado en esa oposición antifranquista, me he beneficiado de la solidaridad de Francia, nos habéis acogido con generosidad. Qué puedo decir de la gratitud que los demócratas españoles tienen con el pueblo francés. Nunca podremos pagar la deuda. Por consiguiente, apelando a lo que une a nuestros dos partidos y al camino que hemos hecho juntos, debo decirte que os equivocáis con ETA, que su lucha armada no es democrática y que la policía francesa debería ser tan implacable con ellos como lo es la española.

—Estás siendo injusto, Felipe. Francia no protege a terroristas, pero tampoco puede perseguir a ciudadanos porque a España le molesten. Ser nacionalista vasco puede ser una cuestión de mal gusto, no te lo niego, pero en este país no es un delito.

—Coño, ni en España. A veces me pregunto qué os cuentan los embajadores, para qué los tenéis. Tu ministro del Interior no sabía que el País Vasco es una región autónoma. ¿Tú lo ignoras también, que tienes la casa en las Landas, a la vera misma? El País Vasco es una región autónoma gobernada por un partido nacionalista, el presidente es nacionalista. No perseguimos nacionalistas, François, es lo que no queréis entender, perseguimos terroristas. En Francia operan cientos de militantes de ETA buscados por crímenes de sangre. Sabemos que los jefes se reúnen en el País Vasco francés con absoluta libertad, y planean acciones, dan órdenes, forman a nuevos terroristas y obtienen dinero para financiarse. Tenemos informes detallados de inteligencia, sabemos dónde están y qué hacen, pero no podemos hacer nada porque no hay ni un gendarme ni un juez en Francia que tramite una petición de un juez español.

—Estoy dispuesto a avanzar en ese terreno, pero deben hablarlo los ministros, Felipe. Si es una cuestión de seguridad, de detalle, que se coordinen ellos.

—Deja que te enseñe algo. —Y abrió una cartera marrón de la que sacó unos dosieres.

—Creía que esto era una reunión sin papeles.

—Quiero que veas la lista. Mira, esto es sólo de este año, tengo una lista más completa, con víctimas de otros años, pero con la de 1983 será suficiente. El 2 de enero, Miguel Mateo Pastor, guardia civil: tiran varias bombas contra el convoy en el que viaja por la carretera y lo rematan con una ráfaga de metralleta. El 5 de febrero, una bomba puesta en un banco de Bilbao mata a tres empleados. El 12 de febrero tirotean a Joaquina Llanillo, de treinta y dos años, embarazada. En realidad, querían matar a su marido, que era detective, pero este sólo resultó herido. Salían de casa en Tolosa para ir a las fiestas de carnaval.

El 25 de marzo ametrallan un convoy policial y muere el cabo Ramón Ezequiel Martínez. El 27 de marzo, el policía Aniano Sutil muere en San Sebastián mientras intentaba desactivar una bomba, que le explota en las manos. El 4 de mayo, en Bilbao, intentaron secuestrar a un teniente de la policía, Julio Segarra, en un aparcamiento. Mientras lo metían en el maletero, apareció un policía que no estaba de servicio, acompañado de su mujer embarazada. Como llevaba el arma, se enfrentó a los terroristas, que abrieron fuego contra él, su mujer y el teniente que intentaban secuestrar. Los tres murieron.

—Pero...

—Sigo. El 28 de mayo, los guardias Fidel Lázaro y Antonio Conejo mueren tiroteados mientras vigilan una oficina de correos en Pamplona. El 7 de junio, un pistolero entra en el bar Amaya de Azpeitia y dispara a quemarropa contra Francisco Machío, un desempleado de treinta y un años, mientras este se tomaba un vino en la barra. El 16 de junio ametrallan en Durango a Eduardo Vadillo, escolta de un teniente coronel. El 22 de junio, muere el guardia de Pasajes Juan Maldonado, con una bomba colocada en su coche. El 26 de junio, fallece Emilio Casanova, policía nacional, con una bomba colocada en el furgón policial donde viajaba en San Sebastián. Al día siguiente, 27 de junio, tirotean a Jesús Blanco, empleado del aeropuerto de Pamplona, en el portal de su casa. El 13 de julio, el policía Manuel Francisco García es tiroteado cuando volvía a su casa en Bilbao. El 23 de julio, Ramiro Salazar es acribillado en el concesionario de coches que tenía en Vitoria. El 31 de julio, Rafael Gil y Enrique Rúa, guardias civiles, son tiroteados en el puerto de Guetaria. El 5 de agosto, el policía Manuel Peronié muere mientras intentaban secuestrarlo en las fiestas de su pueblo, Oyarzun. El 5 de septiembre, Arturo Quintanilla es acribillado cuando se montaba en su coche después de cerrar el bar que tenía en Hernani. El 6 de septiembre, Francisco Javier Alberdi, comercial. También querían secuestrarlo y, al no poder, lo remataron en una calle de San Sebastián. El 16 de septiembre, el policía Pablo Sánchez es tiroteado en la estación de Urnieta mientras esperaba el tren para ir a trabajar. El 5 de octubre, el policía Manuel Benito: le dispararon en un bar de Portugalete cuando estaba fuera de servicio, tomando un vino con sus amigos. El 13 de octubre, el guardia Ángel Flores es tiroteado en la puerta de su casa en Rentería. El 15 de octubre, el guardia José Reyes: una bomba colocada en su coche lo mata mientras patrulla por Oñate. El 18 de octubre ejecutan al capitán de farmacia Martín Barrios. Este te lo sabes, ocurrió cuando lo de Hendaya, no hace falta que te explique más. El 20 de octubre, el panadero de Rentería Cándido Cuña, que tuvo la mala suerte de irse a tomar un vermú a su bar de siempre, donde le esperaban unos pistoleros. El 26 de octubre, Lorenzo Mendizábal, carnicero: le pegaron cuatro tiros mientras atendía el mostrador de su tienda en Irún, al ladito de la frontera. El 5 de noviembre, Manuel Carrasco, en Villabona, le pegaron un tiro mientras paseaba por la calle. El 9 de noviembre, el exlegionario José Ángel Martínez muere a tiros en un bar de Bilbao. El 12 de noviembre, el teniente de la marina Antonio de Vicente es tiroteado cuando volvía a su casa en Bermeo. El 26 de noviembre, José Antonio Julián, dueño de varias discotecas en Vitoria. Le dispararon mientras cerraba una de ellas. El 8 de diciembre... Mira, este me toca un poco más, porque lo mataron mientras jugaba al billar con sus amigos. A lo mejor ese día estaba yo también jugando al billar en la Moncloa, ya es puta casualidad: Francisco Javier Collado, vendedor de coches de Cegama. Al día siguiente, 9 de diciembre, matan de un tiro a Pablo Garraza, taxista de Rentería, y tiran su cadáver al lado del cementerio. Y ya acabo con los dos últimos, la semana pasada, el 15 de diciembre los dos. Uno en San Sebastián, donde se cargaron a tiros al policía Eduardo Navarro mientras patrullaba, y otro en Tolosa, en el que ejecutaron a un empresario, Francisco Arín, por no pagar el impuesto revolucionario.

—¿Puedo ver la lista?

—Es toda tuya.

—¿Esto sólo es de este año?

—Y, como puedes ver, todos los atentados han ocurrido en el País Vasco.

—Y la mayoría son policías.

—Con algún militar, sí.

—No lo puedo creer, Felipe.

—¿Sabes por qué se concentran tantos en el País Vasco? Porque es muy seguro para ellos. Ponen la bomba o pegan los tiros y salen corriendo. Cambian de coche y, en un par de horas, antes de que sepamos a quién hay que buscar, están en Hendaya. En Francia no se esconden, hacen una vida normal, incluso tranquila. En los pueblos vascofranceses los tratan como luchadores por la libertad, se sienten como héroes. Allí se recuperan, se rearman, esperan noticias y están disponibles cuando los jefes los llaman otra vez. Si no tuvieran refugio en Francia, atentar en el País Vasco sería mucho más difícil para ellos. ¿Sabes lo frustrante que es para mi ministro y para los jefes de la lucha antiterrorista saber que están allí, a dos pasos, cenando tan tranquilos en un restaurante de San Juan de Luz? ¿Sabes cómo se siente el jefe superior de policía que cada semana tiene que asistir a un entierro, sabiendo que el asesino podría estar en un calabozo en ese mismo instante si hubiera un gendarme al otro lado de la frontera que se tomara la molestia de arrestarlo? Por eso mi gobierno insiste tanto en que colaboremos, François.

—Son muchísimos muertos, Felipe, muchísimos. No entiendo cómo resiste tu gobierno.

—No es una situación cómoda. Sólo puedo decir esto en privado, pero no es fácil, y se está poniendo peor. Pregunta a tu ministro de Exteriores, consulta los informes de tu embajada: la sociedad española está harta, los militares están hartos, los policías están hartos.

—Lo entiendo, lo entiendo.

El asesinato del capitán de farmacia Alberto Martín Barrios coincidió con el intento de secuestro de Larretxea en Hendaya. Martín Barrios trabajaba en el dispensario de la capitanía de Bilbao. Un comando de ETA político-militar VIII Asamblea lo confundió con un agente del CESID. Lo secuestraron para sacarle información de inteligencia y, cuando descubrieron que sólo era un farmacéutico que, a lo sumo, podía revelarles las aspirinas y el bicarbonato que tomaba el capitán general, lo usaron para chantajear al gobierno con la liberación de presos. Como el gobierno no negoció, lo mataron. Este asesinato afectó mucho a la élite militar, que se dirigió al ministro Serra para pedirle, sin eufemismos ni medias palabras, que dejara que el ejército tomase la iniciativa en la lucha contra ETA. Durante unas semanas, esta idea cundió en más sitios, incluso en rincones insospechados. El 21 de octubre, Francisco Umbral titulaba su columna de *El País* «ETA / Ejército»: «El ejército es una cosa que sirve para la guerra, y en el norte tenemos una guerra». *Diario 16*, dirigido por Pedro J. Ramírez, abogaba por el terrorismo de Estado en un editorial: «Frente al siniestro engranaje montado en torno al santuario francés, el Estado español tiene legitimidad moral para recurrir a veces a métodos irregulares». Son citas de la prensa democrática y progresista, no de *El Alcázar*.

—Dime una cosa, François. Mira la lista otra vez, mírala bien. Y ahora, en vez de ver nombres españoles, imagina que son franceses, y que todas estas muertes han sucedido en 1983 en, qué sé yo, Alsacia. Imagina que hay un grupo armado con apoyo fuerte entre la población local, que le proporciona cobertura y recursos, y una base de operaciones en Alemania, donde nadie los persigue y pueden aprovisionarse de armas casi como si fueran al supermercado. Imagínatelo. ¿Qué panorama tendrías como presidente?

—Funesto.

—¿Qué pasaría en Francia?

Mitterrand dejó el dosier en la mesita y guardó un silencio teatral, quizá demasiado largo. Puede que no quisiera decir lo que iba a decir:

—El Estado se hundiría. Tanto si interviene militarmente como si intenta mantener la normalidad constitucional, la república entraría en una crisis impredecible que acabaría con ella. De verdad, no sé cómo tu gobierno aguanta ese grado de violencia, no sé cómo no se ha sublevado el ejército. Me recuerda a Argelia.

—¿Podemos contar con la ayuda de Francia?

—Sí, señor presidente, puede contar con la ayuda de Francia.

Casa del Pueblo, calle de Morronguilleta, 12, Rentería, Guipúzcoa, 20 de diciembre de 1983, 21.30. Mientras Felipe González cenaba en la embajada española en París, José María Gurruchaga y un par de compañeros trajinaban en la sede del PSOE de Rentería. Preparaban las cestas de navidad y adelantaban trabajo antes de las vacaciones. La calle estaba tranquila. A esa hora, en un día laborable de invierno, el pueblo se recogía tras las cortinas. Por eso, en cuanto oyeron voces en la calle, se pusieron en guardia. Cuando empezaron los golpes en la puerta, siempre cerrada por precaución, se levantaron de las mesas y, sin decirse nada, por instinto, se refugiaron en el fondo del local. Habían asaltado la Casa del Pueblo muchas veces, pero siempre de madrugada, cuando no había nadie. Parecía un grupo numeroso y eficaz. No les costó nada forzar la entrada. Eran jóvenes y se tapaban las caras con bufandas y pasamontañas. Iban armados con barras y palos con los que rompían todo lo que encontraban en los escritorios. Tumbaron las estanterías, destrozaron los cristales de los cuadros, esparcieron los papeles de los cajones y los pisotearon, partieron las sillas de madera contra las paredes, destruyeron a golpes las máquinas de escribir y la fotocopiadora. No hablaban, no gritaban consignas, ni siquiera parecían furiosos. Uno de los asaltantes encontró la caja de metal donde se guardaba el dinero de las cuotas, y otro se puso a cargar los jamones y las botellas de champán de las cestas navideñas. Gurruchaga y los demás se encerraron en el cuarto de baño e hicieron una barrera con sus propios cuerpos, pero la puerta era de un conglomerado muy endeble y se astilló en cuanto los encapuchados empezaron a golpearla.

—Hay que salir —dijo Gurruchaga—, y que sea lo que Dios quiera.

Abrieron súbitamente e intentaron alcanzar la salida aprovechando el desconcierto de los matones, pero no lo consiguieron.

—Este es —dijo un encapuchado, señalando al alcalde.

Dos de ellos apartaron a los compañeros y los empujaron contra la pared, evitando que auxiliaran a Gurruchaga, y el resto la emprendió a golpes con él. Le dieron en la cara y en la cabeza, en las costillas, en los lomos. El alcalde sentía los golpes, pero no el dolor. Se resistía a dejarse tumbar, aguantaba en pie por instinto, convencido de que, si caía al suelo, no saldría vivo. Se zafó del cerco con una embestida de toro y echó a correr hacia la salida. Giró a la izquierda y corrió hacia el norte, hacia el río, aullando en la carrera.

—¡Socorro! ¡Me quieren matar! ¡Socorro!

Los encapuchados le lanzaban lo que tenían a mano, pero no lo alcanzaban. Le caían cosas en la cabeza, piedras, qué sabía él, algo. Sangraba por algún sitio, tenía la cara mojada y no veía porque había perdido las gafas.

—¡Socorro! ¡Ayuda!

Se metió por la calle Viteri, donde había bares abiertos.

—¡Auxilio! ¡Me quieren matar!

Los parroquianos y los camareros se asomaron a las puertas, pero al ver a los perseguidores se quedaron en el umbral, quietos y en silencio.

—¡Socorro!

Aunque Gurruchaga corría casi ciego, sentía la parálisis cobarde de los vecinos. Cuatro de cada diez de esos desgraciados que miraban al suelo como si no pasara nada habían votado por él. Cuatro de cada diez lo querían como alcalde, aunque también asistirían a su muerte sin inmutarse. Luego, apurarían su vino, pagarían la ronda, se marcharían a casa, cenarían en familia (¿qué ha pasado hoy? Nada, mujer, lo de siempre) y verían un rato *Estudio estadio* antes de meterse en la cama.

Al llegar a la carretera, paró un coche. El conductor hizo ademán de abrirle la puerta, pero los perseguidores gritaron:

—Que nadie lo ayude. El que ayude a este perro ya sabe lo que le espera.

El coche aceleró, perdiéndose en las negruras del puerto de Pasajes, y los que venían detrás sortearon el bulto sangrante del alcalde, que ya no tenía resuello para correr. Los perseguidores tampoco. Gurruchaga siguió la carretera hacia San Sebastián y alcanzó la curva que llaman el Alto de Capuchinos. Allí, un tipo junto a un coche parado con el motor y los faros encendidos le gritó:

—José María, ven, José María, aquí, corre.

Gurruchaga aceleró el paso, creyendo que era uno de la banda, pero se dio cuenta de que no iba encapuchado, se le veía bien la cara bajo la farola. Aflojó la marcha y reconoció a un compañero de la UGT.

—Venga, José María, deprisa, que vienen, sube al coche, rediós.

El compañero lo llevó a San Sebastián, donde le curaron las heridas. Mientras tanto, la policía nacional, alertada por algún militante socialista, había tomado la Casa del Pueblo y dio un parte a la prensa, que se puso en marcha para incluir la noticia en las últimas ediciones. Cuando los periódicos vascos llamaron a la policía local de Rentería para reunir datos, un portavoz les respondió que no les constaba ningún incidente:

—Algo ha debido de pasar en la Casa del Pueblo, sí, pero nada grave.

Nunca pasaba nada grave.

El PSOE vasco y la UGT enviaron a la prensa un comunicado escrito con una rabia impropia de la retórica blanca de estas situaciones: «Los mal llamados defensores del pueblo han destruido nuestra casa, la de los trabajadores. Ya va siendo hora de otra cosa. Los socialistas estamos hartos. ¿Hasta cuándo soportaremos a estos fascistas? ¿Hasta cuánto soportaremos el clima de terror y chantaje? A nadie sorprendería una batalla campal en Rentería. Los jóvenes discípulos de Hitler hacen uso de sus métodos, apaleando a ciudadanos elegidos democráticamente por el pueblo. No dudamos de que el pueblo les pedirá cuentas y llegará el día del ojo por ojo y del diente por diente».

Mientras Felipe celebraba en silencio, sin brindis ni alardes, como era propio de él, que Mitterrand había empezado a entender el problema, miles de militantes y cargos socialistas vascos mascaban una rabia honda y reclamaban el ojo por ojo. En el palacio del gobernador de Guipúzcoa, en los cuarteles de la guardia civil de Intxaurrondo e incluso en las casas de algunos de los parroquianos que no se atrevieron a pasar del dintel de los bares, se cocía el mismo odio que había llevado a Francisco Umbral a pedir la intervención militar.

Plaza del Sol, puerto de Sagunto, Valencia, madrugada del 28 de diciembre de 1983. La comisaría, un edificio amarillo de tres plantas en el lado oeste de la plaza, había recuperado su autoridad. Durante horas, fue chiquita, una casa acobardada que suplicaba no más, por favor, no más tuercas lanzadas con hondas, no más adoquines, no más bolas con tachuelas. Los obreros le habían tirado con todo, y en la acera humeaban los restos calcinados de tres coches patrulla. La rabia también se enfriaba al compás del fresco de la noche, y poco a poco el pueblo se iba resignando, porque era el pueblo entero, todo Sagunto, el que aceptaba la derrota por sueño. Los helicópteros daban vueltas y bombardeaban haces de luz sobre las calles oscuras, las farolas rotas por las pedradas. Los refuerzos llegados de Valencia se montaron en las furgonetas y enfilaron la salida del puerto. Desde los estribos, algunos policías dispararon pelotas de goma y botes de humo contra las fachadas, como una venganza sin ganas. Un pequeño cordón se quedó en la plaza, rodeando la comisaría. Las últimas detonaciones se oyeron en la carretera del puerto. Los obreros no respondieron. No quedaban cristales por romper.

Lo negarán, comentaban de camino a casa. Dirán que no fueron ellos, que fuimos nosotros. O que fue un accidente. ¿A quién no se le dispara una pistola sin querer? Había mucha tensión, insistirán. Los policías tenían miedo, no sabían reaccionar, se vieron desbordados, etcétera. Lo que quieran, pero le habían metido un tiro. Decían que en la ingle, por poco lo dejaron sin huevos. Cuando llegó al hospital, aún tenía la bala dentro, en el culo, decían, o en un glúteo, por ser finos. Pobre Manolo, un electricista, un buen compañero que a lo mejor ya no podría trabajar. Lo despidieron a tiros.

Arrastrando los pies, los obreros se desperdigaron por el damero de casitas. Se decían con los gestos lo contrario de lo que gritaban en las asambleas. Pronto llevarían un año de guerra, y no estaban más cerca de ganar que cuando empezaron. Habían plantado cara, habían mantenido la producción cuando les ordenaron parar, habían demostrado que su firmeza era tan dura como los raíles de tren que salían de la fundición, pero había que empezar a pensar en el adiós. Habían disparado a un compañero, habían mandado helicópteros y camionetas de policías desde Valencia y les habían repartido estopa sin miramientos. A los enfermeros del sindicato se les habían acabado las vendas esa noche, y en la casa de socorro no dieron abasto para coser cabezas. Era el momento de asumir la derrota y de perder sin perder demasiado.

El puerto de Sagunto era un arrabal amontonado de casitas que sustituyeron a las chabolas de principios del siglo XX, cuando unos vascos fundaron el puerto y empezaron a montarse fábricas. Siempre fue triste, pero veinte años antes tenía cierta alegría proletaria, cuando la siderurgia funcionaba a toda máquina y miles de familias ganaban unos sueldos bastante generosos para lo que era normal entre los obreros españoles. Los saguntinos, gentes de toda España, mezcla de acentos y apellidos regionales, formaban una aristocracia proletaria que, a cambio de un trabajo inhumano que fundía los huesos y el alma, vivía razonablemente bien. Durante un tiempo, ese arrabal fue una comunidad amable y laboriosa, con niños repeinados que recitaban las tablas de multiplicar en escuelas nuevas y amas de casa que llenaban el carro en un mercado municipal pródigo. En cuanto llegaba el buen tiempo, los domingos comían en la playa de Canet, con sandía y vino con gaseosa. Había mundos mejores, pero aquel no estaba mal. Llevaban aún trazas de hambre en el estómago y muchos recordaban bien cómo había que lanzar la trilla contra el viento en la era.

Las cosas empezaron a torcerse diez años atrás, cuando la crisis del petróleo. El acero de Sagunto, decían, no era competitivo. Vendían la producción por debajo de su coste. Cada ejercicio agrandaba la ruina de la empresa. Se hartaron de oír esa palabra: *competitivo*. Ellos tampoco eran competitivos. Ganaban demasiado dinero, les decían los jefes, que no eran los dueños, porque aquello era del Estado, como todos los altos hornos. Esos jefes que se quejaban de lo obsoleto y caro que era todo pasaban un tiempo en Sagunto, el suficiente para decidir que no les gustaba, y se iban a otro destino, a decir a otros que cobraban demasiado y eran improductivos. Esos jefes, vaya, sí cobraban lo justo. Tal vez demasiado poco, pues es muy trabajoso decirle a un obrero que lleva veinte años fundiendo raíles de tren y ha templado con sus brazos la mitad de las vías de la Renfe que el chollo se le va a acabar.

El 28 de octubre de 1982, casi siete de cada diez votantes de Sagunto eligieron a Felipe. El PSOE volvió a ganar en las autonómicas y municipales de 1983, con más del cuarenta por ciento de los votos, aunque, para entonces, ya había empezado la guerra. Los obreros del metal luchaban contra un enemigo al que votaban en masa. Se volcaron con la candidatura de Joan Lerma, primer presidente de la Generalitat Valenciana, pero también estuvieron a punto de lincharlo cuando intentó dar un mitin en el cine Oma, y un escolta tuvo que abrirse paso disparando al aire. Esa esquizofrenia se expresaba en el propio partido. El alcalde de Sagunto, Manuel Carbó, era un obrero siderúrgico que fundó la UGT en el pueblo y apoyaba con toda su fuerza la lucha de sus compañeros. Tenía muy claras sus lealtades. El presidente de la diputación provincial, Manuel Girona —que también era de Sagunto, aunque estaba más cerca de la izquierda caviar y nacionalista—, no traicionó a sus vecinos ni a su pueblo y se enfrentó a su partido sin un gesto de duda. Frente a ellos, el servilismo de Joan Lerma —que sostuvo sin el menor remilgo los planes del ministerio de Solchaga de cerrar los altos hornos y se apuntaba de vez en cuando al discurso defensivo, según el cual los sindicatos se aliaban con la derecha contra el gobierno— sonaba mucho más vil.

Pocos sucesos ilustran tan bien la parálisis política y emocional que vivían los españoles en 1983 como la lucha de los metalúrgicos de Sagunto: la rabia y la esperanza se estampaban en el mismo muro socialista. Contra Felipe y a favor de Felipe.

Aunque la UGT se había levantado en rebeldía, el sindicato mayoritario de los altos hornos era Comisiones, y los delegados sindicales eran militantes del PCE, que tenía una buena base social en Sagunto, sobre el veinte por ciento de los votos. Los comunistas no participaban de la catatonia ugetista. Ellos tenían muy claro que el gobierno era el enemigo de clase y que el PSOE era un partido burgués, aunque hubiesen concurrido con él en el ayuntamiento, pero esta lucidez ideológica sólo afectaba a los líderes. La protesta era amplísima e implicaba a toda la sociedad. Nadie era ajeno a la lucha: desde el tendero hasta el párroco, pasando por los carteros, los funcionarios de aduanas del puerto y el dueño del merendero que preparaba arroces bajo un toldo los domingos. Salvo los policías de gatillo flojo de la comisaría amarilla, no había un saguntino que no se tomara la historia como una cuestión personal. Por eso no se podía politizar y ninguna soflama sindical borraba la esperanza de que Felipe los salvaría del propio Felipe.

En julio de 1984, Miguel Boyer y Carlos Solchaga culminaron la obra de sus vidas, la Ley 27 / 1984, de 26 de julio, más conocida como la ley de reconversión industrial. Año y medio de fatigas que condensaban lo que para unos era el trabajo más sucio del gobierno y, para otros, el servicio más noble y patriótico, la herramienta que permitiría que España funcionase. Treinta y ocho artículos, dos disposiciones transitorias, cuatro adicionales y cinco finales que ocupaban seis antipatiquísimas páginas del *Boletín Oficial del Estado* a dos columnas. Un texto relativamente escueto para una de las leyes más importantes de la historia de España, que se proclamaba casi sin querer, en verano (el rey la sancionó en Mallorca, de vacaciones), como si fuera un trámite sin importancia.

Para Boyer y Solchaga era un triunfo a medias. Su mera aprobación, en contra de la mayoría del PSOE y de toda la UGT, era un hito que no se habría logrado si Felipe no hubiese seguido un consejo que le dio Olof Palme una vez: en caso de conflicto en el gobierno, escucha a todos tus ministros, y luego da la razón al de Economía. Esto funcionaba en el noventa por ciento de las discusiones. Había un diez por ciento a discreción del presidente, que debía conceder una victoria al resto de los ministros para que no se sintieran siempre derrotados. El poder era ese diez por ciento, el regalo gracioso a quien no tenía razón.

El dúo económico había impuesto su plan, aunque sin el músculo suficiente. Para transformar la industria española hacía falta dinero, y Boyer y Solchaga llevaban desde octubre de 1982 convenciendo a las empresas y a los financieros de que debían hacer un esfuerzo, de que tenían que invertir y facilitar inversiones de los mercados extranjeros. Nadie les hizo caso. No consiguieron ningún capital privado. Tan sólo llegaron a un compromiso con la banca, a la que obligaron a crear un coeficiente de inversión. El resto de los fondos eran públicos y procedían de los organismos de crédito oficiales. Con ellos pensaban financiar, entre otras cosas, los costes de setenta mil despidos hasta el año 1990.

La reconversión no era una ley de choque. Se situaba a medio camino entre la revolución y el no hacer nada, y reconocía una realidad heredada de los años desarrollistas y agravada por las crisis: las grandes empresas públicas del INI, que congregaban toda la potencia industrial del país, eran una carga gravosísima para el Estado. Si no se soltaba, acabaría por hundirlo, llevándose toda la economía por delante. Astilleros, altos hornos, minas: nada de eso cabía en la España del futuro. El problema inmediato era que el PSOE había prometido ochocientos mil puestos de trabajo en su programa electoral, y un año y medio después aprobaba un plan para suprimir setenta mil. Para algunos socialistas, especialmente para Alfonso Guerra, aquello sabía a cicuta.

Los consejos de ministros de los miércoles eran cada vez más agrios. Solchaga y Boyer eran impertinentes y altivos, sobre todo con Guerra, de cuya boca salían saetas untadas en vitriolo. Empezaba a ser frecuente que el consejo de los miércoles coincidiese con los viajes de Estado de Felipe, por lo que Alfonso presidía en funciones, ocupando la cabecera de la mesa como si interpretase a Séneca. Esos consejos eran más tensos. Aunque Felipe no mediaba en las discusiones, su presencia obligaba a cierto decoro. Sin él, Guerra apuntalaba su autoridad de *primus inter pares* tirando de sarcasmos.

El gabinete estaba lleno de universitarios que dominaban las materias de las que trataban o se aplicaban a ellas con rigor, y no vencía el ministro más elocuente, sino el de la carpeta más gruesa. Pero esta tecnocracia no ahogaba los debates. En los turnos de palabra, Boyer aprovechaba para pedir más ímpetu en unas reformas económicas que el partido y el sindicato no se animaban a hacer. Tras uno de aquellos discursos, Guerra replicó:

—El señor ministro de Economía nos quiere roer los ojos, como el águila de Prometeo.

—El águila de Prometeo —respondió Boyer con la cabeza alta y muy despacio— roía el hígado, señor vicepresidente del gobierno.

—Sería el Prometeo de Kafka.

—Yo no puedo suscribir esa tontería: le estoy hablando de Hesíodo, si es que sabe usted quién fue.

No siempre quedaba en ridículo Guerra. Otras veces, acertaba con la cita y la clavaba en los lomos de Boyer como una banderilla, pero los hígados y los ojos de Prometeo quedaron para el anecdotario que se labra en mármol.

Aquella ley fue una derrota más dolorosa que cualquier pulla erudita de Boyer. Hasta su proclamación, Guerra podía pasearse por los comités de la UGT para desmentir a Solchaga, burlarse de Boyer y cantar saetas de Miguel Hernández antes de que sonase «La Internacional». Después de la ley, sólo le quedaban las nanas de la cebolla.

Se abría un horizonte de cientos de Saguntos: Vigo, Ferrol, Gijón, Puerto Real o Cartagena iban a sufrir lo que ya habían sufrido los obreros en Gales, en el norte de Francia o en el Ruhr: la sensación sobrante, el reproche de ser parte de un pasado que el futuro no podía digerir. Buen trabajo, muchachos, pero es hora de que recojáis vuestras pensiones y descanséis. Echad una quiniela, jugad al fútbol con los chavales, cultivad las aficiones. No os encerréis en casa, que la cabeza da muchas vueltas, y no dejéis pasar las horas muertas en el chigre o la taberna. Apuntaos a los cursos del paro, reciclaos, sacaos el graduado escolar. Aprended inglés, coño.

Todo eso decía la ley cuando se leían sus artículos en esas ciudades medianas que, sin sus obreros, no tenían otra cosa que hacer que escuchar la música de las tragaperras en el bar. A Bilbao y a Barcelona les iría un poco mejor, pues la tragedia se diluiría en su enormidad, pero el paisaje de los demás enclaves industriales se iba a transformar de arriba abajo. En la UGT olían ya la gasolina y el caucho quemado de las barricadas, y los obreros preguntaban a los liberados sindicales de qué lado de la calle se iban a colocar. El pueblo que menos de dos años antes le gritaba a Felipe en las plazas de toros que quería un hijo suyo —ese pueblo que, según la derecha, iba a tomar los palacios y expropiar las urbanizaciones— se encaminaba a la pira sacrificial. Sagunto sólo fue el prólogo.

Aeropuerto de Barajas, Madrid, 19 de mayo de 1984.
—Me gritaban tío bueno, Felipe, tío bueno. ¿Qué significa tío bueno?

Felipe miró a la traductora:

—Tradúceselo, anda.

—Tío bueno, *bedeutet heisser Typ.*

—*Heisser Typ?* —La carcajada le sacudió tanto el corpachón que los escoltas creyeron que el canciller se caía.

—No sé de qué te extrañas, Helmut. Estás para mojar pan.

La traductora se azoró y le susurró a Felipe:

—No sé si existe una frase hecha equivalente en alemán.

Helmut Kohl le tocó el brazo y le dijo en alemán que no se preocupase, que lo había entendido. Y siguió:

—Íbamos por una de esas calles maravillosas de Toledo, hacia la sinagoga, y Hanne se paró en el escaparate de una confitería. Ahí nos quedamos, como dos bobos, viendo esos pasteles que no nos atrevíamos a comprar. Los que estaban dentro de la confitería se asomaron, y empezaron a gritarme eso: «Tío bueno».

—España te quiere, Helmut.

—Gracias, de verdad, han sido unos días deliciosos.

—Espero que lo hayáis pasado bien. Era imposible corresponder a la visita del año pasado, pero hacemos lo que podemos.

—¿Te acuerdas de Berlín? Fue buena idea ir a Berlín, sí. No te lo agradeceré lo bastante, Felipe.

—Bueno, que tengáis buen viaje. Hannelore, vigila a Helmut, que está hecho un donjuán. Se va a llevar a una toledana de polizona.

Hannelore sonrió e hizo un gesto de apremio: necesitaba sentarse, quería subir al avión. Un poco avergonzados por su descortesía, los presidentes acortaron las despedidas y disolvieron los séquitos.

Mientras el avión de la República Federal de Alemania maniobraba en busca de la pista de despegue, Felipe celebró en silencio una amistad insospechada que, para muchos, traicionaba a Willy Brandt, a quien debía tantísimo. Había conocido a Kohl siendo presidente. Pese al incordio de hablarse con traductores —con Brandt hablaban en francés—, conectaron como pocas veces conectan dos hombres constreñidos por las corbatas y los besamanos del poder. Con Helmut todo era fácil. Tenía un lado sentimental de gran oso del Rin que propiciaba el abrazo. Para algunos, el poder es un peso que encorva y deforma el cuerpo. Para otros, es una cuestión de expresión corporal.

Kohl había metabolizado el poder de Alemania, lo llevaba en la sangre, en las grasas y en las canas.

Le sacaba a Felipe doce años y apenas tenían nada en común. Helmut Kohl había vivido la guerra de niño, había sido reclutado por la Wehrmacht a los quince años, en plena derrota, y se había casado con una mujer traumatizada a la que unos soldados soviéticos violaron cuando tenía doce. De aquel crimen, a Hannelore le quedaron las pesadillas y una vértebra rota que nunca se curó y que fue causa de dolores crónicos y varias enfermedades. Cuando conoció a Helmut, ella tenía quince años, y él, dieciocho. Desde entonces no se habían separado. Hannelore acompañó a Helmut en todos los pasos de una carrera política plácida y conservadora, que consistía en escalar cargos, no en discutir con exiliados ni fundar democracias. No podían ser más distintos, Felipe y él, y la amistad de aquel con Brandt los distanciaba aún más, pero las amistades aparecen, no se planean.

Hasta entonces, la influencia internacional de Felipe, pese a ser intensa, no había salido de su campo ideológico. Era una voz importante en la Internacional Socialista, y durante un viaje por Colombia en 1977 un periodista bromeó, a cuenta de su popularidad allí: les recordamos que el señor González no se presenta a las elecciones colombianas. Desde 1982, sus pares extranjeros ya no eran sólo compañeros de partidos hermanos ni dictadores que no se aflojaban ni se afligían, sino los primeros ministros y cancilleres de los países de Europa, con quienes debía entenderse sin considerar las concordancias políticas.

La barrera más alta era la edad. Felipe tenía cuarenta y dos años en 1984. Era, con diferencia, el líder europeo más joven. El segundo, el italiano Craxi, le sacaba ocho. Los demás, una media de quince o veinte, desde los doce años que se llevaba con Kohl hasta los treinta y uno que lo separaban de Bruno Kreisky: Margaret Thatcher tenía diecisiete más; Olof Palme, quince; Mário Soares, dieciocho, y François Mitterrand, veintiséis. Todos eran políticos viejos, con biografías que ocupaban varios tomos y una experiencia del poder y de la democracia incomparables con la suya, pero también eran las únicas personas del mundo con las que podía entenderse.

La diferencia de edad forzaba cierto paternalismo. Sobre Felipe caían a menudo consejos en forma de aforismos acerca del arte de gobernar. En Berlín, Kohl le dijo:

—Se gobierna con millones de votos, pero se vive con un grupo muy pequeño de amigos leales.

En 1983, Felipe viajó a la Alemania occidental y aceptó la invitación de Kohl para visitar Berlín, con la oposición clara del ministro de Exteriores, Fernando Morán, que pensaba que un viaje así, a lo Kennedy frente al muro, podía interpretarse como una toma de partido de España por el bloque atlántico. Morán viajaba con frecuencia a Moscú para persuadir a los soviéticos de que España saldría pronto de la OTAN, tal y como el PSOE prometió en las elecciones, y se garantizaría su neutralidad en la guerra fría. Pero Felipe, tras unos meses en la Moncloa, ya no lo veía tan claro. El trato con Kohl le había cambiado tanto la perspectiva que se atrevió, por primera vez, a separar su traje de presidente de España del de secretario general del PSOE. Vestido con el de jefe socialista, dijo aquel famoso «OTAN, de entrada, no», cuando Calvo-Sotelo firmó la adhesión y la oposición de izquierda se revolvió en bloque, formando una ola que lo empujó a la Moncloa en octubre de 1982. Vestido de presidente, apoyó a Helmut Kohl, que había pedido un despliegue de 572 misiles estadounidenses en su país, en respuesta al despliegue de proyectiles soviéticos al otro lado del telón.

El primer pasmado fue Morán, ministro de Exteriores, que se enteró de ese apoyo en la rueda de prensa donde el presidente lo anunció. Los segundos pasmados fueron los compañeros socialdemócratas alemanes, que sólo aceptaban el despliegue si se repartía por varios países de Europa y no sólo por Alemania. Los terceros pasmados, Los Verdes, cabezas políticas de los movimientos pacifistas que marchaban por las capitales —también las españolas— contra el belicismo de la OTAN. Los cuartos pasmados fueron los compañeros del ala izquierda del PSOE, profundamente antiamericana y antiatlantista.

Kohl le hizo entender las razones defensivas de Alemania y lo incitó a compartir su destino. Era aquel un momento delicadísimo de la guerra fría. Las conversaciones sobre desarme se echaban a perder y una URSS gerontocrática y herida en Afganistán apretaba el dogal a sus países tributarios, sobre todo Polonia y Alemania oriental. El tablero del mundo se veía muy distinto desde el despacho del presidente y con los ojos de otros presidentes.

—Presidente, ¿quiere asomarse al muro?

Se lo preguntó Guido Brunner, embajador de la República Federal de Alemania en Madrid, que le había acompañado en el viaje y lo guiaba por lo que quedaba del Reichstag. Sí, claro que quería asomarse, pero no mucho, por no propiciar una foto. Bastante lío se había montado ya. Brunner lo llevó a una ventana discreta y le enseñó los lienzos cubiertos de grafitis y las torres de vigilancia con soldados orientales. Qué tristura. Le recordó a los cielos bajos de Bruselas que tanto lo deprimieron cuando estudiaba el posgrado. Seis años antes, en su primera visita a Moscú, entonces como líder de la oposición española, dijo algo que, con el tiempo, los felipólogos interpretaron como el primer síntoma de conversión capitalista:

—Prefiero el riesgo de morir apuñalado en el metro de Nueva York que tener que vivir en Moscú.

Estaba orgulloso de la redondez de la frase. La citaban mucho, y con cada cita se reafirmaba en ella, cobraba ya forma de inscripción en mármol y divisa.

Muchos de sus compañeros y algunos de sus ministros preferían vivir en Moscú. Una mayoría de la izquierda sentimental se sentía más afín a Moscú que a Nueva York, pero él contemplaba el muro de Berlín desde el lado correcto, lo tenía clarísimo, y no podía engañarse haciendo equilibrios con los carcamales soviéticos, como hacía Morán. Entrar en Europa significaba permanecer en la OTAN, eran dos compromisos simétricos. Kohl lo entendía bien. Por desgracia, no era a él a quien tenía que explicárselo.

Cuando el avión oficial del canciller de la Alemania occidental despegó hacia el cielo limpio de Barajas, Felipe subió al coche y, en el camino hacia la siguiente cita de la agenda, repasó los detalles de lo que iba a anunciar: no —diría—, el Partido Socialista no prometió sacar a España de la OTAN, sino convocar un referéndum. Ahí estaba el compromiso democrático. No había promesas incumplidas, al contrario.

Embajada de España en Venezuela, avenida Mohedano, Chacao, Caracas, 7 de agosto de 1984. Rosa Montero era más famosa que la Coca-Cola, y tal vez la entrevistadora más original y popular de España, pero ni su fama ni su currículum bastaban para cumplir el encargo del periódico. Y eso que *El País* había jugado un poco sucio y le había asignado a Pablo Juliá como fotógrafo, con la esperanza de que Felipe González no le negaría una exclusiva a su amigo sevillano. O conocían poco al presidente o confiaban demasiado en las habilidades chantajistas de Juliá. Felipe aceptó que los acompañaran en el avión, pero, una vez en Venezuela, cada uno por su lado. Tras la cena de bienvenida del presidente Carlos Andrés Pérez, la familia González-Romero pensaba perderse en la selva, en busca de unos indios por cuya cultura sentía Carmen Romero mucha curiosidad. Y habría playa para los niños, y aburrimiento, mucho aburrimiento, todo el que no se permitía en la Moncloa. Serían unas vacaciones sin cámaras ni periodistas ni políticos. Para demostrarles que no tenían nada que hacer, Felipe leía ostentosamente un libro, reclinado en su butaca del avión, como restregando la portada por la cara de Rosa y Pablo: *Contra los periodistas y otros contras*, del —oh, paradoja— periodista austriaco Karl Kraus.

En la crónica que Montero escribió, Felipe aún no se había relajado y hablaba demasiado de política. No lo puede evitar, escribía la cronista, sueña con dormir todo el día en una isla, pero a las dos frases le salen la lucha contra ETA o las negociaciones para entrar en Europa. Lleva una gavilla de folios, porque quiere aprovechar el viaje para escribir algo. Ni memorias ni diario, le aclara a la periodista, quien transcribe:

—Las memorias son todas mentirosas. Lees las autobiografías de las gentes y te admiras: son siempre los demás los que se equivocan, nunca ellos. Pero, oiga, ¿no se ha acostado usted nunca sintiéndose un malvado? Yo sé que me he equivocado algunas veces, pero, como no me gusta reconocerlo públicamente, prefiero no escribir nunca mis memorias.

Muchos años después, le oí algo parecido, pero más matizado: ya no le importaba reconocer públicamente sus errores.

Al aterrizar, cumplió su amenaza. Un coche del gobierno de Venezuela los recogió en Maiquetía para llevarlos al palacio de Miraflores, y la pareja de reporteros se fue a un hotel.

—Os deseo mucha suerte —se despidió Felipe.

Empezaba entonces un juego del escondite por toda Venezuela para volver a Madrid con el premio de una foto y una entrevista exclusiva de las vacaciones presidenciales. Al fotógrafo se le ocurrió tantear en la embajada. Tal vez algún funcionario con la lengua floja, a cambio de unos whiskies, les daría una pista sobre el itinerario de Felipe, que podía perderse para la prensa, pero no para el servicio diplomático encargado de su seguridad.

Al llegar, el policía de la puerta los recibió con una sonrisa:

—Han dejado un sobre para ustedes.

Bajo el membrete de la embajada se leía «Para Pablo Juliá». Dentro, una nota manuscrita: «Querido Pablo: voy ganando, no lo vais a conseguir. Firmado: Felipe González».

Pero lo consiguieron. El rastro de la familia González-Romero era demasiado público, lo llamaban demasiadas veces desde España y acaparaba demasiada atención en Venezuela, donde había periodistas desplegados por todas partes. En la misión capuchina de Kavanayén, casi en la frontera con Brasil, Felipe se rindió en buena lid a la persecución de sus amigos y consintió hacerse unas fotos y que Rosa mandase unas líneas a Madrid. Su testimonio es precioso, porque es uno de los pocos documentos que retratan la mezcla de intimidad y oficialismo en que se había convertido la vida familiar del presidente. Escribió Montero en *El País*:

Carlos Andrés Pérez le telefoneaba casi todos los días, pero sin suerte: no le encontraba. Betancur llamó también mucho, pero con más habilidad o fortuna: le pilló siempre. A Felipe González le propusieron asistir a la toma de posesión del presidente ecuatoriano, en torno a la cual se ha montado una *minicumbre* política. Pero el presidente declinó la invitación y, para su alivio, no hubo mayores insistencias. Mientras tanto, en las cataratas de Canaima, enclave selvático al que Felipe González tenía que haber llegado el martes pasado, hacen guardia los periodistas, que a estas alturas deben estar florecidos por la doble influencia de la fecundidad de la selva y la larga espera. Pero cuando dejó la isla, el viernes pasado, Felipe González cambió de planes: en vez de alojarse en Canaima se trasladó cien kilómetros más al sur, a Kavanayén, una misión capuchina situada en la gran sabana, cerca ya de la frontera con Brasil. Allí, en ese rincón inaccesible conocido por los venezolanos como *el mundo perdido*, hay una casa presidencial, un modesto y bonito chalet que fue construido hace diez años, cuando el democristiano Rafael Caldera estaba en el poder. Montañas de formas imposibles, mesetas desoladas, valles conquistados por la selva: Kavanayén es un paraíso remoto en el que sólo existe la misión y un puñado de casas indígenas, la tribu de los pemones.

Un territorio olvidado que vivió un verdadero zafarrancho de combate para preparar la visita presidencial. Desde el día anterior empezaron a llegar las provisiones y unidades del Ejército venezolano. Los misioneros, que mantienen allí un internado de enseñanza primaria, se despepitaban intentando alojar a tanta gente. El padre Tirso, un santanderino de setenta y seis años, que lleva cincuenta y dos en Venezuela, corría de arriba para abajo, barbudo y estupendo, supervisando todo. El marchoso padre Julio, que tiene treinta y nueve años, arrimaba el hombro en las tareas duras, como la de acarrear literas. «¿Qué le parece a usted que me ponga el hábito para recibir al presidente?», preguntaba el padre Tirso, que viste comúnmente con camisa y pantalones.

Sin cámaras, periodistas ni políticos, se habían dicho. La familia González-Romero sólo se libró en aquellas vacaciones de los terceros, y ni siquiera.

Palacio de Congresos, Madrid, 16 de diciembre de 1984.
—Así pues, compañeros, no hay más cojones que estar en la OTAN.

La mitad del auditorio aplaudió a Pepote, entonces conocido ya como José Rodríguez de la Borbolla, segundo presidente andaluz socialista. La otra mitad se cruzó de brazos o silbó, pero por dentro reconocían que había sido una forma efectiva y catártica de terminar un discurso. No hay más cojones, repitieron, a modo de excusa. No era que ellos se hubieran vuelto proamericanos y belicosos. Las circunstancias venían así y había que aceptarlas. No había más cojones.

Ganaron los de los cojones, a pesar de los discursos contrarios que recordaban el compromiso histórico del PSOE con la paz y contra el imperialismo yanqui. Ni Pablo Castellano, portavoz de Izquierda Socialista, ni Nicolás Redondo, ni el alcalde de Madrid, Tierno Galván, todos ellos oradores más brillantes y persuasivos que Pepote, convencieron a los delegados del trigésimo congreso del PSOE de sacar a España de la OTAN. Ganó Pepote porque, por su boca, hablaba Felipe, y Felipe había dicho que no había sitio ya para sentimentalismos con acné, que gobernar era un trabajo de adultos y que los adultos se tragan la comida del plato sin rechistar. La ponencia que proponía salir de la alianza se rechazó por mayoría (394 votos en contra, 266 a favor y 26 abstenciones), lo que dividía el partido en dos bandos asimétricos y lo pringaba de desencanto. Se convocaría un referéndum que nadie quería convocar, para defender una postura que nadie quería defender. No había más cojones. O eso decía Pepote.

Hotel Ritz, plaza de la Lealtad, 5, Madrid, 18 de diciembre de 1984, 22.00. Parecía una boda, pero era un divorcio. Los salones del hotel, las corbatas de los señores, los trajes de las señoras, la pompa de plata antigua y las tarjetas con el nombre en las mesas redondas engañaban tanto como los discursos, cargados de palabras con frente y envés. Los mirones finos prestaban atención a cómo se decían, no al qué. Presidía el jurado Carlos Luis del Valle-Inclán, hijo de Ramón María y marqués de Bradomín. A los cronistas les habían dado el esperpento escrito.

Se juntaban bajo los cielos del Ritz dos familias doloridas. Apenas seis años antes se habían reunido en un campo de fútbol para jugar una pachanga de concordia, y hasta 1982 compartían sobremesas y madrugadas, novias y secretos. Los unos eran padrinos de los hijos de los otros, se regalaban puros y se ponían motes.

Venían de pasar unos días malos, a cuenta del recién clausurado congreso del PSOE. Para muchos comentaristas, había sido un paripé soviético en el que los *apparátchiki* felipistas habían impuesto sus tesis a un partido deslumbrado por su propio poder. El columnista de *Abc* Lorenzo Contreras lo había llamado «congreso del pesebre», porque la mayoría de los delegados eran también cargos públicos que, según Contreras, votaban a favor de la OTAN por la paguita o porque no les quedaban más cojones, como decía Pepote.

—Cree el ladrón... —dijo Felipe en la tribuna, el día que salió el artículo—. Este sí que es un pesebrista. Este sí que se vende por unas monedas y nos cuenta lo que quieren sus amos.

Tal vez fue el calor del congreso, que obligaba a dejar el traje de presidente en la Moncloa y volver a la chaqueta de pana del militante. Entre compañeros, ahumados por las brasas medio tibias de una clandestinidad aún cercana, olvidado de quién era, ladró como si estuviera en Suresnes. Pidió perdón un par de días después. Un perdón murmurado y sin temple: agitó la mano y dijo que ya estaba bien, que una mala tarde la tenía cualquiera.

Eran demasiadas malas tardes, aunque ninguna tan gruesa como aquella. Alfonso Guerra había tomado por costumbre criticar los «editoriales anónimos sin firma» de los periódicos (al vicepresidente le gusta que los anónimos lleven firma, se burlaban los periodistas) y no era raro que los comentaristas políticos se encontrasen en la mesa de la redacción una carta con membrete de la Moncloa en la que el presidente, siempre a título personal y jurando sobre la sagrada libertad de prensa, matizaba o discutía sus últimas columnas. A veces, la cortesía apenas disimulaba la rabia. Incluso entre los periodistas más afines, los que alguna vez brindaban en la bodeguilla y los que habían viajado en el autobús electoral de 1982, cundía la sensación de que Felipe leía y comentaba demasiado las críticas al gobierno. Si el presidente hubiera usado frases de boxeo en vez de taurinas, habrían dicho de él que era un mal encajador, y los púgiles que no encajan bien acaban cayendo, por muy buena pegada que tengan. Dicho en la lengua de Torrijos: si te afliges, te aflojan.

Aquella noche, dos días después del congreso del pesebre, Felipe González entregaba el premio Francisco Cerecedo al director de opinión de *El País*, Javier Pradera, y en nombre de Cuco, el que murió en brazos de Felipe una noche de 1977 en Bogotá, los periodistas y los políticos del gobierno fingían que seguían siendo tan amigos como cuando jugaban al fútbol en honor de la Constitución.

Pradera se tomaba el premio como un disparo en la pierna. Se lo había dado Eduardo Haro Tecglen, que se oponía al candidato predilecto del jurado, José Antonio Novais, con quien estaba enemistado desde los días en que ambos compartieron redacción en el diario *España* de Tánger. En el almuerzo donde fallaban el premio, Haro propuso a Pradera y todos aplaudieron. Al enterarse, el premiado se ciscó en los honores: era un premio que entregaba Felipe, por lo que, a ojos de España, era un premio que *le daba* Felipe. Peor que eso era tener que salir a la luz, hablar en el Ritz, que le pusieran nombre y cara. Lo estaban sacando de la clandestinidad por segunda vez. A Pradera lo conocían los escritores y los intelectuales, no el público. De hecho, costaba justificar un premio periodístico a un autor que tenía muy poca obra periodística, pues casi toda la había escrito anónima sin firma, como le disgustaba a Guerra. Desde su rincón de editor exquisito y editorialista puntilloso, cultivaba una relación compleja con Felipe, que lo buscaba para escuchar sus críticas, como hacía a veces con Rafael Sánchez Ferlosio, cuñado de Pradera.

Pesaba mucho la afinidad literaria con Carmen Romero, que participaba en algunas tertulias de Madrid y lo apreciaba como el factótum cultural que era. Cenaban a menudo, se veían en Cádiz, en la playa, y conversaban sin tasa, hasta que algunos maliciosos empezaron a ver en el editor a un Rasputín venenoso que calentaba demasiado la cabeza del presidente y de su mujer.

Sin renunciar a su posición áulica, Pradera ejercía de Pepito Grillo desde las páginas editoriales, en comandita con el director, Juan Luis Cebrián. No sólo pedían la dimisión del director general de televisión, Calviño, acusado de ser el brazo ejecutor de Guerra en Prado del Rey, sino que cuestionaban la capacidad de algunos ministros, como el de Interior, José Barrionuevo, a quien se achacaban impericia y manejos turbios contra ETA. Tampoco perdían ocasión de burlarse de las pedanterías y anacolutos de Alfonso Guerra ni de colocarle banderillas al portavoz, Eduardo Sotillos, cuyos berrinches decepcionaban a Felipe, quien quería en el cargo a un buen fajador, alguien que no se afligiera ni se aflojase. Además, Pradera había atraído a las páginas de *El País* una nómina de escritores cuyas columnas a menudo eran solos de violín disonantes con la orquesta felipista.

Ese adjetivo, *felipista* —formado como parodia de franquista y usado al principio por los enemigos internos en las luchas del PSOE—, empezaba a ser común entre compañeros de viaje que se bajaron del autobús electoral, como José Luis Gutiérrez en *Diario 16* o el propio Lorenzo Contreras, que en 1980 recibió el premio Pablo Iglesias de periodismo, consagración de la afinidad socialista en los tiempos ya lejanos y gloriosos de la oposición. Figuras populares y ecuánimes, como el director de *Cambio 16*, José Oneto, escribieron alegatos durísimos contra «la traición del cambio». El fuego periodístico no venía de la derecha, sino de todas partes. El caso Balbín, de enero de 1983, rompió el romance, y tanto las andanadas de Guerra como los manejos de Sotillos, que abría o cerraba las puertas de la Moncloa a los periodistas que según él lo merecían, marcaban el camino del divorcio. Como en las buenas familias, se disimulaba en lo posible, y sólo los españoles más enterados estaban al tanto de los rencores. Los demás, al leer las crónicas de la entrega del premio Francisco Cerecedo a Javier Pradera en el Ritz, ilustradas con fotos de puros y carcajadas, perseveraban en el lugar común de la camaradería entre el poder y los agentes del cuarto poder.

En el discurso de entrega, Felipe dijo de Pradera que era quevediano, lo cual podía referirse tanto al gusto literario del premiado como a una actitud fatalista y burlona ante la política. En su contestación, Pradera quiso ser ecuménico y ecuánime —virtudes más cervantinas que quevedianas— y abogó por la concordia entre políticos y periodistas. A los primeros les perdía la «propensión a la aberrancia». A los segundos, la «propensión a la megalomanía». A lo mejor quiso decir lo contrario: por aberrancia, palabra que se inventa, podría entenderse el gusto por la exageración y lo extravagante, lo que, salvando a Guerra y a algún otro, no se aplicaba a los políticos de la época, acusados más bien de grisura y sensatez. De Felipe gustaba lo mucho que se parecía al ideal de yerno de la clase media: inteligente, bien parecido y con carrerita de abogado para no pasar hambre. La única aberrancia de aquella noche la acaparaba un señor que presidía el jurado y se hacía llamar marqués de Bradomín. Por otro lado, la megalomanía parece un vicio más propio de gente con poder que de escribidores. Entre los periodistas —una profesión llena de dandis que estilizaban la coquetería más allá del trastorno mental— sí estaba bien vista cierta aberrancia.

Desde el presente en el que escribo me cuesta mucho compartir que esa falta de entendimiento fuera un problema y no un motivo de celebración. Lo anormal era la camaradería anterior, que sólo se explicaba por la causa histórica de que ambos, políticos y periodistas, habían salido juntos de las mismas catacumbas antifranquistas y arrastraban una historia común hecha de vacaciones y lazos familiares. Pero esa anomalía no soportaba una democracia. Políticos y periodistas no podían conservar su amor sin un dictador al que odiar juntos. La vida los había colocado en bandos contrarios tras pasar la juventud en el mismo. Por mucho que doliera, por mucho que los artículos y las interpelaciones parlamentarias supiesen a traición y puñal, ambos tenían que asumir quiénes eran y dónde estaban. Aquella cena en el Ritz demostraba que no lo llevaban bien y anticipaba que muchos jamás lo asumirían. Les perdía la nostalgia, añoraban las noches en que Cuco Cerecedo aparecía por el Oliver y todos salían tan guapos en las columnas del día siguiente, aún empapadas del alcohol con el que se escribieron.

No sólo Felipe tenía un problema de encaje de las críticas. Los periodistas también se afligían ante los destemples del gobierno. En lugar de revolverse ante los ataques, apelando a su independencia y al artículo 20 de la Constitución, que consagra la libertad de expresión, solían responder con tibieza. Periodistas que habían sido procesados por militares durante el franquismo y que no se habían arrugado ante las censuras y las amenazas de cárcel parecían tolerar las reprimendas de un gobierno democrático. El propio discurso de Pradera, viejo comunista, un tipo valiente que se había jugado el cuello más de una vez bajo la dictadura, era una templanza de gaitas impropia de una democracia, pero las llamadas a la concordia no se leían sólo en la prensa amiga. También el *Abc* y los columnistas de derechas pedían decoro con la boca pequeña: el presidente se caracteriza por su sensatez —decían—, por lo que habrá que atribuir su reacción a un destemple momentáneo. Como en los divorcios consumados, los cónyuges sabían que todo estaba roto, pero se resistían a decirlo en voz alta y preferían irse a cenar al Ritz y brindar y mirarse a los ojos en busca de aquella chispa cómplice.

Colegio Público Alfandech, Tavernes de la Valldigna, Valencia, 18 de febrero de 1986, 11.15. A la hora del recreo, me senté con mi amigo al sol. Por lo que fuese, no teníamos el cuerpo para correr. Nos pasaba a veces. Yo no era un niño atlético y prefería los juegos sedentarios. No recuerdo cómo salió la palabra «OTAN» en una conversación entre dos mocosos de siete años. Veíamos el telediario, pasábamos demasiado tiempo espiando conversaciones de adultos, y el mundo se entrometía hasta en lo sagrado del recreo. Le dije a mi amigo que mis padres iban a votar que *no*.

—Pues eso —me explicó, muy preocupado— es que tus padres quieren robar la casa de mis padres.

—¿Qué dices?

—Dice mi madre que los que votan *no* sólo quieren quedarse con todo sin trabajar.

Al principio me extrañó y lo negué. Después, la idea de que mis padres se quedaran con la casa de mi amigo no me pareció tan mal.

Glorieta de Ruiz-Giménez o de San Bernardo, Madrid, 23 de febrero de 1986, 12.00. Había más fotógrafos pendientes del pelo de Edward P. Thompson que de la paloma que, con más pena que gloria, se perdió en el cielo de charanga de Madrid. El signo de la paz aleteaba veloz, como si huyese de la guerra que habían montado los pacifistas. Edward P. Thompson —ojos verdes y pelo blanco, espeso y en maraña, tabardo marrón una talla más grande, como si lo acabase de recoger del ropero de Cáritas— llevaba unos días en España, concediendo entrevistas, animando asambleas, gritando por el megáfono en un inglés de Oxford que nadie entendía, pero todos aplaudían. El viejo historiador recorría Europa apoyando a los antinucleares, y España era entonces el corazón de esa guerra pacifista. Con energía y modales de otros tiempos, como un brigadista internacional al que no le hubieran informado de que ganó Franco, soñaba con que triunfase el no a la OTAN en el referéndum, que la salida de España provocase la salida del resto de los países europeos, y que, en medio de la guerra fría, aflorase un bloque de pueblos sin armas nucleares, opuestos a la hegemonía de Ronald Reagan. Hegemonía, esa era su palabra. Había que romper la hegemonía. Madrid no fue la tumba del fascismo, pero podía ser la del atlantismo.

Tras las greñas indignadas y venerables del profesor Thompson, ochocientos mil ciudadanos marchaban para gritar «OTAN no, bases fuera». Era una de las manifestaciones más impresionantes de la democracia y la primera de consideración contra el gobierno socialista, aunque los organizadores no querían que se percibiese así. Los lemas y las pancartas disparaban contra la OTAN y los yanquis, demonios de consenso, evitándose las rimas con Felipe y con socialista. Aquello, decían, no era patrimonio de un partido ni formaba parte de una estrategia política, sino que respondía al enfado soberano y libre del pueblo español, harto de vivir como un peón del imperialismo americano. Cuanto más simples y directos fueran los lemas, mejor. No era momento de matices ni de purezas doctrinales. «OTAN no, bases fuera». Cuatro palabras, nada más.

—Esta es la última vez que se nos da la ocasión de volver a ser héroes —dijo un viejo antifranquista, todo chapas y pegatinas, retirado de la brega tiempo atrás.

No había grises ante los que correr y no se temían sirenas ni disparos bajo aquel sol de invierno, pero olía a juventud. Casi un millón de viejos prematuros, encanecidos de desencanto, se reencontraban con aquella revolución que cambiaron por una plaza de funcionario. Ahí estaban de nuevo, como en los días finales del dictador, soñando con una España sin dioses ni amos. Eran muchos, pero les faltaban más de la mitad de los compañeros. Aquella mañana de domingo no se enfrentaban las dos Españas, sino las dos izquierdas, la del poder y la de la calle.

Las greñas espesas del profesor Thompson contenían las multitudes que se abismaban al vacío de sí mismas. Podían ganar. Esa mañana de domingo demostraba que podían ganar. ¿Qué harían si sucediese? Ellos vivían para la derrota, se habían movilizado por justificar la melancolía de los años por venir, no tenían un plan para la victoria. Nadie sabía cómo sería una España no alineada. Algunos pensaban en una especie de Yugoslavia, una cabeza de puente de la sensatez en una Europa demencial. Quizá, el laboratorio de ese socialismo democrático que no pudo ser en América, pero a la mayoría no les alcanzaba la imaginación tan lejos. Les bastaba con ese sol de invierno y las greñas de un profesor. Un héroe quiere serlo un día, como cantaba David Bowie en una canción que compuso mirando el muro de Berlín. Una mañana de domingo basta. Los héroes tienen gestos, no planes de futuro.

Planes tenían los del *sí*, que llevaban tiempo armándose de argumentos para vencer una resistencia sentimental que los sociólogos consideraban insalvable. Los estudios de opinión encargados por el gobierno desde 1983 decían que los españoles no tenían muy claro qué era la OTAN ni para qué servía, ni creían que afectase en modo alguno a sus vidas, pero se oponían a ella con toda el alma. Las encuestas, hechas con ese escrúpulo científico que habían importado de Estados Unidos Julio Feo y sus amigos, constataban una mayoría sólida anti-OTAN que sólo podían romper los indecisos. Había un tercio de la población que, aun estando en contra, se mostraba dispuesto a dejarse convencer con argumentos prácticos o hechos consumados. Intuían que, ya que España entró en la OTAN, salir de ella en un referéndum sólo podía traer disgustos.

A lo hecho, pecho, se decían los del *sí*, que entendían el rechazo sentimental de los del *no*, porque también era el suyo. A ellos, como a Felipe, les gustaría otro camino para

España, pero esa vía estaba perdida, se habían saltado la estación. Perder la OTAN —decían— significaba perder esa Europa con la que acababan de casarse en una ceremonia el año anterior, al firmar el tratado de adhesión a lo que entonces se llamaba el Mercado Común. Los del *sí* eran adultos que entendían a los niños del *no*. Ya nos gustaría, les decían, marchar con vosotros un domingo de invierno tras las greñas de un profesor radical de Oxford, con lo que nos gustan a nosotros las greñas de los profesores de Oxford. Ya nos gustaría quitarnos la corbata y fumarnos un porro de la paz como antes, pero hemos crecido, las cosas no funcionan así, hay que saber estar en el sitio.

Felipe se jugaba todo en el referéndum. Repetía a diario que una victoria del *no* lo abocaría a la dimisión y a unas elecciones que ningún político quería: la derecha de Fraga era débil y no podía ni soñar con un gobierno, el Partido Comunista estaba devorándose a sí mismo tras devorar a Carrillo y ni siquiera era capaz de beneficiarse de la protesta contra la OTAN, y el PSOE no concebía unas elecciones con otro candidato. Para los opositores, los avisos de Felipe eran un chantaje: ¿cuántos partidarios del *no* votarían *sí* para no perder al presidente?

No se recordaba un duelo tan intenso entre los intelectuales, esas figuras que parecían extintas después de 1982. Unos, enterrados en la bodeguilla; otros, anestesiados por el confort de una industria editorial que de pronto vendía millones de ejemplares y proporcionaba novelas apolíticas y modernas a una clase media harta de politiqueo. Cuando el compromiso parecía algo tan anticuado como las barbas y las guitarras con pegatinas, en las semanas anteriores al referéndum, los abajofirmantes reclamaron su hueco en los papeles con la fiereza de un Émile Zola. «*J'accuse...!*», se gritaban de columna a columna, de manifiesto en manifiesto. Los amigos se volvían enemigos, y los viejos cónyuges se miraban desde trincheras opuestas. Carmen Martín Gaite firmaba un manifiesto por el *no*, y su exmarido y padre de sus dos hijos muertos, Rafael Sánchez Ferlosio, firmaba otro por el *sí*. En el *no* estaban las gentes del cine progre: Luis García Berlanga, José Luis Garci, Imanol Arias, José Luis García Sánchez o Basilio Martín Patino. También la vieja *intelligentsia* comunista, muy descafeinada ya, del padre Llanos a Carlos Castilla del Pino, pasando por la abogada Cristina Almeida, sin olvidar a los cantautores periféricos, como Lluís Llach u Ovidi Montllor.

Los abajofirmantes del *sí*, comandados por Javier Pradera, a quien se atribuía la redacción de un manifiesto que no gustó nada al director de *El País*, Cebrián —aunque las malas lenguas atribuían su escritura al mismísimo Felipe—, y que abogaba por una postura más matizada y crítica, eran ricos en escritores. Además de Sánchez Ferlosio, ahí estaban Juan Benet, Julio Caro Baroja, Juan Marsé, Luis Goytisolo, Álvaro Pombo, Jaime Gil de Biedma, Jorge Semprún o Luis Antonio de Villena. También andaban por allí el arquitecto Oriol Bohigas, el escultor Eduardo Chillida o el pintor Antonio López. El pandemonio llamado *cultura española* estaba muy bien representado en ambos bandos, donde había personajes que discutían de día en los periódicos y por la noche compartían copas e incluso sábanas, sin dejar de discutir.

No había debate, porque los unos no se reconocían en las razones de los otros. Como sucede en España cada vez que la realidad se resume en dos posiciones absolutas, los otros no sólo estaban equivocados, sino que eran inmorales. A los del *no* se les acusaba de ingenuidad y de infantilismo peligroso, incluso de ser tontos útiles de Moscú, y a los del *sí*, de aburguesamiento pesebrista, de traicionar sus ideas a cambio de un sueldo o de un trozo de papel en un periódico.

El esfuerzo argumental, en cualquier caso, era para los del *sí*. La propaganda de Felipe, que se remangó e hizo campaña como si fueran unas elecciones, se centraba en Europa, para convencer a ese tercio de españoles que deseaban ser convencidos. España había logrado su sueño de siglos: romper la barrera de los Pirineos, demoler la leyenda de los dolores de la patria. Más de doscientos años de complejos con Francia acababan de disolverse en la tinta de un tratado que proclamaba que *Spain* ya no era *different*. ¿Estaban dispuestos a volver atrás? ¿Querían los contrarios a la OTAN, en nombre de un antiamericanismo pueril, volver a levantar los Pirineos? No sean ingenuos, decían, no se puede estar en Europa y renegar de su paraguas defensivo frente al Pacto de Varsovia. España ya ha tomado partido al ingresar en la Comunidad Económica Europea, la OTAN va en el paquete.

Con ochocientos mil manifestantes y un profesor de Oxford, los del *no*, que habían montado su oposición sin directrices políticas, desasistidos de un partido comunista sin cabeza ni brazos, creían que podían ganar. ¿Quién no se convence de su victoria cuando llena una ciudad de entusiastas? ¿Quién iba a pensar que en el *sí* había más votos de los que tenían el gobierno y sus paniaguados? No sólo tenían de su lado la razón, sino la fuerza.

Por eso la derrota fue tan dura. El *sí* se impuso al *no* por más de dos millones de votos. No ganaron a los puntos ni en la prórroga, sino por KO. Éramos muchos, se dijeron los perdedores, pero no éramos más que los que estábamos en la calle. Votaron los de las manifestaciones, las marchas y las asambleas, pero nadie más. No había votos silenciosos y domésticos. Eran muchos para las fotos, pero pocos para las urnas. Incrédulos, protestaron contra el resultado. Han hecho trampa, dijeron, y no se referían a un pucherazo. Bien sabían que la elección fue limpia. Hablaban de la propaganda, de cómo el gobierno había abusado de la televisión única, de cómo el presidente había aparecido en los salones de todos los españoles para seducirlos con su flauta de Hamelin. ¿Qué podían hacer los del *no*, con sus fotocopiadoras, sus radios ilegales, sus megáfonos y sus pegatinas? Felipe había jugado sucio, decían.

Tenían razón, Felipe no lo negaba. Hacía meses que se había arrepentido de la convocatoria, sólo la cumplía por honrar la palabra dada. No podía librarse de ella, por más que toda la diplomacia occidental y hasta sus enemigos políticos, como Fraga, le insistiesen a diario que la consulta no sólo era un suicidio para su gobierno, sino para el país entero. Un *no* abriría una crisis de repercusiones internacionales. Felipe les daba la razón en lo del suicidio, pero no podía desdecirse, era un compromiso democrático que debía cumplir. Ahora bien, no estaba dispuesto a perderlo. En cuanto el pánico empezó a correr por las redacciones, entre los empresarios y entre los compañeros del partido, sacó a pasear al viejo chamán. Habló por la tele y por la radio e hizo que su voz llegase a todas partes, porque mucho más importante que lo que decía era cómo lo decía. Hablaba a un país sentimental y desinformado, un país cansado de brega política al que le aterrorizaba volver a los años del qué será. No entendían el cambio de postura, de aquel «de entrada, no» a ese *sí* entusiasta, pero aún entendían menos el regreso a la pelea y a los cantautores, más de diez años después de Franco. Felipe tenía más de doscientos diputados, lo habían elegido para que los llevase a la Europa prometida, para que el país funcionara. Los convenció de que no había otra manera de conseguir eso. Lo hizo frase a frase, con seriedad, sin alzar la voz, como cuando citaba los males de la patria en los mítines del 82.

Algunos socialistas se convencieron de que estaban en guerra y todo valía. El 23 de febrero de 1986, Televisión Española emitió un concierto de Joaquín Sabina y su banda Viceversa en el cine Salamanca de Madrid. La retransmisión grabada fue normal hasta que subió al escenario Javier Krahe, momento en que el realizador cortó la emisión y pasó a publicidad durante los tres minutos que duraba la canción. La tonada de Krahe se titulaba «Cuervo Ingenuo», se había compuesto durante las protestas contra la OTAN y era una sátira de Felipe González. Desde la voz de un jefe indio llamado Cuervo Ingenuo, Krahe cantaba: «Tú decir que si te votan, / tú sacarnos de la OTAN. / Tú convencer mucha gente. / Tú ganar gran elección, / ahora tú mandar nación. / Ahora tú ser presidente / y hoy decir que esa alianza / ser de toda confianza, / incluso muy conveniente. / Lo que antes ser muy mal, / permanecer todo igual / y hoy resultar excelente. / Hombre blanco hablar / con lengua de serpiente. / Cuervo Ingenuo no fumar / la pipa de la paz con tú, / por Manitú, por Manitú».

En las estrofas siguientes critica la reconversión, la violencia policial y el gasto militar, para dibujar al final esa traición ideológica que se había convertido en un lugar común entre la izquierda antiatlantista: «Tú mucho partido, pero / ¿es socialista, es obrero / o es español solamente? / Pues tampoco cien por cien / si americano, también. / Gringo ser muy absorbente».

La canción no se emitió, pero la censura fue denunciada y el poco crédito que tenía José María Calviño como director de una tele al servicio de la propaganda del gobierno se pudrió en la picota de las manifestaciones contra la OTAN. Como suele suceder con las censuras en los países democráticos, hubo un efecto rebote: una canción que tal vez habría pasado inadvertida en un concierto —por mucho que el país hirviera en aquellos días de campaña— se convirtió en un pequeño himno antifelipista. Se supo después que la dirección de la televisión presionó al representante de Krahe para que tocara otras canciones durante la grabación del concierto. Hasta el momento de salir al escenario intentaron cambiar el repertorio. Fue el empecinamiento del cantautor, apoyado por quien lo invitaba al escenario, Joaquín Sabina, el que la mantuvo en pie. El disco que recogió aquel concierto —con la actuación de Krahe— fue uno de los más vendidos de la carrera del cantante.

¿Se arrepintió Felipe de aquellas trampas? No lo sé, pero el servilismo escandaloso de José María Calviño fue recompensado unos meses después con su cese como director de Radiotelevisión Española y su sustitución por una directora de cine temperamental, poco acostumbrada a las genuflexiones y enemiga de cualquier forma de censura, pues la había sufrido a fondo, y no bajo la dictadura.

En 1980, tres años después de la derogación legal de la censura y más de un año desde que la libertad de expresión se consagrase como derecho fundamental, el gobierno de Suárez puso una cinta de cine a disposición del ejército para que decidiera sobre su legalidad. La película narraba una historia real sucedida en el pueblo de Osa de la Vega a comienzos del siglo XX, cuando dos hombres fueron juzgados y condenados por un crimen que no cometieron. Al gobierno le asustaron las escenas en las que la guardia civil torturaba a los reos, demasiado explícitas, y creyó que podían incurrir en un delito de calumnias al ejército. Los militares tuvieron secuestrada la película más de un año y su directora, Pilar Miró, fue sometida a un proceso militar. Finalmente, *El crimen de Cuenca* se estrenó en 1981, pero con la calificación S, es decir, fuera del circuito comercial normal, en el reservado para el porno. El escándalo —una censura militar en plena democracia— hundió un poco más en el cieno a Adolfo Suárez y a Leopoldo Calvo-Sotelo. Por eso, toda España entendió que Pilar Miró, como directora de Radiotelevisión Española, no permitiría las cacicadas en las que incurría Calviño. Su nombramiento era un mensaje claro, tal vez una forma retorcida y mayestática de arrepentimiento por tantas censuras groseras.

De lo que sí se arrepentía Felipe, y lo repetirá muchas veces en los años por venir, fue del propio referéndum. Fue un error mayúsculo conducir al país a ese estado de tensión y poner en peligro todo lo construido desde la Constitución por una consulta que no afectaba a los derechos fundamentales y que podía resolverse en unas elecciones ordinarias. Tal vez, desde esa perspectiva, le costaba menos trabajo moral justificar ciertas malas artes.

—Paco, ya puedes estar tranquilo —le dijo la noche del 12 de marzo de 1986 a Francisco Fernández Ordóñez, el ministro de Exteriores que, desde julio de 1985, sustituía a Fernando Morán, tras un rediseño del gobierno que se llevó también por delante a Sotillos, para aplauso de la prensa—. Ya puedes estar tranquilo —le dijo después de recibir los primeros resultados del referéndum, cuando ya estaba clara la victoria, antes de que se hiciese pública.

Como aquella otra noche de octubre de 1982, no hubo champán ni festejos. En la soledad de su despacho, sobre la mesa del Espadón de Loja, le dedicó un recuerdo a Olof Palme, a quien habían asesinado el 28 de febrero de ese año en Estocolmo.

Hablando de sus influencias, comparándose con un pintor, Felipe dijo una vez:

—Mi pintura no se parece a la de Mitterrand, sino a la de Olof Palme mezclado con rasgos de Willy Brandt y Helmut Schmidt.

Mientras se quedaba afónico en la tele, tratando de ganar un referéndum contra el sentimiento de su país y contra la inercia de su propia tradición ideológica, pensaba en su maestro y en quien siempre tuvo por un amigo. Una ausencia más. Se le empezaban a acumular.

5. Por buen camino (1986-1988)

—Te puedes quitar el chaleco, José Luis.

—Ni pensarlo, presidente, que no estoy en casa.

—Como si lo estuvieras.

—Mira, con chaleco, carambola a tres, fíjate.

La bola salió como un cañonazo y Felipe pensó que saltaba de la mesa, pero hizo una, dos y tres bandas, amansándose en cada golpe y completando una carambola elegante.

—No está mal, no está mal.

—Hoy no es tu día, presidente.

—Desde que vienes a verme, ninguno lo es. Estoy por devolverle a Paco la mesa.

—No jodas, con perdón. Antes, regálamela.

—¿Te cabe en casa?

—Hago sitio.

—No te ilusiones, creo que esto ya no se puede regalar, es del Estado, como el escritorio del Espadón de Loja.

—¿Es verdad que ahí se trajinaba a la borbona?

—Ahí pasaría lo que tuviera que pasar, José Luis.

—Qué discreción presidencial. Te toca. La tienes a huevo: ni a Felipe II se las ponían así.

—Era Fernando VII.

—¿Perdón?

—Que se las ponían así a Fernando VII. Felipe II no jugaba al billar, sólo rezaba.

—¿Te gusta que te las pongan así?

—No me gusta perder, pero me gusta menos que me dejen ganar.

José Luis Coll se había convertido en su contrincante favorito. Frecuentaba el palacio más que algunos ministros y tenía con el presidente una intimidad a dos bandas que envidiaban muchos covachuelistas y trepadores. En un reportaje de la revista *¡Hola!* en el que los González-Romero enseñaban a España su feliz vida doméstica en la Moncloa, se contaba que se habían mudado con lo puesto, que sus cosas seguían en el piso de la calle del Pez Volador y que no habían redecorado nada, ni siquiera el despacho presidencial, del que Calvo-Sotelo se quejaba que apestaba a los Ducados que fumaba Suárez. La única aportación felipista era una mesa de billar. Desde entonces, el billar francés se puso de moda entre quienes tenían afición a preguntar qué había de lo suyo, querían colocar a un sobrino o tenían un negocio infalible que sólo necesitaba un empujoncito administrativo. Se había corrido la voz por Madrid de que la única forma de llegar a los oídos del presidente —y quién sabía si al corazón— era ganándole al billar.

Coll, el cómico bajito, pareja de Tip, miope y con una voz de lija que delataba años de pendencias, terminaba sus espectáculos con una promesa:

—La próxima semana, hablaremos del gobierno.

Fuera del escenario, muchos esperaban que hablase de Felipe, de lo que charlaban en esas noches de billar, pero Coll nunca soltaba prenda. Si había que creerle, no hablaba del gobierno ni con el presidente del gobierno.

Aquella mesa excelente fue un regalo de Paco Palomino, cuñado de Felipe, marido de su hermana mayor, la matriarca del clan González, que lo gobernaba desde su chalet de Dos Hermanas, el pueblo sevillano donde hasta las farolas tenían carnet socialista. Era un regalo de encierro, una ruta de escape para su mente obsesiva. Cuando el palacio se le caía encima y no se atrevía a volver a la planta de la familia a cenar con los niños, unas carambolas le desfruncían el ceño antes de dormir. La belleza matemática de las trayectorias liberaba una analgesia suave contra los pequeños dolores del poder.

—La gente cree que el billar es de gente arrastrada, Felipe. No le ven el lado aristocrático, no entienden que hay que jugar con chaleco y pajarita.

—Yo no llevo ni chaleco ni pajarita.

—Tú puedes llevar lo que te dé la gana, pero los plebeyos debemos ceñirnos al *dress code*. España sería mejor si el billar no fuera un vicio de malandros.

—Malandros, dices. Pareces venezolano.

—Es que una cosa es un malandrín, y otra, un malandro. Los malandrines le roban el queso a los ciegos en Salamanca. Los malandros te roban el casete del coche. Coño, el billar no es eso. Habría que hacer algo por cambiarlo, organizar torneos, que lo pasaran por la tele.

—¿Me estás pidiendo un favor, José Luis?

Coll sonrió, se inclinó sobre la mesa y se dispuso a golpear la bola.

—Carambola a tres, presidente, atento.

Tres meses después del referéndum, el PSOE ganó su segunda mayoría absoluta. No llegó a los doscientos diputados, se quedó en 184, pero Fraga también cayó, y la coalición de micropartidos que sustituía a los comunistas, Izquierda Unida, no llegó al millón de votos y se conformó con siete diputados insignificantes. Cuatro años de recesión, reconversión industrial, terrorismo y un referéndum que partió la sociedad en dos y resquebrajó los cimientos sentimentales del socialismo no habían hecho mella en Felipe, a quien los españoles seguían confiando el cambio con entusiasmo. Cualquier otro gobernante se habría ahogado con la mitad de esas marejadas.

Felipe empezó su segunda legislatura jugando al billar y reafirmándose en todos sus proyectos. «Por buen camino» fue el lema de la campaña, y por primera vez coincidía con la convicción del presidente y sus íntimos. Las otras Españas posibles, tanto a la derecha como a la izquierda, se habían abortado antes de nacer. No quedaba sino mantener el rumbo y, si algo se le daba bien a Felipe, mejor que el billar, incluso mejor que la política, era conducir.

Si no había viaje al extranjero, las nostalgias sevillanas se aliviaban los viernes en aquella sala que Carmen Romero apañó como una tasca andaluza, con una pared de azulejos cerrando la bóveda de ladrillo visto. Fue un sótano abandonado que descubrieron los hijos de Suárez una tarde de juegos. A Carmen le pareció perfecto para sacudir la solemnidad de los días y colar de matute unas alegrías golfas. Ella no era un animal político que se desahogaba jugando al billar mientras seguía hablando de política. Necesitaba un trozo de la vida de fuera. Si no podía disfrutarla en los bares como antes, la llevaría al palacio. Reformó un poco aquel sótano, añadiéndole unas botellas de vino, una mesa grande y unas poltronas para la sobremesa. Ceniceros y luces suaves, unas brasas para asar chorizos y una buena despensa de quesos y embutidos para regalar a los invitados picoteos de la dehesa, y la tranquilidad de reír y hablar sin miedo al desliz ni a la foto inoportuna. Habría fotos, muchas fotos, pero todas privadas y de grupo, un recuerdo al final de la cena.

Un día cualquiera, sin aviso, el representante de un actor o un agente literario recibían una llamada:

—El presidente estaría muy honrado de recibir a don Fulanito en palacio para una cena informal el viernes que viene.

A los amigos se los convocaba con menos protocolos: oye, vente a cenar a la bodeguilla, trae a tu mujer. Pero muchos eran llamados sin mediar relación alguna, por ser famosos o porque Carmen había leído su última novela. Al colgar, los ungidos se ponían nerviosos y se iban de compras o buscaban en el armario. La bodeguilla era un templo de consagración social. Cenar allí significaba que se era alguien. No cenar allí podía significar que, aun siendo alguien, se era alguien demasiado de derechas. Según se mirase, no ser invitado podía suponer otra clase de honor. Había quien presumía de no pisar la Moncloa como quien presumía de no faltar ni un viernes.

El invitado primerizo se vestía de boda, incluso estrenaba traje, y no entendía las miradas impertinentes que el chófer de la Moncloa le lanzaba por el retrovisor mientras lo llevaba al palacio. Las comprendía al entrar en la bodeguilla y encontrarse a una Carmen en vaqueros o con un vestido sencillo y a un Felipe remangado y con delantal, cuidando de una ristra de chorizos extremeños a las brasas, acalorado, sonriente y con una cerveza en la mano libre.

—Informal, dijeron informal —recordaban al pasarse la mano por el traje. De eso se reía el chófer, de otro paleto que se creía el embajador de Prusia.

La mayoría eran visitantes esporádicos. A lo sumo, repetían una vez. Pocos eran asiduos. La cultura española estaba llena de gente deseosa de hacerse una foto con Felipe, pero en la bodeguilla cabían muy poquitos y había que turnarse. Sin embargo, cuando trascendía que un personaje había cenado allí —y casi siempre era el propio personaje quien se encargaba de que España se enterase, no hacía falta que los cronistas chismosos se lo sonsacaran a terceros—, quedaba marcado para siempre como felipista de honor, miembro de una orden aristocrática amorrada a las prebendas. El ojo público seguía atento sus andanzas, por si, semanas después de visitar la bodeguilla, el invitado recibía una sinecura, le daban un premio nacional o lo contrataban en la Expo de Sevilla.

Para algunos que no volvieron fue muy incómodo ese marbete, pues ni siquiera eran socialistas ni se beneficiaban en nada de aquella cena, que recordaban sin grandes penas ni glorias. Más de uno, quejoso, me confió que consistían en escuchar a Felipe, el cual se interesaba muy poco por las vidas de sus invitados. Tras los cafés y los licores, sentían

233

que sabían sobre la Unión Soviética, los planes de la OTAN para la Alemania occidental o el futuro de Cuba mucho más de lo que deseaban saber, y no porque se les hubiera descubierto ningún secreto de alta política internacional, sino por puro atragantamiento. Por supuesto, muchos asistían encantados a la conferencia entre brasas y botellas de vino, pero otros volvían a casa de madrugada con cara de idiotas y dolidos porque el presidente no les había preguntado qué tal estaban e incluso parecía no recordar cómo se llamaban. Si se habían vestido de más, la humillación era insoportable. Oliendo a chorizo extremeño, con la pajarita descompuesta, el maquillaje corrido y el peinado deshecho, contaban los semáforos que quedaban hasta su domicilio, donde el chófer dejaría de mirarlos por el retrovisor con la media sonrisa de los criados que llevan tanto tiempo siéndolo que han empezado a creerse señores.

Florencia, Italia, en algún momento de 1987. Guardaba en el pecho el ánimo de un césar. Así se definía en las cartas que Carmen aún no había leído, pero que tendría más tarde en sus manos. Carmen Romero vivía con un césar que la obligaba a guardar en su pecho un ánimo que no cabía en él. Cinco años a su lado en el palacio, negándose a ejercer de primera dama, tragándose las pullas de la prensa cada vez que faltaba a un viaje o el jefe de protocolo tenía que rellenar su ausencia en una cena de gala. Ya no salía en el *¡Hola!* ni concedía entrevistas si no se lo pedían por el bien de España, o del partido, o de la democracia o de lo que tocase salvar aquella tarde. Se había malacostumbrado, y había malacostumbrado a los niños —adolescentes furiosos ya los dos mayores— a que los camareros sirvieran la comida. Se había dejado llevar por esos pequeños lujos de Petit Trianon de los que su sindicalismo renegaba, y se odiaba cada vez que reconocía una inercia de señora del palacio. Mantenía su compromiso con la UGT, muy cerca de Nicolás Redondo, y pedía a los dos hombres, Felipe y Nicolás, que no la pusieran en medio de su fuego ni la utilizaran de correveidile. En la Moncloa, sería la señora de González, pero en la UGT era la compañera Carmen, que decidía lo que tuviera que decidir en su sindicato, aunque al secretario general del partido le escociera. A duras penas mantenía en pie las fronteras de su vida, siempre violadas por mil flancos, y sentía que necesitaba más aire en ese pecho que guardaba el ánimo de un césar.

Para ser simplemente Carmen Romero, sin atributos de poder, huyó a Italia unos meses, como hacían los nobles asténicos del siglo XIX. Huyó para estudiar, para tomarse en serio la literatura y no perderla en la palabrería de la bodeguilla ni en las tertulias de los escritores que le regalaban novelas dedicadas para el presidente y preferirían mil veces jugar al billar con él que debatir sobre la figura de Max Aub con ella. Fue a Italia a reencontrarse con la letra sin ruido y la lectura sin interrupciones. Tomaba algunas clases de filología, que allí llamaban *italianistica*, paseaba por las calles sin preocuparse por la escolta y, cuando se hartaba de los turistas en el puente del Arno o se aburría de los cuadros de los Uffizi, se sentaba a leer en el Giardino dei Semplici de la universidad, hasta que el cuerpo le pedía temple o el sol le negaba la luz.

Fue en un banco de aquel parque donde charló con la profesora Dolfi, que andaba intrigada por esa alumna española de cuarenta y un años, tan sonriente y curiosa, que no dejaba de reclamar lecturas. A Carmen le encantaba esa filóloga dos años menor que ella —aunque parecía mayor, quizá por su peinado de señora, tan conservador al lado de la melena progre de Carmen— y encarrilaba ya una carrera académica impresionante, la que le habría gustado hacer a ella si a su marido no se le hubiese dado tan bien la suya en la política.

—Voy a echar mucho de menos esto —dijo Dolfi tras un rato de charla insustancial.

—¿Te marchas?

—El curso que viene estaré en Trento, he sacado una plaza allí. Aquí no hay sitio para mí, ya ves. Soy florentina hasta el tuétano, nací aquí, he estudiado en esta universidad y no conozco otro sitio, pero para ser catedrática me tengo que ir al norte. Dios, cómo lo voy a echar de menos.

—Yo también lo echaré de menos. No soy florentina, soy de Sevilla, pero cuando vuelva a España me acordaré mucho de estos jardines y de estas tardes.

—¿Qué estás leyendo? ¿Puedo verlo?

—Estoy releyendo un libro que traje de España, *Le donne muoiono*, de Anna Banti.

—¡Banti! Ay, pobre, murió hace poco, muy viejita, cerca de aquí, por la zona de Carrara, vivía junto al mar.

—¿La conociste?

—Muy poco, apenas nada. ¿Te gusta?

—Me fascina. Esa teoría de que las mujeres no tienen memoria, quiero decir, que no tienen segunda memoria, como los hombres, me parece muy sugerente. Los hombres recuerdan lo que hicieron otros hombres, pero las mujeres estamos empezando siempre de cero, no recordamos lo que otras hicieron.

—Está bien, pero no es ese el libro bueno de Banti. ¿Has leído la biografía de Artemisia Gentileschi? Mañana te la traigo. Es un libro difícil, lo escribió dos veces, porque la primera versión se perdió en un bombardeo durante la guerra. Ahí es donde dio lo mejor de su escritura, es una novela única.

Basta de lágrimas, dice la primera frase de la *Artemisia* de Anna Banti. Basta de lágrimas, se dice la autora, sentada en la grava de un sendero del Boboli, antes de un amanecer de agosto de 1944, a las cuatro de la mañana, cuando los florentinos se atreven a salir de sus casas para contemplar los destrozos que los alemanes han hecho durante la noche. Basta de lágrimas, se repite junto a los escombros de su casa, donde ha perdido el manuscrito de su biografía de

236

Artemisia, su amiga de hace tres siglos. Quién sabe cómo habría sido esa biografía que las bombas se llevaron. No importa, porque las páginas sin lágrimas que quedaron son magistrales. Mezclan a dos mujeres, una pintora barroca romana a la sombra de su padre, que le robaba la autoría de sus obras, y una escritora toscana del siglo XX, casada con un crítico de arte poderoso que acaparaba la fama y la atención de Italia. Al otro lado de las páginas, leía una filóloga andaluza sujeta de la mano de un presidente. Las tres guardaban en el pecho el ánimo de un césar.

Carmen leyó aquel libro como leía en la universidad de Sevilla, cuando todo era nuevo y furioso. Artemisia Gentileschi, pintora romana de la escuela de Caravaggio, hija de un pintor bien situado, fue violada cuando tenía quince años (o dieciocho, según los documentos que se consulten) por un socio de su padre, Tassi. Mientras ambos trabajaban en las pinturas de un palacio, el violador la derribó, le puso la rodilla entre los muslos para que no los cerrase y le subió con mucha dificultad la ropa. Separó sus piernas con las dos rodillas y la penetró, mientras Artemisia le arañaba la cara y el cuerpo, hasta arrancarle un trozo del prepucio, sin disuadir al sátiro. Artemisia denunció la violación y hubo juicio y arrastró su deshonra de mujer violada y no paró de pintar retratos y cuadros magníficos de tema mitológico en los que las mujeres se quitaban con jabón el tacto viscoso de los hombres, como en *Susana y los viejos*, o se vengaban de ellos, como en *Judit decapitando a Holofernes*.

Banti conoció a Gentileschi a través de su marido, el crítico Roberto Longhi, experto en Caravaggio y en todo ese mundo del barroco romano. Longhi era un académico de la vieja escuela y sólo le interesaban las obras, no las vidas de quienes las pintaron, y tampoco le hacían gracia las proyecciones psicoanalíticas: no creía que *Judit* fuera la expresión del subconsciente vengativo de la pintora, sino un tema mitológico insertado en una tradición. Cuando Banti se obsesionó por Artemisia, de quien no se sabía gran cosa y apenas era una nota al pie en las historias del arte italiano, lo hizo por su vida, que narró dos veces con una pasión de amiga, sin prurito veraz ni distancia académica. Carmen supo desde la primera línea que leía una obra literaria y no una biografía, lo que significaba que Anna Banti no le hacía justicia a Artemisia, sino a sí misma. Toda esa verdad y esa pasión salían de dentro de la escritora para estrellarse en el fondo del pozo de la pintora.

La lectura de Carmen Romero irrumpió desde un jardín en ese diálogo entre mujeres florentinas, incapaz de mantener las distancias filológicas o conformarse con una curiosidad intelectual de salón. Para trascender la lectura se propuso traducir el libro al castellano. Al estudiar cada frase del toscano pulidísimo de Anna Banti, se ligaba a esa cadena de mujeres y rompía la maldición que la propia Banti enunció en el primer texto que leyó de ella, *Le donne muoiono*. Había una memoria que se fijaba en la imprenta y hablaba de todas las mujeres que guardaban en el pecho el ánimo de un césar —como le escribió Gentileschi a uno de sus mecenas— y no pudieron lanzarse a conquistar imperios porque sus maridos ya los habían sojuzgado mientras ellas cuidaban la casa.

Desde aquella biografía, los estudios sobre Artemisia Gentileschi avanzaron mucho, con documentos y obras que Banti no llegó a conocer. Cualquier estudioso del barroco tiene hoy una imagen mucho más completa de la pintora que la que tuvo la escritora, pero la traductora Carmen Romero sigue convencida de que nadie ha superado a Anna Banti, porque el mito de los personajes históricos se impone a cualquier repertorio de hechos. Artemisia habla con la voz de Banti, que en español habla con la voz de Romero. Basta de lágrimas, empieza el libro en su traducción, y uno no sabe cuál de las tres mujeres llora.

Palacio de la Moncloa, Madrid, junio de 1987. Había visto una foto de ese bosque o de otro parecido en un libro del maestro Saburō Katō, pero nunca había tenido un ejemplar delante. Decían que su momento era el otoño, cuando las hojas se vuelven púrpuras antes de caer. En primavera eran verdes, frondosos y estilizados, pero no deslumbraban. Los stewartias tienen un tronco muy definido, del que salen ramas finas que, en ese bosque metido en una maceta, parecían palillos chinos.

—No he trabajado nunca esta especie, presidente —dijo el paisajista—, pero lo primero es sacarla al jardín. No aguantará en este dormitorio, necesita exterior, aunque protegida del sol, para que no se le quemen las hojas.

—¿Te encargarías tú? No sólo de este, sino de la colección entera, la que voy a ir haciendo.

La vida de Luis Vallejo acababa de cambiar. Paisajista, hijo de paisajista (su padre plantó adelfas en las medianas de las autopistas españolas), era el único experto de España en bonsáis, un cultivo exótico del que casi nadie había oído hablar. Pronto, el nombre de Vallejo estaría en todos los periódicos y la palabra bonsái arraigaría en castellano, abriéndose un hueco en el diccionario, reina de su propia maceta.

Unos días antes, Felipe González se había presentado en su casa-taller del barrio de Mirasierra para pedirle consejo sobre el bosque que le acababa de regalar el primer ministro de Japón, Yasuhiro Nakasone, en una visita fugaz a España. En Japón sabían de la fascinación de Felipe por los árboles en miniatura, que conoció en un viaje oficial a China, admirando un granado que decoraba su habitación. Los bonsáis tenían todas las virtudes que Felipe buscaba en sus aficiones: requerían concentración, silencio, retiro, cierta obsesión y una atención maniática por el detalle. Luego estaba la belleza, esa mística escultora, esa forma de gobernar lo salvaje civilizándolo en una maceta.

—Hay quien piensa que el arte de los bonsáis es una forma de tortura, como lo de los pies de las geishas —comentaba Vallejo mientras paseaban entre los pinos de la Moncloa, en busca del lugar idóneo para el jardín—. El secreto está en equilibrar el tronco y las raíces, consiguiendo que el árbol se adapte a su espacio. Así no hay sufrimiento, sino adaptación. Sucede en la naturaleza, hay bonsáis por todas partes. Cuando llevo a mis alumnos de excursión a Guadarrama, les obligo a fijarse en las hayas y las encinas enanas que han crecido en el hueco entre dos rocas. Hay multitud de árboles que se adaptan a la tierra de la que disponen, y a los que no les ha quedado más remedio que crecer en macetas naturales. Arraigan como los olivos, y viven tanto como ellos. Hay pinos y negrillos centenarios que no miden más de medio metro e incluso menos.

El trabajo del jardinero de bonsáis consiste en acompasar las necesidades de la planta al espacio de la maceta. Los árboles silvestres o los que crecen libres en el suelo, aunque alguien los plante, acaban adaptándose al terreno y alcanzando la altura que las condiciones del viento, el sol, la lluvia y la calidad de la tierra les permiten. Los bonsáis se esculpen, son gobernados y, sin gobierno, mueren. No sé si Felipe, tan atento al aforismo y al símil, aceptó la metáfora. El presidente cuida la maceta del país y procura, con sus instrumentos de civilización, que la barbarie no rompa el tiesto, que las raíces no se sequen, que las flores no se agosten y que las plagas no envenenen la savia. Gobernar un país que no quiere ser un imperio, no aspira a tapar el sol de los demás países y se conforma con vivir los ciclos circulares de las estaciones, desde la caída de las hojas hasta los brotes verdes, y vuelta a empezar, también requería silencio, paciencia y soledad.

Vallejo pidió ayuda a un arquitecto amigo, Antón Dávila, y juntos diseñaron una pérgola, un taller, un invernadero y un umbráculo. En muy poco tiempo, el jardín de los bonsáis de la Moncloa se convirtió en el más importante fuera de Japón, gracias al cuidado continuo del paisajista. Todo el mundo le regalaba bonsáis, y los dos grandes maestros japoneses, Masahiko Kimura y Saburō Katō, seguían con atención sus progresos y derrochaban consejos.

Pronto, esta obsesión hortelana fue motivo de burlas. En ese mismo año, el radiofonista Luis del Olmo empezó a emitir para toda España su magacín *Protagonistas* en la cadena Cope (después de unos años en que se emitió sólo para algunas emisoras) y uno de sus éxitos fue una tertulia de sátira política titulada «El Jardín de los Bonsáis». Un año después, Rafael Sánchez Ferlosio aprovechó este asunto para marcar distancias con un gobierno del que algunos escritores de derechas le consideraban muy amigo, tal vez porque era cuñado de Javier Pradera, un intelectual que sí vivía a la sombra de la Moncloa. En octubre de 1988, Sánchez Ferlosio publicó en *El País* un texto insólito y aún hoy difícil de entender titulado «El monasterio Hidaka y el arte del bonsái».

Contaba allí Ferlosio que en la Moncloa se había instalado el venerable monje taoísta de noventa y tres años Tokuda Mashahiro, «máxima autoridad viviente en el milenario arte japonés del bonsái», contratado por el presidente para hacerse cargo de su colección. El monje cobraba un estipendio de casi dos millones y medio de pesetas mensuales, que destinaba por completo a la restauración del monasterio Hidaka en la isla de Yeso (Hokkaido). Mashahiro sólo se alimentaba de arroz cocido y ocho jureles de la bahía de Cádiz (cuatro para comer y cuatro para cenar): «Por inocentes indiscreciones del personal de servicio de la Moncloa, hemos sabido que hoy es la propia doña Carmen [Romero] la que se toma el cuidado de bajar a diario a las cocinas para supervisar personalmente el arroz —del que sólo un paladar privilegiado como el suyo distingue el punto exacto que corresponde al gusto del venerable Tokuda Mashahiro—, de tal suerte que hay veces en que son hasta cuatro y hasta seis las cacerolas de arroz fuera de punto que van a parar enteras a los abollados platos de aluminio de los perros [...]. En cuanto a los jureles, también es ella la que se preocupa de seleccionarlos uno a uno, y con tan exigente escrúpulo que, en ocasiones, son hasta tres o cuatro kilos de jureles los que desfilan por sus manos antes de reunir, a su satisfacción, los ocho que se precisan para el día». Terminaba diciendo que, influido por el monje, Felipe se había interesado por las doctrinas de Lao Tse, y citaba este pasaje: «Donde reside la claridad secreta / lo fuerte se aviene con lo blando y débil; / mas, así como el pez debe permanecer oculto en las honduras, / así las armas más eficaces del Estado son las que nunca se muestran a la luz».

El agregado cultural de la embajada de Japón en Madrid publicó un desmentido: no les constaba que el tal Tokuda Mashahiro, que no sabían quién era, estuviera en España, ni tenían la menor relación con el monasterio de Hidaka. El desconcierto de los lectores se pareció al del cuerpo diplomático japonés cuando, unos días después, Ferlosio confesó a un redactor del diario *Ya*, que buscaba a Mashahiro para entrevistarlo, que se lo había inventado todo para gastarle una broma a Felipe González. Como no explicó el propósito de la broma —porque las bromas no se explican, por definición—, hubo quien la entendió como crítica y hubo quien la interpretó como halago. Para unos, era una sátira del filisteísmo cultural en que el presidente, podrido de soberbia y poder absoluto, se había encastillado. Sánchez Ferlosio se burlaba de la nueva corte socialista, tan banal y mesiánica como cualquier monarquía.

Para otros, el disparo iba contra los críticos. Desde que trascendió la afición por los bonsáis, la prensa más hostil al felipismo, a derecha y a izquierda, publicaba verdades y mentiras sobre los lujos del presidente y cómo la Moncloa se sometía a reformas faraónicas para satisfacer los caprichos de su inquilino, al que sólo le faltaba tocar el arpa mientras incendiaba Madrid. El artículo de Ferlosio sería, según esta versión, una parodia de todas esas columnas escandalizadas y un guiño al amigo presidente, diciéndole que no había de qué preocuparse. Así lo interpretó el diario conservador *Ya*, que dedicó un editorial enfurecido al asunto, titulado «Envilecimiento de los intelectuales»: «Felipe González jamás podrá agradecer lo bastante a Rafael Sánchez Ferlosio el favor inmenso que este le acaba de hacer. A partir de ahora, si quisiera movilizar un helicóptero para transportar pimientos desde Murcia a Melilla para hacer una paella; si desease utilizar el Azor para ir de pesca con su cuñado; si aspirase a resolver económicamente el resto de su vida por medio de las influencias de su amigo Enrique Sarasola, nada de esto sería tenido en cuenta por nadie, porque ya existiría el precedente de las historietas inventadas por *prestigiosos intelectuales* sin el menor fundamento en la realidad». No creo necesarias las cursivas en *prestigiosos intelectuales*. No había riesgo de malinterpretar la ironía, pero, cuando un editorialista se enfada, todos los recursos tipográficos se le quedan pequeños.

Para mí, la broma de Ferlosio rezuma desencanto. Es un gesto de adiós que quiere compensar con un poco de azúcar humorístico el amargor de la distancia. Los textos ferlosianos de la época son en general muy críticos con el gobierno; algunos, incluso hirientes y crueles. No hay razones para pensar que este no lo sea también. Aunque quién sabe.

La fiebre de los bonsáis, que se contagió a la *beautiful people* e hizo de los árboles enanos un bien muy demandado en las mejores casas de España, inspiró muchas más diatribas. Fue un regalo para quienes siempre andaban a la caza de metáforas del cesarismo felipista. Umbral, que en 1988 ya estaba en *Diario 16*, despechado de *El País*, escribió que le daban asco los bonsáis, como todo lo oriental, y explicó la moda como síntoma decadente de una sociedad enana: «Nuestra democracia, que nació arborescente, es hoy una democracia de maceta». Juan Cueto, desde *El*

País, se preguntaba: «¿Son los bonsáis una metáfora de la sociedad civil? O, lo que es igual, ¿son una elegante autocrítica al crecimiento de la fronda burocrática, a la espesa ramificación funcionarial, al engorde del Estado? ¿Tratan de implantar una ciencia o sólo es cultivo de paciencia? ¿Anuncian estos ejercicios de jibarismo vegetal la próxima reducción de cabezas molestas?». En el *Abc*, Jaime Campmany prefería el psicoanálisis viperino: «La afición de don Felipe por el bonsái es una traición que le hace su subconsciente. Se encuentra más seguro y más cómodo rodeado de miniaturas; o sea, los bonsáis José Luis Coll o Victoria Prego. [...] El rosal socialista se ha convertido en un bonsái de sí mismo, y don Nicolás Redondo, que no tiene esta refinada pasión por lo mínimo que acomete ahora a sus antiguos compañeros, está con las manos en la cabeza mirando cómo se le empequeñece la planta ideológica».

Un escritor de novelas juveniles me dijo una vez que el secreto de su éxito era evitar las interpretaciones intelectuales de sus narraciones. A veces, decía, el incendio de una casa sólo es el incendio de una casa. No alude a la violencia simbólica de la familia burguesa, ni es alegoría de la rabia juvenil, ni la metáfora de una pasión. A veces, un escritor escribe que una casa se quema porque una casa se quema, sin segundas. A veces, un presidente se aficiona por los bonsáis porque le emociona su belleza y le entretiene su cuidado. A veces, un presidente se aficiona por los bonsáis para escapar unas horas de toda la gente que quiere saber qué diablos significa que un presidente se aficione a los bonsáis.

Centro comercial Hipercor, avenida Meridiana, 350, Barcelona, 19 de junio de 1987, 15.25.
—Guardia urbana, dígame.
—¿Policía municipal?
—Sí, dígame.

—Buenas tardes.

—Buenas tardes.

—Mire, le llamo en nombre de ETA. El Hipercor de la Meridiana va a explotar a las tres y media. Sobre todo, que se vaya la gente de los aparcamientos.

—¿A las...?

—A las tres y media, cuatro menos veinte.

—¿A las tres y media?

—Cuatro menos veinte. Que salga todo el mundo y, sobre todo, del aparcamiento, que no se mueva un coche. Gora Euskadi.

Domingo Troitiño —el mayor de los hermanos Troitiño, dos palentinos treintañeros de Tariego de Cerrato que emigraron de niños con sus padres a Euskadi y se entregaron con entusiasmo a la causa asesina— hizo dos llamadas más: una a Hipercor y otra a la redacción del diario *Avui*. Todas las llamadas se parecían en su ridiculez: un telefonista perplejo que buscaba un bolígrafo y pedía que le repitieran la hora, y un terrorista que daba las buenas tardes y parecía muy preocupado por la salud de quienes se disponía a matar. El diálogo merecería un hueco en una comedia de Dario Fo o de Beckett si cuarenta y cinco minutos después no hubiera explotado un coche cargado con treinta kilos de amonal y cien litros de gasolina en la primera planta del aparcamiento del centro comercial Hipercor de Barcelona, que a esa hora del viernes empezaba a llenarse de vecinos recién salidos del trabajo, dispuestos a hacer la compra semanal.

Justo encima del lugar donde los terroristas del comando Barcelona aparcaron el coche bomba estaba la carnicería, donde el carnicero Roberto Manrique atendía a un cliente. No oyó la explosión, porque le reventó los tímpanos, pero alcanzó a escuchar un chasquido seco, seguido de un temblor. Una grieta se abrió a sus pies y empezó a caer agua hirviendo de no sabía dónde. Ya no había carnicería, sólo cristales, cascotes y cuerpos sangrando.

Veintiún cadáveres se contaron al final del día. Los contaban los médicos, los policías, los políticos y los espectadores de televisión sin creer lo que contaban. Era la mayor matanza de ETA. Unos meses antes había matado a doce guardias civiles que viajaban en un autobús en la plaza de la República Dominicana de Madrid, pero aquella tarde de 1987 era la primera vez que atacaba a civiles sin discriminar. ETA había escalado una cima tan monstruosa que algunos etarras ni siquiera la entendían. Txomin Ziluaga, dirigente y diputado de Herri Batasuna, dijo que era hora de que ETA se tomase unas vacaciones. Txema Montero, eurodiputado y abogado batasuno, condenó el atentado. Ambos sufrieron represalias y expulsiones. Más de cien cargos de HB fueron expulsados por lamentar la masacre —a menudo, en privado y con la boca pequeña— e insinuar —más que afirmar a las claras— que ese no era el camino que querían seguir. Ni siquiera eran pacifistas: les parecía bien disparar y poner bombas, siempre que matasen a gente de uniforme. La discrepancia era muy matizada y cínica, pero ni aun así se toleró.

La versión oficial de ETA culpó al gobierno. Las tres llamadas de Domingo Troitiño demostraban, según los voceros que no se cansaron de airearlo en la prensa abertzale, que no había ninguna intención de hacer daño, que avisaron con tiempo para evacuar el centro y que fue el Estado, sabedor de que había una bomba, el que permitió la matanza para culpar a ETA y fomentar el odio de España contra la causa vasca. Insistieron tanto que afloró una pequeña teoría de la conspiración. Algunos periodistas de verdad, que no trabajaban en el periódico de ETA, se preguntaron por qué nadie ordenó evacuar el sitio nada más recibir la primera amenaza.

La investigación sobre el atentado descartó la mala fe, pero reveló una torpeza preocupante. No se evacuó Hipercor porque no había protocolos para ello. Las policías y los servicios de emergencia no estaban en contacto y no había canales eficaces para actuar con rapidez. No se sabía a quién avisar ni qué número de teléfono había que marcar ni quién tenía capacidad para ordenar qué. Aunque se tomaron en serio la amenaza, la policía estaba entrenada para responder contra ataques a comisarías y cuarteles. ETA nunca había puesto una bomba en un supermercado, no era su *modus operandi*, y tampoco era normal que actuase en Barcelona. El tiempo que les costó reaccionar a todas esas sorpresas fue el que le faltaba al temporizador del coche para detonar la carga. A partir de entonces, todas las policías, incluso los números del puesto más remoto de la guardia civil, fueron entrenadas para responder con inmediatez a este tipo de llamadas. Los recepcionistas de todos los medios de comunicación recibieron cursos para saber qué hacer cuando sonaba el teléfono y una voz hablaba en nombre de ETA. Se grababan las llamadas y se instalaron líneas directas de aviso a la policía hasta en el periódico más insignificante de España. Los terroristas no volvieron a coger a nadie por sorpresa, pero aquel 19 de junio la perplejidad de un país quedaba bien representada en la actitud del guardia urbano que levantó el teléfono y pidió, mientras se le caían los bolígrafos del cubilete, que le confirmasen por favor si la bomba estallaría a las tres y media o a las cuatro menos veinte.

La monstruosidad tenía unos contornos tan negros que borró los tonos de gris que separaban a los políticos. Cuando explotó la bomba, los nacionalistas vascos se negaban a colaborar con el gobierno en el antiterrorismo, y la oposición cuestionaba al ministro Barrionuevo por la guerra sucia del GAL. Desde Hipercor, se acabaron los matices, los peros y los no obstantes. El Partido Nacionalista Vasco (PNV), las derechas y las izquierdas parlamentarias se unieron con el PSOE en un frente común para aislar a ETA y apartarla del consenso democrático. En unos meses, esta estrategia se concretaría en los pactos de Madrid y de Ajuria Enea (el palacio del gobierno vasco en Vitoria), que dejarían a los partidos, sindicatos, periódicos y redes sociales de ETA completamente aislados de la vida institucional, sumergidos en su propio caldo. La banda perdió todo el encanto guerrillero que destilaba entre ciertas izquierdas, intoxicadas por la retórica revolucionaria de sus textos y aposturas.

Esa unidad llegó tarde para José Barrionuevo, el ministro que llevaba cinco años obsesionado con ETA, casi trastornado, encenagado entre operativos de la guardia civil, conversaciones en Argelia, secuestros y asesinatos del GAL y agentes condenados por torturas. Y funerales, y viudas, y generales que se cagaban en dios y pedían a gritos un estado de excepción. José Barrionuevo no era un socialista con pedigrí antifranquista, sino un inspector de trabajo en excedencia sin penas ni glorias militantes hasta que Tierno Galván lo nombró concejal de seguridad en el ayuntamiento de Madrid. Reorganizó la policía municipal, convirtiéndola en un cuerpo eficaz y moderno, a la altura de sus equivalentes en las capitales de Europa, y fue ese trabajo el que convenció a Felipe de que debía encargarse de Interior.

Dirigir una policía y una guardia civil llenas de fidelidades franquistas y enfermas de duelo y de rencor por los atentados de ETA no se parecía en nada a su trabajo municipal, pero Barrionuevo no se arredró. Formó una cúpula de tipos duros, se entendió bien con los generales y delegó en sus hombres fuertes de Euskadi. Lo que le faltaba de experiencia y conocimientos policiales lo compensaba con valentía y capacidad de trabajo. Siempre estaba en pie, no se afligía ni se aflojaba, pero los últimos atentados le habían abierto grietas muy hondas en el ánimo. Se sentía inútil, nada parecía suficiente. No importaba cómo atacasen, ni las operaciones secretas de las que no le constaba nada, ni la colaboración francesa: ETA siempre volvía a matar. Cortaban una cabeza de la Medusa y crecía otra enseguida. Desbarataban un atentado gracias a la información de un policía infiltrado y, a los dos días, estallaba una bomba o tiroteaban a un guardia. No había manera de frenarlo y, aunque sabía que el atentado de Hipercor era un síntoma de desesperación —los primeros zarpazos de una bestia acorralada que se dispone a hacer todo el daño que puede—, no lo soportaba ni un día más. Sabiéndose fracasado, dio el paso que llevaba amagando tanto tiempo y le entregó al presidente su dimisión.

—No me jodas, Pepe —le respondió Felipe en la Moncloa, paseando junto a las obras de la pérgola de los bonsáis—. Te entiendo, claro que te entiendo, y nadie más que yo agradece tu sacrificio y tu dedicación, pero no puedes dimitir el día después de Hipercor. No podemos decirles eso a los etarras y al mundo, sería una satisfacción, darían por buena la bomba. Aguanta un poco, Pepe, por favor. Sé lo que te pido, pero resiste en el puesto, sería catastrófico cambiar al ministro de Interior justo ahora.

Barrionuevo aguantó un año más. Veintinueve muertos más. Seis de ellos, niños. Treinta muertos, si se cuenta la última víctima del GAL.

Calle Atabala, 21-23, Hendaya, Francia, 24 de julio de 1987, 5.40. Ya clareaba el día, pero aún no se veía Hondarribia, al otro lado de la trinchera del ferrocarril y del estuario del Bidasoa. Si todo iba bien, pronto tendría los papeles arreglados y España ya no sería esa acuarela que se formaba al alba, antes de ir a trabajar, sino, de nuevo, el suelo que pisara, su vida. Abrió el coche, un Citroën Dyane 6 aparcado en la pequeña explanada frente a los apartamentos de la calle Atabala, prendió el contacto y su carne estalló en trozos, mezclada con los hierros de la carrocería y del motor. Laura estaba despierta, porque el embarazo no le dejaba dormir y seguía atenta desde la cama los rituales de su marido al levantarse, desayunar y salir despacio de casa. Se asomó a la ventana, incapaz de adivinar a qué podía deberse aquella explosión. Bajo las farolas que aún se resistían al amanecer, vio el cadáver desmembrado del padre de sus dos hijas (además de la que llevaba dentro) entre los restos de su coche.

Juan Carlos García Goena era un electricista de veintisiete años que se había refugiado en Hendaya en 1980 para librarse del servicio militar. Un pacifista militante que había agotado todas las triquiñuelas para librarse del ejército y acabó cruzando la muga, dado que Francia no entregaba a los desertores. Llevaba meses negociando su regreso con el ministerio de Defensa español y tenía ya medio arreglada su situación legal. Laura y él casi habían empezado a contar los días para volver a Tolosa.

Juan Carlos García Goena fue la última víctima del Grupo Antiterrorista de Liberación, y durante mucho tiempo no fue ni eso, porque, el día en que lo asesinaron, el GAL ya no existía. Costó mucho que lo incluyeran en la lista de crímenes, y mientras escribo esto, treinta y cinco años después, sigue siendo un caso abierto. Nadie ha sido detenido, procesado ni condenado, y sólo hay conjeturas sobre los dos terroristas que atentaron: un tal Carlos (quizá un guardia civil) y un tal Jean-Louis (quizá un policía francés). Son nombres de guerra, nadie ha descubierto sus identidades. Fueron ellos, o quizá otros, quién sabe, los que confundieron a García Goena con un miembro de ETA. Tal vez los despistó su condición de refugiado. Tal vez no les importaba quién era, les bastaba saber que era vasco y que vivía en Francia. Tal vez, simplemente, era un objetivo asequible, un desgraciado que trabajaba en una subcontrata ferroviaria y que se levantaba a la hora de los infelices para cambiar fusibles y arreglar catenarias, sin preocuparse por si alguien había pegado amonal en los bajos de su coche. Un etarra era más difícil de atacar. La historia del GAL está llena de chapuzas. En el grupo estarían los agentes más sucios, pero no los más listos.

El atentado estuvo a punto de malograr la colaboración entre Francia y España, que acababa de renovarse en un acuerdo y pasaba por horas muy bajas, pues Barrionuevo acusaba a su equivalente francés, Charles Pasqua, de cierto filibusterismo: les entregaban y expulsaban a muchos etarras, sí, pero a ninguno de peso. Casi todos los que apresaban eran peones, nunca cogían a los jefes ni desmontaban grupos operativos o que tuvieran información relevante. Detenían a la morralla para dar la impresión de que colaboraban, cuando, en realidad, no lo hacían. Pasqua le respondía que a la opinión pública y a los jueces no les entusiasmaba extraditar a refugiados y que, en un año, Mitterrand se presentaría a la reelección y no estaba dispuesto a perder ni un voto por un asunto interno español.

Los efectos más duraderos fueron morales. Laura Martín hizo del crimen contra su marido la causa de su vida y se convirtió en una activista incómoda para todos. No encajaba con las otras víctimas del GAL, que se dejaban mimar por los abertzales y acababan adornando sus discursos y pancartas. Laura condenaba cada crimen de ETA, se solidarizaba con cada familia en duelo, participaba en los actos de Gesto por la Paz y pedía a las otras víctimas del GAL que abrazasen a las de ETA, que no ahorrasen ni una palabra de desprecio hacia la violencia, que no había bandos, sólo asesinos. Fue una viuda coraje, pero en 1987 era sólo una viuda joven, una madre embarazada con dos niñas que no entendía quién podría odiar tanto a un chico que echaba mucho de menos su pueblo, pero estaba dispuesto a vivir en otro país para honrar su pacifismo y no ponerse un uniforme. Cuando transformó la perplejidad en rabia, y la rabia en compromiso, obligó a los españoles a contemplar la historia con otros colores, bastante menos claros.

Calle de Alfonso XI, 9, Madrid, 8 de julio de 1988, mediodía. «Así, medio siglo después de haber abandonado el barrio del Retiro —el parque, el museo, el jardín botánico, la iglesia de San Jerónimo, las calles residenciales, la tienda de Santiago Cuenllas, el hotel Gaylord's—, después de dos guerras, el exilio, Buchenwald, el comunismo, algunas mujeres, unos cuantos libros, resulta que he regresado al punto de partida».

Lo escribió Jorge Semprún en sus memorias de ministro, *Federico Sánchez se despide de ustedes*, pero tal vez lo llevaba escrito desde aquella mañana, ante el portal número 12 de la calle de Alfonso XI, donde el coche oficial le había llevado desde el Palace para visitar un apartamento del ministerio de Cultura que podía convenirle como residencia oficial. Él estaba encantado de vivir en el Palace, pero Colette, su mujer, quería una casa en condiciones. El piso que le ofrecían resultó estar en el número 9, el edificio de enfrente de su casa familiar, un cuarto piso enorme y soleado, esquina con Juan de Mena, del que había salido con sus padres cincuenta y dos veranos antes hacia el exilio. El nieto de Antonio Maura y el hijo de un buen burgués republicano, al que se le deshizo el sueño democrático por el que clamaba en el Ateneo, regresaba a su infancia.

No era la primera vez que volvía a Madrid. Sus aventuras clandestinas como agente comunista en las décadas de 1950 y 1960, con el alias de Federico Sánchez, estaban bien documentadas por él mismo y formaban parte de la leyenda antifranquista más exquisita. Sobre todo, desde que su protagonista fue expulsado del partido en 1964 y empezó a crecer entre los disidentes una izquierda alérgica a las órdenes y al sacrificio monacal, una izquierda que encontraría su casa grande en el PSOE. Había vuelto, pues, muchas veces a España. Aunque no dejó París, desde la amnistía de 1977 regresaba a menudo para recoger premios y presentar libros, pero ningún regreso fue tan real como el de aquel verano de 1988 que evocaba otro verano de 1936 en un barrio que apenas había cambiado desde que el niño Semprún, doce años bien alimentados y mimados, salió con su familia del portal número 12 para montarse en un coche que lo condujo a su segundo país,

Francia. Eran la misma luz, el mismo agobio, el mismo trajín de porteros y taxistas.

Aquella semana se parecía a la de 1936 en el vértigo: la vida cambiaba en minutos, sin tiempo para meditar. El lunes sonó el teléfono de su casa de París y una voz que decía ser la de Javier Solana, ministro de Cultura de España, le preguntó si tenía pasaporte español y los papeles en regla. Luego le pidió que se sentase, si no lo estaba ya:

—El presidente va a reformar el gobierno y quiere que formes parte de él para ocupar la cartera de Cultura. Puedes pensártelo, pero sólo esta noche, necesitamos una respuesta mañana por la mañana.

Al día siguiente, martes, aceptó el cargo, y la embajada le envió un billete de avión a Madrid para el miércoles. Un coche oficial lo esperaba en Barajas y lo condujo a la Moncloa, donde Felipe le ofreció una cena íntima en el comedor, no en la bodeguilla. Cuando lo llamó Solana, Semprún estaba dándole vueltas a un nuevo libro en el sosiego de su casa, pensando en otra vida.

Felipe y Federico Sánchez ya se conocían. Semprún estuvo en la casa del Pez Volador en 1982, semanas antes de las elecciones, y con aquella entrevista escribió un reportaje para *Le Nouvel Observateur* que fue rechazado por la revista. A Jean Daniel, su director, no le gustó que diera por seguro el triunfo del candidato socialista. No era serio referirse a Felipe González como presidente *in pectore*. Desde entonces, hablaban de vez en cuando, sobre todo a través del amigo común, Javier Pradera. Para Felipe, Semprún siempre fue un punto de referencia político e intelectual, una parte de la España que merecía un lugar de honor en la democracia. Todo el desdén que le inspiraba la generación que hizo la guerra, los Largo Caballero e incluso los republicanos, se transformaba en admiración por los semprunes y los praderas, los antifranquistas mayores, que se iniciaron en lo oscuro de la dictadura y combatieron a la vez el fascismo y el estalinismo. Ese era el linaje que sentía suyo, aquellos eran sus padres o sus hermanos mayores (Semprún le sacaba diecinueve años, y Pradera, sólo ocho). En aquella cena se le presentaba la ocasión insólita de volver las tornas y convertirse en figura tutelar de quienes lo habían tutelado:

—Habrá momentos apasionantes y habrá días grises, tediosos —le dijo—. Tendrás amigos, unos de verdad y otros falsos. Tendrás todo tipo de enemigos, es inevitable. No se te va a perdonar nada, no lo esperes. Esta sociedad es así, agitada todavía por provincianismos, rencores sociales, arcaísmos. Pero el día en que en tu primer viaje oficial veas a un jefe de la guardia civil cuadrarse ante Federico Sánchez te darás cuenta de lo que ha cambiado este país, sabrás lo que significa tu presencia en el gobierno.

Más allá de cerrar el círculo de la guerra y de la dictadura, la presencia de Semprún en el gobierno era una forma de marcar distancias con el PSOE. Semprún fue un experimento. Felipe quería saber cómo aguantarían el partido y la sociedad la entrada de figuras independientes en el consejo de ministros. Hasta entonces, todos los nombramientos eran de compañeros. Algunos venían de Suresnes. Con Semprún se imponía una nueva forma de gobernar, menos partidista y más francesa: a nadie se le había escapado la comparación con André Malraux.

Fue efectista, pero era un cambio tímido en un ministerio secundario. Felipe no daba golpes de timón, conducía con suavidad y mantenía el proyecto en su sitio. Aunque las entradas y salidas de ministros respondían a los conflictos de poder internos del partido y a las tensiones entre su autonomía como presidente, la del vicepresidente y la del resto de los poderes de la calle Ferraz, siempre prevalecían las líneas maestras del programa felipista. Incluso cuando tenía que sacrificar cabezas, como la de Miguel Boyer en 1985, se aseguraba de que las políticas que representaban siguiesen bien defendidas en el consejo, en ese caso con Solchaga, todopoderoso hacedor de la reconversión industrial. La economía, la reforma militar y la política contra el terrorismo mantuvieron una coherencia inconmovible y estuvieron controladas por el mismo sanedrín toda la década, sin importar las elecciones ni las crisis de gobierno. Cuando cambiaban las sillas, Felipe buscaba una figura que continuase el proyecto que empezó el otro. Así hizo con José Luis Corcuera, que sustituyó al quemadísimo Barrionuevo en la misma reforma que trajo a Semprún. Quizá para compensar lo que muchos interpretaban como un acto de soberbia cesarista —ungir a un intelectual sin carnet—, cerró la herida que llevaba seis años abierta con Enrique Múgica y lo nombró ministro de Justicia. Influyó el hermano de este, Fernando, que presidía el partido en Guipúzcoa y no tenía un perfil público, pero era una autoridad moral en el mundo socialista. Felipe lo tenía por un amigo leal.

Casi nadie entendió qué pintaba Semprún en el gobierno. Sentado en su despacho de la Casa de las Siete Chimeneas, sede del ministerio, se hacía el coqueto con la prensa. Le gustaba sentirse un intruso y alentaba a los periodistas a que lo retratasen así. Decía que su misión era reconstruir los puentes con la sociedad civil, y algo de eso había. Semprún no sólo conectaba con el antifranquismo más incuestionable —en un momento en el que el término felipismo se había apoderado del vocabulario político, uniendo a todos los que creían que el PSOE y el presidente habían traicionado el cambio—, sino que aportaba contenido ideológico y peso intelectual a un gobierno estragado por la *beautiful people*. Sólo Alfonso Guerra se dolía de la imagen frívola que diseminaban algunos ministros, y protestaba en vano. Cuando pidió en público que los socialistas no acudiesen a las fiestas de Marbella, muchos se burlaron de él: el vicepresidente pretende —decían— que los ministros veraneen en el pueblo con un botijo. Lo cual, dicho sea, no habría tenido nada de malo o indigno.

El 14 de enero de 1988, la revista *¡Hola!* tituló en la portada: «Isabel Preysler y Miguel Boyer se han casado». Una foto sin gracia enseñaba a la pareja saliendo del registro civil de la calle Pradillo. El exministro, con un traje normal y corbata a rayas; la diva, con un abrigo oscuro, un bolso bajo el brazo y un moño discreto. Ni la foto ni el trámite hacían justicia al acontecimiento que simbolizaba el verdadero cambio de España. Boyer, el superministro que rediseñó la economía española, el brazo derecho de Felipe (el izquierdo, por afinidad, era Alfonso Guerra), el intelectual de pedigrí republicano que había luchado junto con su mujer, la ginecóloga Elena Arnedo, en todos los frentes de la democracia y el feminismo, se unía en matrimonio civil con la diosa de la aristocracia madrileña, exmarquesa consorte de Griñón, anfitriona de todas las fiestas y protagonista de todas las portadas de la prensa cotilla. La boda fundaba una nueva dinastía y consagraba el poder socialista, unido en sangre a la vieja nobleza que Isabel Preysler encarnaba como una paradoja, pues no dejaba de ser también una intrusa llegada de Manila.

El romance de ambos empezó con unas lentejas de Mona Jiménez, una *salonnière* madrileña que reunía a famosos y políticos en unas comidas en su casa de la calle Capitán Haya, donde servía lentejas con arroz. Allí se pusieron ojitos, y empezaron a hacerse los encontradizos en otros salones del Madrid bien donde ambos se dejaban caer tras asegurarse de que el otro había sido invitado. Boyer aún no era ministro, pero sí vecino de Preysler, que vivía con su marido en la calle Arga, en la misma colonia de El Viso, a diez minutos de su chalet. La vecindad propició los encuentros clandestinos a resguardo de un coche en las calles del barrio, y se les dio muy bien mantener un secreto a voces, conocido después en todo el gobierno y en parte de la prensa, que no trascendió al público hasta que Boyer no dejó el ministerio en 1985, en cuyo ático de la calle de Alcalá vivía como soltero desde que Elena lo echó de casa.

Ni se divorciaron de sus respectivos ni se dejaron ver por Madrid, porque en el gobierno creían que no les convenía ese ruido en torno a los ministros, pero, cuando Miguel dejó el cargo, decayeron todas las precauciones y España entera asistió pasmada al romance apasionado entre el estiradísimo Boyer y la reina del glamour filipino.

Aunque hacía casi tres años que Boyer no era ministro, la boda afectaba a la imagen del gobierno y de los socialistas, cargando de razones a quienes los criticaban por arribistas fascinados por la banalidad del poder y del lujo, y desesperando a un Guerra que ya no sabía cómo explicar ciertas obviedades. ¿Qué podían decir a quienes los acusaban de haberse olvidado de las asambleas de la universidad, del olor a humedad del exilio de Toulouse y de la cerveza derramada en los campos de San Blas, hacía no tanto tiempo? Les servían la parodia en bandeja a todos esos columnistas que decían que al PSOE le daban asco los pobres o que llevaban tanto tiempo sin ver uno que ya no los reconocían. Semprún no devolvía el sentido desgastado al adjetivo *obrero* de las siglas, pero sí servía para recordar —sobre todo a los críticos silenciosos, los desencantados, los que creían que el gobierno tenía razón, pero podía tenerla mejor— que no se habían perdido por el camino, que sabían quiénes eran y de dónde venían y que la inteligencia seguía cimentando su ética. Y viceversa.

El presidente tenía otros motivos para sentirse seguro y experimentar con Semprún e ignorar las filípicas moralistas de Alfonso sobre el ser y el parecer. Los datos económicos de 1988 eran increíbles. Faltaba un tiempo para que se notasen en las casas, pero las carpetas que le enseñaba Solchaga eran dignas de una parábola bíblica: el estilo severo y liberal, combinado con la entrada en la Comunidad Económica Europea, estaba a punto de provocar el verdadero cambio. El sueño de una España próspera quedaba a la vuelta de la esquina. Los indicadores macroeconómicos eran muy buenos: desde 1982, el PIB per cápita había crecido un 13,64 por ciento. La inflación había pasado del 13 por ciento de 1983 a un soportable cuatro y pico, lo que había repercutido en los salarios reales, que en la industria y en los servicios casi se habían duplicado, de 472 pesetas la hora en 1982 a 847 en 1988. El salario mínimo también había pasado de 28.000 a 44.000 pesetas. Todo eso se traducía en mucho consumo. Cuando Felipe se instaló en la Moncloa había 680.921 coches en las carreteras. En 1988 había 1,4 millones, más del doble. La tasa de paro también bajaba, aunque más despacio de lo que todos quisieran.

El dato más impresionante, el que acabaría por transformar el país, era la explosión de empresas. En 1988 se constituyeron 45.778 sociedades anónimas, un récord absoluto. Nunca en la historia se habían fundado tantas empresas: el 65 por ciento de todas las que existían en España en 1988 se constituyeron ese mismo año, y todas juntas sumaban 540.000 millones de pesetas de capital, buena parte de él llegada del extranjero, donde los inversores consideraban a España una quimera del oro. El país seguía amenazado por los terroristas y no escaseaban los problemas sociales ni los conflictos, pero el proyecto socialdemócrata de Olof Palme de eliminar la pobreza estaba muy cerca. Boyer y Preysler no eran sólo la metáfora en papel cuché de un poder entregado al lujo, sino un horizonte de posibilidades. En febrero, Carlos Solchaga compareció ante los periodistas económicos para presumir de gráficos y porcentajes, y dijo una frase que lo acompañará hasta el epitafio:

—España es el país donde se puede ganar más dinero a corto plazo de Europa y quizá del mundo. No sólo lo digo yo: es lo que dicen los asesores y expertos bursátiles internacionales.

La cita se reprodujo millones de veces con una variante tergiversada, algo así como: «En España, quien no se hace rico es tonto».

La mar estaba en calma, el viento era propicio y la bodega rebosaba de manjares y vinos finos. Por primera vez desde 1982, Felipe podía gobernar con el sosiego de un hortelano de bonsáis. El lujo fue probar a Semprún, introducir en la orquesta a un solista y dejarle improvisar un rato sobre la partitura.

Reformado el gobierno, las Cortes terminaban sus sesiones y se despedían los consejos de ministros. Era hora de cerrar por vacaciones y salir de ese Madrid tórrido que en julio se secaba de gente como los pantanos de agua, pero Joaquín Leguina, presidente de la Comunidad de Madrid y jefe de la federación madrileña, le había pedido con urgencia una entrevista. Con cierto fastidio, pues ya intuía lo que iba a contarle, Felipe lo recibió en la Moncloa, ya sin chaqueta, con un pie fuera del palacio.

—Es por Nicolás, ¿verdad? —le dijo, antes de invitarlo a sentarse.

Leguina asintió:

—No razona, presidente. Comimos juntos hace poco y no pude meter baza, está cabreadísimo porque no habláis. Ha hecho muy buenas migas con el nuevo de Comisiones y está decidido a ir a la huelga. Nunca lo había visto así. Dice que, si no se retira el plan de empleo juvenil, van a la huelga general. Si hay algo que pueda hacer, cualquier mediación, cualquier cosa que podamos emprender desde el partido, me ofrezco...

—Bueno, Joaquín, no es momento de hablar de esto. Vámonos de vacaciones, que hace mucho calor y no va a cambiar nada hasta la vuelta. Vete tú también, descansa, olvídate unos días de todo esto y, cuando volvamos, que sea lo que tenga que ser.

Tercera aproximación (2019)

Edificio del Grupo Prisa, Gran Vía, 32, Madrid, 8 de abril de 2019, 12.00. Había subido muchas veces a la planta octava, donde está la Ser, pero nunca me había bajado en la sexta, llamada la noble, la ejecutiva. Al abrirse las puertas del ascensor, descubrí que me había vestido mal y que no llevaba ni una tableta ni un ordenador. Los vaqueros, las deportivas y la camisa de cuadros por fuera del pantalón estaban bien cuando iba a hablar por la radio, uno más entre el proletariado periodístico, pero aquella cita exigía otra indumentaria. Los pasillos con moqueta, los despachos acristalados y la cortesía distante de las secretarias me lo dejaban claro. Tampoco iba bien con mi cuaderno, donde llevaba apuntados unos bocetos con mi caligrafía de colegio público: hubiera convenido llevarlos en una pantalla, como la gente que ha estudiado. Bueno, me dije, para mentirme un poco: te han invitado por tus ideas, no por tu armario ni por tu letra monstruosa.

Iba a hablar un rato en el consejo editorial de Prisa, que se reunía ese lunes al mediodía. Según me explicó su presidente, el exdirector de *El País* Jesús Ceberio, siempre invitaban a dos ponentes para que dieran unas pinceladas sobre los asuntos en los que debían pronunciarse los consejeros para aquilatar la línea editorial. El consejo es una mesa de notables que formula los puntos de vista que deben imperar en los medios del grupo. No es un órgano ejecutivo, sino de consulta. En vísperas de las elecciones, yo iba a hablar de cómo la España vacía se había convertido en un argumento central de la campaña y cómo podía influir tanto en el voto como en las expectativas del gobierno que saliese. Hablaba en segundo lugar, después de un economista que analizaba los programas económicos de los partidos.

Me olvidé de mi torpe aliño indumentario en cuanto entré en la sala de juntas y vi algunas caras amigas. Me senté junto a Eduardo Torres-Dulce, el fiscal cinéfilo, que llevaba un traje de ganar juicios a la mafia. La vida mejora con Torres-Dulce, un caballero amabilísimo que transmite un cariño intenso sin que se le arrugue ni un poco la camisa. Ya no quedan señores como él, que combinan una etiqueta estricta con una afabilidad abierta y sin condiciones. La gente de hoy, o mantiene la compostura, o es cariñosa, nadie sabe combinar ambas virtudes. Me sirvieron café, saludé a dos o tres conocidos y a Sol, la directora del periódico, y me presentaron a algunos consejeros cuyo nombre y cara —perdón— no retuve. Estaba ya tan relajado que ni me molesté en repasar las notas. Me sentía capaz de hablar durante horas sin mirarlas. Un minuto antes del comienzo de la reunión, las risas y los cotilleos se cortaron de golpe y todas las miradas se volvieron hacia la puerta. Había entrado Felipe González, con paso rápido, saludando tímido, estrechando un par de manos con una media sonrisa y buscando su silla. Se sentó frente a mí, un par de sitios hacia la izquierda. Como apenas tengo visión lateral por la derecha, dado que estoy casi ciego de ese ojo, él era todo mi horizonte cada vez que levantaba la cabeza. Me enfadé conmigo: por más que me esforzaba en evitarlo, me intimidaba aquel personaje. Hubiera preferido tenerlo al otro lado.

La noche anterior bromeaba con Cris, mi mujer.

—Vas a hablar ante Felipe, ¿no te pone un poco nervioso?

Me reía. ¿Nervioso, yo, por hablar en público, con las horas de vuelo que llevo?

—No —le decía—, tengo curiosidad, pero no nervios. Voy a meter sus muletillas y sus expresiones en mi discurso.

Diré mucho por consiguiente, y a lo mejor se me escapa un deje sevillano al final de alguna frase.

—No tontees, Sergio.

—¿Qué me das si lo hago?

—Céntrate, que tú eres capaz de arruinarte la vida por un chiste.

Hay quien acepta las invitaciones a estos consejos como deudas cobradas con la vida y reconocimientos merecidos. Yo siempre acudo con ánimo fisgón. Me encanta colarme en esas habitaciones, como un turista del poder. Tal vez no sea esta una actitud inocente, sino una forma de protegerme, y tal vez por eso no me vista bien, para subrayar que estoy de paso y no aspiro a quedarme. Entonces ¿por qué me incomodaba tanto ser juzgado por Felipe? ¿Qué me importaba a mí lo que opinase sobre mi discurso? ¿Y qué si le parecía estúpido y se burlaba? No era mi jefe, no tenía la menor obligación de gustarle o de causarle buena impresión, aquello no era una entrevista de trabajo ni me jugaba un cargo que no tenía. ¿Por qué diablos, de pronto, quería caerle bien?

No me pasaba sólo a mí. El economista que exponía antes que yo hablaba para Felipe. Le importaban muy poco el resto de los consejeros, que estaban más pendientes de las reacciones del expresidente que de los matices de las propuestas fiscales. Esto tiene que ser magia, me dije, no es normal que tantos adultos hechos y derechos, la mayoría de los cuales lleva cuarenta años vistiendo traje y sentado a mesas de juntas como esta, sufran la ilusión de agradar a un político retirado al que muchos no votaron y del que, en frío y en otros foros, no tendrán una opinión buena.

Si dijera que parecíamos hijos ansiosos por agradar a un padre, Felipe González se reiría, y yo mismo me siento ridículo al escribirlo, como ridículo me sentía aquel mediodía, pero no hay un símil más elocuente. Felipe no ha sido una figura paterna ni para sus propios hijos, y su carisma siempre se ha expresado con otros parentescos. Ha podido ser amante, amigo, hermano, yerno e incluso el hijo que toda madre quisiera, pero casi nunca un padre. Me preguntaba si lo fue para sus ministros. ¿Se parecían los consejos de la Moncloa a esa reunión de Prisa? ¿Escuchaban las largas, matizadas y ordenadas opiniones de Felipe con esa misma devoción? ¿Se peleaban por sus atenciones, envidiaban las espaldas que palmeaba y a quienes felicitaba por su buen trabajo o su elocuencia?

Sospecho que la respuesta a todo es sí. Creo que hasta sus enemigos más hostiles se ablandarían con una caricia suya. Al lado de Felipe, quieres gustarle, es un efecto común que causan los grandes seductores. Sobre todo cuando no hay pantalla ni escenario que ponga distancia con los seducidos.

La largura del debate sobre economía, al que no prestaba atención, me permitió pensar en todo esto y fijarme bien en las maneras felipistas. Hablaba sin protocolo ni miramientos, muy lejos de esa compostura cariñosa de Torres-Dulce, sin conceder un respiro a la galantería. Abordaba los temas con frases categóricas y abusando del modo imperativo, sin esforzarse por agradar. Aquella mañana ni siquiera recurrió a ese estilo retórico que, según algunos, le enseñó Gabriel García Márquez, que consiste en contar una anécdota a partir de la cual construye una teoría general. Esa mañana, el animal político era puro argumento, sin recursos narrativos. Tal vez porque sabía que hablaba ante seducidos. Si era un padre, lo era muy antiguo, desdeñoso, monologuista, de los que no escuchan a nadie en la cena.

Tanto se alargó la parte económica, muy del interés felipista, que mi turno llegó tarde, pasada la hora del vermú. Ceberio me presentó y empecé a perorar sobre cómo había cambiado el discurso sobre la despoblación y cómo se había politizado un debate que, hasta hacía poco, era más cultural y antropológico. No llevaba ni cinco minutos de exposición cuando Felipe miró el reloj y arqueó las cejas en gesto inequívoco de qué tarde es, madre mía. Recogió sus papeles, los guardó en la cartera y se levantó como el espectador de teatro que se escabulle en el último acto para no hacer fila en el guardarropa. Perdí el hilo un momento y temí no encontrarlo. Con la boca, seguí hablando de vacíos demográficos y estrategias políticas; con la mente, maldije al Felipe que no tenía tiempo de escucharme hasta el final. Algunos consejeros lo despidieron con la mano, en silencio y, cuando llegó a la puerta, yo le dije:

—Hasta luego, Felipe.

Me devolvió el saludo con una sonrisa e hizo mutis, y yo seguí hablando sin saber por qué había dicho eso, que cayó en la mesa como un reproche poco sutil. No lo era, tan sólo me salió del cuerpo, pero sonó a despecho de ministrillo al que nadie hace caso. Me preguntaba con rabia qué había hecho mal, como si lo hubiese echado yo de la sala con mis palabras inconvenientes. En lugar de ofenderme por su desplante, me enfadaba conmigo por no haber sido capaz de retener su atención. ¿Era la camisa, las notas monstruosas del cuaderno o el estilo informal de la ponencia? O tal vez yo mismo, mi cara, mi voz, mi propia existencia. Me había delatado como intruso y me lo hacía notar. En el lado racional del cerebro, me decía que tendría prisa, que se habría hecho tarde y que él ya había perorado sobre la cuestión de la que le interesaba perorar. También me decía que la grosería era de quien se marcha, no de quien se queda, pero la otra parte del cerebro no se dejaba convencer. Aún hoy, mientras lo escribo, creo que tuve la culpa.

En la calle me esperaba un amigo con el que había quedado para almorzar. Me preguntó qué tal había ido. Mi primer impulso fue contarle que Felipe me había dejado con la palabra en la boca. En el ascensor ya había ensayado varios chistes y la forma más divertida de contarlo. Pensaba incluso imitar los andares felipistas, sigilosos, hacia la puerta. Iba armado de risas para amenizar la comida, pero, en cuanto me preguntó, me fallaron las fuerzas. La verdad —la maldita verdad que me fastidiaba tanto reconocerme— era que me avergonzaba y no tenía aún ganas de bromear sobre ello. Le respondí que bien, un poco aburrido, ya sabes cómo son esas cosas. Mi amigo no sabía cómo eran estas cosas, pero no insistió y dejó que cambiase de tema, como hacen los amigos de verdad.

6. Ruptura democrática (1988)

Bola del Mundo, Navacerrada, Madrid, 14 de diciembre de 1988, 00.02. Diez segundos antes de la medianoche, los trabajadores de Radiotelevisión Española congregados en el vestíbulo del edificio de Torrespaña empezaron una cuenta atrás.

—Diez, nueve, ocho.

El acuerdo era aplaudir y abandonar los estudios, dejando la emisión a su suerte, sin trabajadores al cargo.

—Siete, seis, cinco.

La directora, Pilar Miró, no había pactado unos servicios mínimos ni había cambiado los turnos. No tomó ninguna medida especial, tras semanas de discusiones con los sindicatos y de peleas en la Moncloa con Felipe y la portavoz del gobierno, Rosa Conde.

—Cuatro, tres, dos.

El telediario de la medianoche se abría con una declaración de la cadena en la que se anunciaba que la programación no se vería afectada por la huelga general y que la televisión pública seguiría informando y entreteniendo como cualquier otro día. Cuando los empleados de TVE cantaban el número dos, en el control central de la Casa de la Radio, en Prado del Rey, dos técnicos bajaban la regleta de la mesa y enmudecían la emisión de todas las estaciones de Radio Nacional.

—Uno, cero.

Al lanzar la careta del telediario, el técnico de sonido pulsó el botón de *mute* y el busto de la periodista Olga Barrio articuló palabras en silencio durante once segundos larguísimos, tras los cuales la señal se fue a negro. Un grupo de trabajadores había saboteado los cables de las antenas de la Bola del Mundo, en Navacerrada, que emitían la señal de TVE a los repetidores instalados en toda España. Fue una operación digna de la resistencia francesa: las antenas estaban en una montaña de 2.265 metros. A mediados de diciembre, con nieve y viento, aquel boicot requería habilidades alpinistas.

En su despacho de Prado del Rey, Pilar Miró se abrazó a su jefe de informativos, el periodista Jesús Martín. Sin reprimir el llanto, dijo:

—No nos merecemos esto, Jesús, joder, no nos lo merecemos.

Pilar Miró fue la primera y única directora de cine al cargo de la tele. Socialista orgullosa y sin reservas, había aceptado el puesto por insistencia de su amigo Felipe González, que desde el escándalo de José Luis Balbín estaba muy preocupado por cómo se dirigía Radiotelevisión Española y se había empeñado en sacarla de la influencia de Alfonso Guerra. Fue el primer enfrentamiento político entre los dos amigos. Como casi siempre, ganaría Felipe. El presidente le ofreció el trabajo a Pilar Miró por primera vez en 1984, cuando la realizadora llevaba poco más de un año en la dirección general de cinematografía, donde revolucionó por completo la industria del cine español. Pilar era frágil, la habían operado del corazón en 1982, y sentía que le quedaba poco tiempo para filmar las películas que se había propuesto hacer y que la política no le dejaba. Se excusó ante Felipe, que se lo pedía casi como un favor personal, y se marchó a Santander, a rodar una adaptación libérrima del *Werther* de Goethe. Cuando la película se estrenó en 1986, ya no encontró más argumentos para oponerse a los deseos de Felipe.

Los guerristas y el director casi cesante, Calviño, se revolvieron con toda su saña contra el capricho de González. ¿Cómo iba a ser independiente y ecuánime una televisión dirigida por una amiga del presidente, a petición personal de este? Aquello era salir de Málaga y entrar en Malagón, decía el propio Calviño sin el menor pudor, apurando las últimas balas que le quedaban. Felipe entendió que le estaban echando un pulso y que, si se afligía, le aflojarían, así que sacó todo el pecho presidencial e impuso su voluntad sin matices. Parecía entonces una buena idea, pero Pilar Miró no entró en Prado del Rey como la salvadora elegante y democrática de una cadena podrida de censuras y propagandas, sino como la valida de un Felipe González todopoderoso. Los hombres de Guerra lograron que pareciera un acto déspota. El despacho de Miró se cubrió del polvo de una batalla entre socialistas y no había sala ni corredor en todo Prado del Rey donde no le pusieran zancadillas. El carácter de la directora general, fulminante, nervioso y mandón, no le facilitó las amistades.

El acoso a Pilar Miró alcanzó su clímax en la época de la huelga general. Alguien de la tele denunció que la directora se había gastado varios millones de pesetas en trajes del diseñador Jesús del Pozo que había cargado al presupuesto de la cadena. Miró adujo que eran gastos de representación, pero las normas de la empresa no contemplaban esas partidas. Un diputado popular, Luis Ramallo, hizo del escándalo su bandera y lo llevó ante los jueces. Meses después de la huelga, Pilar Miró dimitió para poder defenderse. Devolvió el dinero y, tras varios procesos, fue absuelta de todos los cargos en 1992. Para entonces no le quedaba casi nada del entusiasmo político que la llevó a asesorar la imagen de Felipe para la campaña de 1982. Muchos compañeros del partido que tenía por amigos dejaron de saludarla cuando se la cruzaban en un acto o en una fiesta en la casa de Boyer y Preysler. Felipe González, que tanto la cortejó para que asumiera el cargo, también volvió la vista a otro sitio. El día de la huelga, la directora sentía con razón que no se merecía aquello. Los sindicalistas de RTVE no se rebelaban contra el gobierno ni en nombre de los trabajadores de España, sino por el placer de ver llorar a la directora general. Pilar Miró ya sabía que estaba sola, pero aún no sabía cuánto.

Los técnicos colaboracionistas con la dirección estuvieron rápidos y redirigieron la señal de Torrespaña a otros repetidores. Madrid y las dos Castillas siguieron en negro, porque las ondas llegaban directamente de Navacerrada, pero en el resto del país se recuperó la pantalla un minuto después, aunque no con el telediario, que se había suspendido. Por no dejar la carta de ajuste, emitieron lo primero que tenían a mano: un documental sobre el arte románico de la provincia de Palencia. En Radio Nacional también se recuperó la antena, pero para emitir música.

En una España adicta a la única televisión existente —al margen de los canales autonómicos—, el fundido en negro y la carta de ajuste anticiparon la enormidad de lo que venía, y tal vez animaron a muchos indecisos a quedarse en la cama. El gobierno había perdido su mayor arma de propaganda, ya no podía fingir que no pasaba nada. Quien cortó los cables de la Bola del Mundo aupó la huelga general a su triunfo avasallador.

El 14 de diciembre de 1988 no sólo tuvo lugar la primera huelga general de la democracia española, sino la primera puramente sindical. Hasta entonces, las huelgas de este tipo habían sido revolucionarias, esto es, políticas. Su objetivo era derrocar al gobierno o a un régimen, o a ambos. Aquel diciembre, los sindicatos no querían la cabeza de Felipe González, sino forzarlo a negociar una nueva regulación laboral. Pararon ocho millones de trabajadores (el 94,86 por ciento), no hubo actividad de ningún tipo, más allá de las urgencias hospitalarias y de los taxistas, que se organizaron para atender servicios de primera necesidad, y las calles de todo el país guardaron silencio. Tampoco hubo violencia: unos cincuenta heridos leves, entre sindicalistas y policías, 159 detenidos y 49 cortes de tráfico. Cifras irrelevantes, dignas de un día de vacaciones. En la nota que el gobierno difundió al día siguiente, transmitida por Rosa Conde, pero escrita por Felipe González, se decía: «Ayer hubo una huelga general que fue un duro golpe para el gobierno».

No sólo para el gobierno. Uno de los dos sindicatos, la UGT, también estaba dolido. Su secretario general y muchos de sus dirigentes celebraban una victoria que no deseaban, que los llevaba a un sitio donde no querían estar, mirando de lejos a los amigos. Si el divorcio entre los políticos y los periodistas fue discreto e incompleto, lleno de sexo clandestino y de reconciliación, el de los políticos y los sindicalistas fue digno de aquellos tiempos de barricada y canciones de guerra. Los reproches no se ventilaron en privado, mientras se retrataban dándose lumbre a los puros en los salones del Ritz: Nicolás Redondo se divorció ante España entera, sin guardarse una palabra.

El 19 de febrero de 1987, casi dos años antes, RTVE organizó un debate entre los dos jefes sindicales, Marcelino Camacho, de Comisiones, y Nicolás Redondo, de UGT, con el representante de los empresarios, José María Cuevas, y el ministro de Economía, Carlos Solchaga. Por primera vez desde la legalización de los sindicatos, no se había firmado la concertación social, los acuerdos entre patronos y trabajadores que se renovaban cada año con objetivos de subidas de sueldo, políticas laborales y otros compromisos. El gobierno había recomendado no subir los salarios más de un cinco por ciento, para mantener la inflación a la baja, y los empresarios se habían aferrado a esa recomendación. UGT y Comisiones pedían al menos un siete, pero no hubo manera de alcanzarlo, por lo que la negociación se rompió.

El debate era a cuatro voces, pero la moderadora, Victoria Prego, fue incapaz de mantener esa polifonía, que se redujo a un dúo de contrapunto entre el ministro Solchaga y Nicolás Redondo. Cuevas, con traje italiano a rayas, fumaba y sonreía con sorna, divertido ante la pelea. Marcelino Camacho, a sus casi setenta años, destemplado y frágil con un jersey de punto, se enfadaba de pura frustración. No estaba acostumbrado a que no se le hiciera caso.

—Aunque el señor ministro —empezó Redondo, chaqueta, gafas y un revuelto de papeles en la mesa— se empeña en que el único factor que puede frenar la inflación es la contención salarial, hay en el PSOE técnicos muy buenos que disienten y destacan otros factores sobre los que también se puede intervenir. Son compañeros del señor Solchaga los que dicen esto.

—Bueno, y de Nicolás Redondo, también.

Solchaga apostilló con una sonrisa que tal vez quería ser guasona e incluso un poco cómplice, pero apareció cruel y sardónica. No se le borró en todo el programa, y la tensaba al subrayar la soledad de Redondo:

—Es absurdo distinguir entre las opiniones de Carlos Solchaga y las del gobierno, porque, mientras permanezca en este cargo, son las mismas.

Fue la ya proverbial soberbia solchaguista —que, al haber dejado de rimar con la boyerista, relucía mucho más fuerte, como si compensase la ausencia del novio de Isabel Preysler— la que empujó a Nicolás a traicionar su primera declaración de intenciones. No quería acorralar al gobierno, sino a los empresarios. No quería, según dijo al principio, hacer el juego a la derecha y desgastar el cambio, pero Solchaga y él eran enemigos tan viejos y se sufrían tanto que no supo ser fiel a su razonamiento sin descomponerse. El reproche y la sugerencia eran muy claros: con la recuperación económica ya asentada, con el paro a la baja y la inversión y el consumo al alza, era el momento de aflojar el dogal a los trabajadores y paliar los efectos de la reconversión. Era el momento de tender una mano a todos esos prejubilados cincuentones que llenaban los bares de las ciudades sin industria. Era el momento de ofrecer a los jóvenes una perspectiva mejor que un contrato de prácticas. Había una forma de decir eso sin golpear al gobierno, con compañerismo, invocando a los padres comunes, a Pablo Iglesias, a la familia histórica. La UGT entendió que había que sacrificarse durante la crisis: ahora, el PSOE debía entender que tocaba honrar el obrerismo de su nombre. Así de sencillo. Pero delante tenía a un Carlos Solchaga de traje, repeinado con un notable exceso de laca, que se burlaba y lo trataba como a un analfabeto económico, como si fuese un cabestro incapaz de entender las magnitudes y los factores más elementales.

—Los trabajadores llevan diez años sacrificándose —dijo Redondo—, desde los pactos de la Moncloa. Diez años. Ahora que la situación económica es mucho mejor, vemos que el gobierno recompensa los beneficios empresariales mientras exige contención salarial a los trabajadores. ¿Cómo puede ser tan cicatero con los trabajadores y tan generoso con los empresarios?

Cuevas, por alusiones, se carcajeó y dio una calada al cigarrillo rubio. Camacho protestó otra vez por no poder hablar, mientras revolvía un montón de fotocopias con el membrete de su sindicato, y Solchaga negaba sonriendo, como un padre altivo que menosprecia la rabieta de un niño.

—Carlos —dijo Redondo, sin ira, con la calma de las cosas que se han pensado mucho y están listas para verbalizarse en mármol—, te miro y no te distingo del señor Cuevas. Hay una cohabitación entre el ministerio y los empresarios. Te has equivocado de trinchera, de verdad, te has equivocado de trinchera.

Solchaga protestó diciendo que él no distinguía a Nicolás de Camacho, pero le salió una respuesta atiplada y muelle. La última palabra era de Redondo, no cabía réplica.

Meses después, en octubre de 1987, Nicolás Redondo y su segundo en la UGT, Antón Saracíbar, entregaban sus actas de diputados por Vizcaya en el Congreso. Se iban de la casa común y se preparaban para la huelga que, un año más tarde, consagraría su independencia política y rompería una familia de cien años.

Tenía razón Felipe González cuando, tiempo después, dijo que la huelga general del 14 de diciembre de 1988 se convocó por una estupidez, por más que los sindicalistas y los políticos de izquierdas se ofendiesen, al interpretar la frase como un gesto despectivo. El plan de empleo juvenil, cuya retirada exigían los dos sindicatos, no tenía peso para justificar un conflicto tan grande, que arrastraba a todo el país (de hecho, al gobierno no le costó nada retirar ese plan unos meses después, cuando se sentó a negociar con los sindicatos). Ni siquiera era la gota que colmaba un vaso. Fue tan sólo la excusa para un enfrentamiento que los sindicatos necesitaban para seguir vivos, la demostración de que no eran los brazos muertos de los partidos de izquierdas ni del gobierno. El argumento de fondo que movilizó a las masas estaba implícito en los reproches de Redondo a Solchaga: os habéis olvidado de los trabajadores. Cundía en España una sensación —levantada mediante imágenes de obreros en huelga y obreros muertos y obreros heridos entre el humo negro de las barricadas de neumáticos y las piedras y piezas de maquinaria de estiba y de siderurgia lanzadas contra las columnas de antidisturbios— de que unos pocos se estaban haciendo de oro, mientras el paro no terminaba de bajar ni llegaban los prometidos puestos de trabajo del futuro europeo. En abril de 1987, la revista satírica *El Jueves*, que tiraba cientos de miles de ejemplares, dibujaba en la portada a un montón de banqueros caricaturizados con traje y puro. Iban en una manifestación con chapas y pegatinas de apoyo al gobierno y al PSOE y gritaban: «¡Felipe, amigo, la banca está contigo!».

Había datos que desmentían esa sensación de derrota, pero Solchaga no era la persona indicada para divulgarlos. La compra de coches se había disparado, así como la de electrodomésticos y la de muebles, que respondía a una explosión del mercado inmobiliario. La industria cultural vivía días de gloria: se vendían libros sin tasa, los cines estaban llenos y muchos músicos de la movida eran ya cómodos millonarios. Había negocio para lo inútil, para todos esos caprichos que adornaban los salones y hacían menos tristes las casas. Los salarios reales (los que miden la evolución en el tiempo a precios constantes, es decir, teniendo en cuenta la inflación y la fluctuación de la moneda) se habían duplicado. A pesar de la reconversión industrial, a pesar del paisaje de ruinas de hierro oxidado, casas del viejo sindicato franquista y alcohólicos cincuentones, había una clase media expansiva con dinero para pequeños lujos burgueses. Además, la reforma universitaria que se aprobó en 1983, a los pocos meses de llegar al gobierno, estaba ya dando resultados: se abrían universidades nuevas y se ampliaban las viejas. Gracias al sistema de becas mejor dotado de la historia de España, la educación superior era al fin una posibilidad al alcance de todos, incluidos los hijos de esos obreros prejubilados que, años después, usarán sus doctorados en ciencias políticas y en sociología para explicar la reconversión de la década de 1980. También escribirán novelas y rodarán películas que sus padres, que no estudiaron, no pudieron escribir ni rodar. Quienes hoy lamentan el modo en que se rompió la tradición obrera y cómo los hijos de los obreros no pudieron serlo también porque dejó de haber fábricas no tendrían herramientas intelectuales para analizar y narrar ese fenómeno si el propio fenómeno no los hubiese encaminado a ellos hacia la universidad y a un mundo de cuellos blancos y oficinas acristaladas.

Todo esto convencía a Solchaga y a Felipe de que no había nada que pudiera romper la paz social. Sorteados los episodios más violentos de la desindustrialización, ya no quedaban saguntos ni gijones ni puerto reales, y la inversión pronto repercutiría en trabajos más cualificados para esos universitarios. No había causas objetivas para convocar una huelga general, y el plan de empleo juvenil, en efecto, no era una razón de peso. Tampoco la OTAN, una organización lejana y abstracta, bastaba para sacar a la calle a medio país contra ella. En 1986, los del *no* se oponían en realidad a las bases norteamericanas al tiempo que reafirmaban su identidad política, despidiéndose de ella. Había mucho sentimentalismo en las manifestaciones contra la OTAN, como lo hubo en la huelga de 1988. Ambos sucesos fueron catarsis nacionales, reacciones casi instintivas contra un gobierno demasiado frío, demasiado apegado a sus carpetas y demasiado confiado en sus razones.

El ruido de las manifestaciones y el silencio de las calles en huelga impedían apreciar aquel 14 de diciembre que la democracia española había superado una nueva fase, esta ya definitiva, y lo hacía sobre los sentimientos y las vidas de quienes la pelearon desde el antifranquismo. La televisión enseñó la pelea entre Nicolás Redondo y Carlos Solchaga, pero el contrincante real del ugetista era Felipe González. Juan contra Isidoro. Hacía diecinueve años, un 14 de julio de 1969, se conocieron en una sala del hotel Larreta y empezaron a marchar juntos. Refundaron el socialismo y lo convirtieron en la herramienta más poderosa para construir la democracia. Felipe era Felipe gracias a Nicolás, que se hizo a un lado en Suresnes. El poder los separó, hasta el divorcio fatal, en cuyos reproches ambos se acusarán de traicionar lo que fueron. Felipe también creía que a Nicolás le pudo la ambición y que actuó por despecho, por todas esas llamadas a la Moncloa que no atendió y por no asumir que orientar al partido era tarea de otros. Nicolás se sentía desairado, sí, y tenía a Felipe por un ingrato, pero su instinto también le decía que los tiempos de la unidad habían terminado y convenía buscar alianzas en otros sitios.

Aquel divorcio se vivió como trauma en la gran casa socialista y entre los españoles de izquierdas que lo contemplaron. Muchos felipistas son incapaces, aún hoy, de referirse a Nicolás Redondo sin un reproche. Alfonso Palomares, que fue presidente de la agencia EFE y escribió una biografía de Felipe en 2005, lo denigra cada vez que lo cita, apostillando que, bajo los gobiernos de Aznar, se convirtió en asiduo de la Moncloa y que fue dócil y amigo de la derecha. Quienes vivieron la separación no se recuperaron de ella. Las secuelas del trauma persisten y condicionan las relaciones. No se podía ser amigo de ambos, había que dejar claras las lealtades.

En los papeles de Jaizkibel de 1974, Felipe y Nicolás parieron el concepto de «ruptura democrática», que marcó la estrategia socialista en la transición e inspiró la Constitución de 1978. Expresaba un cambio tranquilo, una evolución sosegada hacia la democracia, dejando claro que esta era inevitable, pero aceptando que la negociación podía ser larga. Catorce años después, ese concepto definía también el asentamiento de la democracia en España, restañada mediante rupturas sentimentales. Todo el entusiasmo que ganó las elecciones de 1982 procedía de un grupo no muy grande de antifranquistas que compartían mucho más que unas ideas. Desde finales de la década de 1960, eran familia. Unos hacían política de partido, otros eran periodistas y otros sindicalistas. Hasta octubre de 1982, no había diferencias entre los tres grupos. Sentían que trabajaban por el mismo objetivo, cada cual en su ámbito, y sus vidas y tareas se confundían con una alegría muy verbenera. La transición fue áspera, violenta, gris y decepcionante, porque todos tuvieron que renunciar a sus planes de grandeza, pero también fue una cofradía noctívaga y promiscua de jóvenes mucho más sentimentales de lo que un cinismo ambiental ahumado con Ducados dejaba que admitieran. La democracia empezó gracias a su amistad, pero no habría sido posible sin su enemistad. Los hijos de la transición debemos la libertad en la que hemos crecido tanto al amor de esos amigos como a sus traiciones.

Los primeros en divorciarse fueron los periodistas, aunque lo hicieron de tapadillo y no todos, pues siempre hubo quien se negó a irse y quien mantuvo el romance en secreto, a pesar de que por fuera escribiese columnas airadas. En 1988 se divorciaron los sindicatos. Por eso el 14 de diciembre fue un día grande para la democracia, porque en él se consumaba el fin de unas amistades que fueron imprescindibles para el antifranquismo, pero eran imposibles para la democracia. Si todos los que se amaban en el final de la dictadura hubiesen perseverado en su amor ya avanzada la democracia, esta nunca habría devenido tal. Imaginemos a unos periodistas que nunca enfadaran a Felipe, en tributo a su amistad y a los buenos ratos pasados jugando al fútbol o al billar. Imaginemos a una UGT que nunca se hubiera aliado con Comisiones para hacerle una huelga, en tributo a la lealtad y a la amistad de los días de Suresnes. Con un panorama así, los españoles no viviríamos en una democracia.

Uno de los que mejor entendió esto fue Antonio Gutiérrez, el jefe de Comisiones que convocó la huelga junto con Nicolás. Unos meses antes había sustituido al queridísimo Marcelino Camacho, autoridad ética hecha de cárceles y exilios. Gutiérrez era un sindicalista joven de treinta y siete años, pero de pedigrí sindical muy largo. No arrastraba el sentimentalismo de los viejos y supo hacer con entusiasmo en Comisiones lo que Nicolás hizo a disgusto en UGT: separarlas del Partido Comunista. Entendió que un sindicato debía ser autónomo y ocuparse de sus asuntos sindicales, y eso pasaba por la independencia política. Analizando la huelga de 1988 —de cuyo éxito le corresponde la mitad del mérito—, escribió: «En cierto modo, el 14-D también supuso un paso más en la homologación con las democracias europeas avanzadas». Así fue. A largo plazo, la huelga general afianzó algunos derechos sociales que el gobierno no contemplaba (entre ellos, asociar las pensiones al índice de precios al consumo), inauguró una unidad sindical que ha sido la norma desde entonces y generalizó la negociación colectiva. Después de 1988, España se parecía más a una democracia europea en lo que al trabajo se refería.

Solchaga no se había equivocado de trinchera. Fue Nicolás Redondo quien se dio cuenta de que la suya no estaba en el partido ni en el gobierno, por muy insoportable que fuera el dolor que esa revelación le causaba. No serían los últimos corazones rotos a beneficio del país.

7. España en progreso (1989-1993)

Palacio de la Moncloa, Madrid, 16 de diciembre de 1988, 13.30. Los ministros salieron y en la sala del consejo quedaron el presidente y Narcís Serra. La escena tenía un aire escolar: el alumno al que el profesor le pide que se quede un momentito después de clase. ¿Era un premio o un castigo? Felipe encendió un puro y se tomó su tiempo.

—Mira, Narcís, no me tienes que contestar ahora y yo tampoco te lo voy a proponer ahora. No hace falta que apele a tu discreción. En fin, es impresionante lo que has conseguido. No hay ningún otro catalanista en la historia de España que haya hecho lo que tú has hecho. Nombrarte ministro de Defensa ha sido uno de mis grandes aciertos, no lo puede contestar nadie. Supongo que lo natural, por aquello de los prejuicios y de las expectativas, pero también por tradición histórica, era que un catalán hubiese llevado bien Comercio o el tema de las autonomías, pero nadie se esperaba que reformase el ejército, y mira dónde estamos, mira lo que has hecho. Creo que hemos mandado un mensaje muy poderoso, y a lo mejor es hora de ser consecuentes. Me quiero ir, Narcís. No voy a ser tan irresponsable para irme de repente, pero me tengo que ir y hay que empezar a preparar el terreno, en el partido y fuera del partido. Me gustaría que, llegado el momento, fueses tú el candidato a la presidencia del gobierno. No hace falta que contestes ahora, no vamos a hacer ningún anuncio, aún no sé cuándo serán las elecciones, tan sólo quiero compartir estas reflexiones contigo y que pienses si te ves donde estoy yo y si lo quieres.

A lo largo de 1989, varios periodistas tuvieron en sus grabadoras la exclusiva de su carrera, pero se la guardaron para sí, cediendo al chantaje o la presión de Rosa Conde, la ministra portavoz del gobierno. En las entrevistas, Felipe González empezó a contar que no se iba a presentar a las elecciones. En ocasiones, lo decía de forma genérica, dando a entender que se refería a las próximas elecciones, las de 1990. Otras veces decía que las siguientes elecciones serían las últimas. Rosa Conde, como portavoz, asistía a esas entrevistas, y siempre, al terminar, acompañaba a la salida al periodista y le decía que no podía publicar eso. Invocaba a su responsabilidad y describía el caos político que un anuncio así desataría en un momento tan delicado para el país, justo cuando le tocaba presidir la Comunidad Económica Europea por primera vez y España se jugaba su prestigio internacional. Si en el camino del despacho hasta la salida de la Moncloa no convencía al reportero, Conde recurría a sus jefes, al dueño del medio de comunicación, a quien fuera. Hay tantos periodistas que me han contado esta historia, lamentando que se les hundiera la exclusiva que podría haber cambiado la historia y haber salvado al felipismo de sus años terribles, que a veces creo que es uno de esos mitos o alucinaciones colectivas tan recurrentes en la historia de cualquier país. Sufrir la censura de Rosa Conde era una forma de consagración profesional para los cronistas políticos de finales de la década de 1980, como recibir un porrazo de los grises en el lomo lo era para un antifranquista. En sus recuerdos, tal vez alguno haya confundido su deseo con los hechos.

Una mañana, le tocó escuchar la frase a Miguel Ángel Aguilar, director de la agencia EFE, que se marchaba de la Moncloa feliz, imaginando cómo luciría el titular en las primeras páginas de los periódicos del día siguiente. A Conde le bastó aludir al carácter estatal de la agencia para que el texto se difundiese sin esa frase y pasara como una entrevista oficialista del montón, con más pena que gloria.

A Alfonso Guerra le aterraba esa manía de Felipe de contarle a todo el mundo que se iba. Entre los jefes del partido se abrió una conspiración para guardar el secreto y, a la vez, convencer al gran jefe de que tenía que quedarse. Unos pocos, los amigos más fieles, dentro y fuera del partido, se preocuparon por el futuro personal y familiar de Felipe. Tras siete años en la Moncloa, no tenía adónde ir. Felipe no tiene un duro, se decían entre ellos. Había que conseguirle una casa y un trabajo, no podían permitir que se quedara a la intemperie. Él insistía en que era abogado, que ese era su oficio, que la política había sido una pasión demasiado larga y que la abogacía siempre estaba allí, a la espera, pero nadie se imaginaba a Felipe González de vuelta a un bufete laboralista de Sevilla que ya no existía (todos sus socios eran políticos; alguno había presidido incluso la Junta de Andalucía). Tampoco era verosímil que se sentase a negociar un expediente de regulación de empleo ni mediase en una huelga. ¿Con qué autoridad moral, después de tantos cierres? ¿Le iban a contratar la UGT de Nicolás Redondo o las Comisiones de la huelga del 14 de diciembre? Felipe era abogado de una rama del derecho que ya no podía ejercer. Su vida tenía que ir por otros caminos que nadie había pensado. Lo raro era que esto sólo preocupaba a sus amigos. Cuando le preguntaban qué pensaba hacer si no se presentaba, se encogía de hombros y daba otra calada al puro, lo que inducía a muchos a sospechar que todo era un ardid.

Los peor pensados —fuera del partido, sobre todo entre los periodistas censurados por Conde— suponían que Felipe intentaba desviar la atención de los demonios que empezaban a ennegrecer su historia. En 1989 coleaba la huelga, que le había hecho «mucho daño», según había confesado de su puño y letra en aquella nota oficial. Su amiga Pilar Miró sufría todavía el acoso a cuenta de las facturas de los malditos trajes que había cargado al presupuesto de RTVE. Y, en septiembre, el juez Baltasar Garzón terminó de tramitar el sumario contra los policías José Amedo y Michel Domínguez, acusados de organizar y dirigir el GAL.

Unos meses antes, el 8 de marzo, Pedro J. Ramírez fue despedido de *Diario 16*, periódico que dirigía desde 1980, por insinuar que había hilos directos entre Felipe González y los atentados del GAL. La empresa no quiso dar cobertura a especulaciones sin pruebas, y el periodista salió con portazos y gritos, llevándose tras él a un montón de redactores y colaboradores —entre ellos, Francisco Umbral—, a quienes prometió un nuevo periódico, con el mismo espíritu del anterior, pero más libre, sin deudas con el gobierno. Se asoció con Alfonso de Salas, hermano de Juan Tomás, el dueño de *Cambio 16*, y fundó *El Mundo*, que empezó a editarse en octubre, una semana antes de las elecciones, con una clarísima línea antisocialista. Sus accionistas creían que había un hueco muy amplio en la opinión pública que se sentía decepcionado y que era hostil a Felipe; un sector popular al que no representaba la prensa conservadora y del que podían ser portavoces. Como aperitivo y prueba de que no estaban equivocados, en mayo salió el libro, ya mencionado, *La ambición del César. Un retrato político y humano de Felipe González*. Lo firmaban José Luis Gutiérrez y Amando de Miguel. El primero era un cronista político muy prestigioso que ejercía en *Diario 16* —sería su director en 1992, en la agonía del periódico— y firmaba a veces con el seudónimo de Erasmo. El segundo era uno de los sociólogos y ensayistas más relevantes de aquel momento. Ambos fueron antifranquistas y ambos fueron felipistas. A ambos se les desinfló la fe con el correr de la década. Las columnas de Gutiérrez, siempre lúcidas y bien informadas, tenían una textura áspera, como la arena de la playa que aparece en el maletero del coche en pleno invierno, ese pringue de unos días azules cuya memoria sólo sirve para subrayar el frío del presente. A veces recordaban la prosa de Mariano José de Larra, un fatalismo sin indulgencia o un moralismo sin exclamaciones.

El libro tenía el tono de los amantes despechados y sólo se entendía desde el reproche a un Felipe que antepuso su poder a las promesas del cambio. Podría haber pasado por una tragedia de Shakespeare, pero a los autores les gustaba demasiado la caricatura, por eso el retrato se parece a las tiras cómicas de Gallego y Rey, que en 1988 recopilaron en dos tomos para componer una satírica *Historia del felipismo* que *Diario 16* vendió por fascículos. Gutiérrez y De Miguel, contagiados o promotores de ese espíritu de rencor, no se tomaron en serio a su personaje, a quien despreciaban por vulgar, pedante y mal instruido, un andaluz que aún olía a establo y al que le venían grandes los conceptos jurídicos que sostenían la socialdemocracia.

Los autores quisieron aprovechar el viento antifelipista que empezó a soplar el 14 de diciembre de 1988. Escribieron: «Tras la huelga general, los primeros análisis sobre el declive del felipismo han hecho su aparición. Por primera vez se escribe con ese distanciamiento necesario para percibir, no ya que el socialismo ha degenerado en felipismo, sino que este movimiento ha llegado a su cenit y parece iniciar sus horas crepusculares. Los comentaristas se tornan en portavoces de un estado de opinión muy extendido. Mientras tanto, la *era González* constituye uno de los capítulos más espectaculares, intrigantes y enigmáticos de la historia política de los españoles de este siglo».

Era el cansancio, y no la cobardía, lo que animaba a Felipe a repetir que se marchaba cada vez que lo entrevistaban. Hasta con las elecciones convocadas, que anticipó unos meses y fijó en octubre, sin agotar la legislatura, seguía contando a quien quisiera escuchar, con entonación de Gardel, que adiós, muchachos, compañeros de mi vida, barra querida de aquellos tiempos. En plena campaña electoral, recibió en la Moncloa a Susana Olmo, vieja conocida de mil noches parlamentarias, incluida la del golpe de Estado.

Olmo trataba a Felipe desde las primeras elecciones, y era una de las pocas periodistas capaces de sacarle un titular casi espontáneo. No lo relajaba hasta el punto de hacerle bajar la guardia, pero sí de ser un poco generoso en la confidencia. En el momento adecuado, Olmo le soltó el tropo del cansancio del presidente, preguntándole qué había de cierto. Felipe respondió:

—Uno debería pretender que la renovación se produjera en tiempo razonable. Eso me lleva a conclusiones difíciles de expresar. Si los ciudadanos nos otorgan otra vez su confianza para gobernar, es razonable pensar que desde el punto de vista personal en lo que a mí me afecta será probablemente la última ocasión. No para el partido, puesto que ese proyecto puede seguir veinte o veinticinco años, democráticamente, con apoyo limpio. Pretendo que en el partido se abra un debate que permita una renovación. Está bien pensar que en los próximos años se le encargue a otro la responsabilidad del partido y también del gobierno que desempeña ese partido.

Al salir, se repitió la escena de otras veces. De camino a la salida, Rosa Conde halagó la amistad de Susana y evocó los años cómplices, los cafés tras la rueda de prensa de los viernes, todas aquellas noticias que le susurró en exclusiva, los favores sin cobrar, esas cosas. Pero aquella vez no dio resultado.

—Mira, Rosa, entiendo tus razones, pero esto es una noticia de primer orden, Felipe me lo ha dicho con la grabadora encendida, en el contexto de una entrevista, y mi obligación es publicarlo. Lo siento mucho, pero no puedes pedirme eso.

Conde siguió intentándolo, pero la empresa para la que trabajaba Olmo no era como las demás. La agencia Colpisa era la obra de Manu Leguineche, funcionaba como una cooperativa y servía sus textos a periódicos de provincias que no podían permitirse tener una delegación en Madrid. Un grupo de periodistas que presumían de independientes se habían juntado en su redacción para esquivar las censuras y presiones que vivían en el resto de los medios. No había en aquel tiempo un refugio más orgulloso de la libertad de expresión y la épica del viejo periodismo. Llamar a Colpisa para pedir que suprimieran una frase de una entrevista al presidente no era una buena idea. Aun así, Rosa Conde lo intentó, con tan mala pata que el revuelo corrió por los cafetines y los restaurantes de Madrid —¿te puedes creer que Rosa Conde anda dando toquecitos a los jefes de Colpisa?, reían al fondo de las barras y en los reservados—, hasta caer en los oídos de Felipe González, quien llamó a su portavoz hecho unas furias, como quien dice. Felipe tenía gripe y estaba en cama, pero pidió el teléfono para echar una bronca de toses y esputos:

—¿Cómo se te ocurre, Rosa? ¿Cómo se te ocurre censurar una entrevista que me han hecho? Yo soy dueño de mis palabras, no tienes ningún derecho, ninguno.

La entrevista se publicó el 14 de octubre, el mismo día en que un Felipe ya medio recuperado de los virus tenía previsto empezar la campaña electoral con un mitin en Alcázar de San Juan. En el partido temían lo peor, y el equipo a cargo de las encuestas miraba los resultados con la mano en la cara, observando entre los dedos, aterrados ante el descalabro que la revelación iba a provocar. Pero no pasó nada. Un Felipe cansado que no disimulaba su cansancio paseó por una España también cansada, que parecía entender su agotamiento y escuchaba sus razones con ojeras y bostezos simpáticos que significaban: lo sabemos, Felipe, lo sabemos, ¿cómo no ibas a estar harto?

En la calle Ferraz, el 29 de octubre de 1989, siete años y un día después de la primera victoria, muchos temían una derrota por incomparecencia de un candidato sin fuerzas y por desilusión generalizada de España, pero el recuento dibujó un país muy distinto: el PSOE conservó la mayoría absoluta por las justas, con 175 diputados. Perdió novecientos mil votos con respecto a 1986, justo los que había ganado Izquierda Unida. Como la derecha —refundada en el Partido Popular con un nuevo candidato, el presidente de Castilla y León, José María Aznar, que sustituía a Manuel Fraga— había sacado los mismos resultados, las cuentas eran muy sencillas: los desilusionados del PSOE se habían ido en masa a Izquierda Unida, pero todos juntos no sumaban ni el diez por ciento de los votos socialistas de 1986. Es decir, la desilusión hacía mucho ruido, pero apenas cascaba nueces. Era, además, una desilusión muy de izquierdas, inasequible a los cantos electorales de la derecha. La mayoría de España seguía confiando en Felipe y no concebía otro presidente.

Esto desconcertó mucho a quienes habían fundado *El Mundo* y a los líderes de opinión que repetían que la huelga había tocado y hundido el barco socialista. ¿Por qué seguían votándole? ¿Cómo podía sacar una mayoría así después incluso de anunciar que estaba de retirada? Pronto convertirían el desconcierto en conspiración, y algunos miembros del gobierno les iban a proporcionar muchos argumentos y tramas.

Entre los 175 diputados, se estrenaba una diputada por la circunscripción de Cádiz. El gaditano Pablo Juliá la fotografió esa noche en las calles desiertas de la ciudad, celebrando la victoria. Había concurrido en el tercer puesto de la lista por la provincia, tras Manuel Chaves y Ramón Vargas-Machuca. Muchos periodistas interpretaron la decisión de Carmen Romero como un gesto de insolencia hacia su marido. No sólo se negaba a ejercer de primera dama modosa, sino que aspiraba a tener una carrera política y una voz propias. No era un secreto que la Moncloa ahogaba a Carmen, no sólo en lo íntimo, sino también en lo político. Era una militante casi tan antigua como Felipe, lo había acompañado desde lo más profundo de la clandestinidad y era socialista cuando nadie sabía ni que existía el PSOE. Salvo Pablo Juliá, que la enfocaba con su objetivo en la noche luminosa de Cádiz, todos los amigos de la foto de la tortilla (la foto de las naranjas) eran en 1989 presidentes, diputados y ministros, mientras que ella ni siquiera había mantenido su cargo en la UGT, víctima del fuego huelguista entre el partido y el sindicato. No le bastaba con traducir a Anna Banti, no se conformaba con las clases y las tertulias literarias. Echaba de menos la política, esa pasión a la que había renunciado en beneficio de Felipe.

En el último congreso del partido se unió a los grupos feministas para reclamar una cuota del veinticinco por ciento de los cargos para las mujeres. Lo consiguieron, y el éxito le puso una sonrisa cuando los compañeros, cada vez más insistentes, la incitaron a comprometerse más. Sobre todo, por las mujeres, para que se las viera en ese partido de corbatas. El PSOE andaluz le propuso salir en las listas de Málaga, de Jaén o de Granada, pero se decidió por Cádiz, la provincia menos extraña, en la que más amigos viejos tenía. Si Felipe se iba, Carmen venía.

Congreso de los Diputados, Madrid, 1 de febrero de 1990, 17.05. Acostumbrados a la rutina de los plenos, los diputados se vuelven un poco escolares y las legislaturas se les escurren entre monotonías de lluvia tras los cristales. Por eso, en los días grandes, el parlamento parece el patio de un colegio antes de una excursión. Les cuesta quedarse en los escaños y palomean por los pasillos. La tribuna de prensa se desborda con cronistas de aluvión que acuden a lucirse y molestan a los habituales, que se han tragado las sesiones de los presupuestos sin rechistar y ahora tienen que compartir la gloria periodística con unas estrellas que no han pisado la cámara en todo el año. Calmado el alboroto, el hemiciclo deviene ruedo. Hasta los ujieres parecen monosabios, y los frescos del techo, nubes de Velázquez sobre el cielo de Las Ventas, porque los días grandes en el Congreso son casi siempre días de sacrificio ritual. Se celebra la muerte de un político.

287

Abreviando la ceremonia, el presidente Félix Pons dio la palabra al toro, que se levantó de su sillón azul del gobierno, a la vera de Felipe, y subió a la tribuna.

—Señor presidente, señoras y señores diputados —empezó Alfonso Guerra—, a lo largo del mes de enero se ha producido un auténtico diluvio de noticias, comentarios y declaraciones en torno a las actividades de una persona relacionada con el vicepresidente del gobierno que se han querido presentar como una manifestación del llamado tráfico de influencias.

Empezaba bien su discurso. Comedido, sin ira, centrándose en los papeles que llevaba escritos. Si no fuera inverosímil para el personaje, podría hablarse incluso de cierta humildad. Cuando se le ponía el gesto histórico y aparcaba el sarcasmo, el Guerra orador se elevaba a alturas de Churchill.

Despiezó los hechos que le habían llevado a comparecer aquella tarde para demostrar que no había caso. Unos periodistas del *Abc* acusaban a su hermano Juan de usar un despacho de la delegación del gobierno de Sevilla para entablar negocios sucios. Decían las informaciones que Juan Guerra —rebautizado como el *hermanísimo*, en recuerdo de aquel *cuñadísimo* con que se moteaba a Serrano Suñer: todos los insultos, empezando por felipismo, subrayaban que el PSOE era una dictadura, como el franquismo—, en calidad de secretario del vicepresidente, recibía a empresarios en busca de favores del gobierno. Un juez había abierto una investigación por un posible delito de tráfico de influencias y se trataba de dilucidar si Alfonso Guerra estaba al corriente de los manejos de su hermano y si era parte de ellos. Con calma y orden narrativo, como si fuera un abogado, el vicepresidente reclamó la presunción de inocencia para sí y para su hermano. Dijo que este había sido contratado por el partido en 1979 en calidad de asistente del vicesecretario, para ayudarlo con la agenda y la correspondencia los días en que Alfonso trabajaba en Sevilla.

En diciembre de 1982, al llegar al gobierno, Guerra pidió que le pusieran un despacho en la delegación del gobierno en Andalucía para poder atender los asuntos oficiales los días de la semana que pasaba allí, pues nunca se mudó del todo a Madrid y vivió entre las dos ciudades. Su hermano frecuentaba aquel despacho como asistente del vicesecretario del PSOE, para recoger la correspondencia y llevar y traer papeles, pero no le constaba que lo usase para nada más. Todo se debía a una manipulación de la prensa y, como no tenía nada que ocultar, decía, la investigación judicial lo aclararía todo. Podría haberse quedado ahí, pero entendió que no le estaban juzgando y que un vicepresidente no puede subir a la tribuna del parlamento sólo para defender su inocencia. Por eso cerró con una reflexión política:

—Estamos en un país en el que la situación económica es favorable. Existe un grado muy aceptable de estabilidad política e institucional. No hay enfrentamientos sociales graves. El terrorismo está en retroceso. Se están recuperando los mecanismos del diálogo social y la política exterior aumenta cada día la presencia y el prestigio de España internacionalmente. Un país que ha hecho un gran esfuerzo por incorporarse al grupo de las naciones más libres y avanzadas y ahora se prepara para afrontar con éxito, junto con el resto de los pueblos de Europa, uno de sus desafíos más decisivos. ¿Está justificado en esta situación que esbozo que el tipo de debate político que se plantea desde algunos sectores sea el que es? ¿Tiene lógica que desde hace siete años se pretenda sistemáticamente, y siempre mediante acusaciones no demostradas, convencer al pueblo español de que sus gobernantes son poco menos que un grupo de delincuentes? ¿Qué tipo de malestar público, qué alarma social se pretende crear y con qué fines?

Tenía razón Guerra. El PSOE acababa de ganar unas elecciones que la prensa le daba por perdidas, y la única explicación razonable para su victoria era que la sociedad española vivía en paz y contemplaba con curiosidad y asombro la transformación del país, que ya no era una cuestión de porcentajes recitados con displicencia por el ministro Solchaga, ni de portadas de colorín de la *beautiful people* de Marbella, sino de kilómetros de autovías que sustituían los proverbiales baches ibéricos de las carreteras nacionales, campus universitarios y escuelas públicas construidas al calor de las reformas de 1983, y hospitales de una sanidad universal que por primera vez lo era de verdad, pero también una línea de trenes de alta velocidad y enormes planes urbanísticos que muy pronto cambiarían de arriba abajo Sevilla y Barcelona. Los yonquis y los quinquis, tan ubicuos al comienzo de la década, empezaban a retirarse de las plazas. Año tras año, el paisaje se aseaba. Las ciudades se volvían anodinas, perdían carácter, pero a cambio estaban más limpias y permitían que sus vecinos paseasen sin miedo a un tirón. Quizá no era el cambio que soñaban muchos de los que le pedían un hijo a Felipe en los campos de San Blas en 1977, pero era un cambio incontestable: la España de 1990 no se parecía ya a la de 1982, y las perspectivas de mejora en la frontera de 1992 —declarado horizonte de las maravillas en el que España dejaría atrás y para siempre su leyenda negra— eran luminosas. Una mayoría de españoles le concedía el crédito a Felipe, que podía presumir de haber cumplido la música de fondo de su campaña de 1982, cuando se proclamaba regeneracionista y daba por muertos los males de la patria. La única manera que la oposición tenía de debilitar los cimientos de su poder era sacar al balcón sus trapos sucios, cuestionar su honradez y denunciar su autoritarismo. El caso de Juan Guerra fue oportunísimo.

Alfonso Guerra volvió a su escaño azul entre aplausos de la mitad de los diputados y sonrisas de sorna de la otra mitad. Felipe no le dijo nada, pero los felipólogos pendientes de sus gestos interpretaron que aprobaba la intervención de su amigo.

El presidente de la cámara fue llamando a los portavoces parlamentarios, empezando por los del grupo mixto, entre los que estaba Alejandro Rojas-Marcos, del Partido Andalucista, que pidió su dimisión. Siguió Iñaki Anasagasti, de los nacionalistas vascos, partidario de mirar para otro lado y no dejar que los trapicheos de los hermanos estropeasen los negocios públicos, y Alejandro Rebollo, del CDS, que tampoco brilló. Las cosas no iban del todo mal. Guerra se crecía en su asiento azul. Con aquellos diputados mediocres, no tenía ni para empezar.

Subió a la tribuna Nicolás Sartorius, de Izquierda Unida, y allí empezó lo amargo. Los comunistas habían llevado el caso a los tribunales y eran los más beligerantes. Habían arrastrado a la derecha parlamentaria, que al principio prefería dejar las cosas en el terreno político y no meter a los jueces. Sartorius fue durísimo y exigió la dimisión del vicepresidente. Ya eran dos.

Se levantó entonces Miquel Roca, portavoz de los nacionalistas catalanes y uno de los padres de la Constitución. A Roca se le había puesto cara de prócer, recuperado ya de uno de los fiascos más grandes de la política europea, que llevaba su nombre, operación Roca. En 1986 se presentó a las elecciones de junio junto con el Partido Reformista Democrático (PRD), con la intención de reconstruir el poder de la UCD y levantar un gran partido liberal o democristiano al estilo alemán. Se llamó *operación* porque invirtieron en ella muchos banqueros y empresarios, fundando un partido al que no le faltaba moqueta en los despachos ni sedes con vistas en los barrios más caros de las capitales. Empapelaron España con la cara de Roca, superaron a casi todos los partidos en fanfarrias electorales, pero no les votó nadie. Muy digno, como quien se levanta y se sacude el polvo de la chaqueta tras caer de un décimo piso sin romperse un hueso, Roca continuó con los nacionalistas como portavoz en el Congreso, donde se mantuvo hasta 1995. Era un busto en bronce. Su calva pulida se reverenciaba como una estatua, y sus intervenciones en el Congreso sonaban a cantos y oraciones. Más que un parlamentario, era un pontífice constitucional, un recordatorio en carne de aquel momento ateniense de 1978.

Su discurso estuvo a la altura de la leyenda y expresó de forma muy elegante una creencia popular: donde las dan, las toman. Dijo:

—La mayor o menor ironía mordiente, el gracejo, el estilo de las medias verdades, de las descalificaciones ofensivas, de las acusaciones sin prueba, del exabrupto extemporáneo que usted ha practicado en más de una ocasión, ahora revierte contra usted con todas sus consecuencias. En tono coloquial, señor Guerra, a usted hay mucha gente que le tenía ganas. Pero es que, además, cuando uno va dando lecciones por la vida debe entender y aceptar que se le va a juzgar con el máximo nivel de exigencia. Al que más denuncia la falta de ética de los otros, más ética en su propio comportamiento se le va a exigir.

Le siguió Francisco Álvarez-Cascos, del Partido Popular, la nueva derecha desgajada de Fraga que, con una cohorte de jóvenes turcos engominados al mando de un inspector de hacienda llamado José María Aznar, se había propuesto hostigar sin tregua al gobierno. Pidió la dimisión de Guerra, claro, antes de que el portavoz socialista, Martín Toval, lo sustituyese para hacerle a su vicesecretario una loa que sonó a panegírico.

El cuerpo presente de Guerra no había dejado de tomar notas y de sonreírse. Durante las intervenciones, se había transformado en su Mister Hyde parlamentario. No podía evitarlo, como bien subrayó Miquel Roca. Alfonso Guerra-Jekyll podía ser Cicerón o Disraeli si se lo proponía, pero ante las alusiones directas se revolvía como un alacrán. Estaba en su naturaleza, nunca supo vestir el traje de estadista hasta el final de una sesión. En algún momento, se quitaba la chaqueta, se remangaba y repartía a cada cual lo suyo. Felipe miraba de reojo sus garabateos, sentía cómo le cambiaba la respiración y cómo el animal polemista poseía al político con ideales.

La grandeza de su primera intervención se desfondó en una ciénaga apenas empezó a hablar. Incluso el tono cambiaba. Era el Guerra veloz y cruel de los años opositores, el que zurraba a Suárez, el maestro de esgrima que daba siempre en el punto más doloroso. Habían puesto en cuestión su honradez, y no lo soportaba, porque, al final de los peores días de gobierno, la honradez era el único consuelo al que podía agarrarse. Tenía estocadas para todos, pero empezó por la derecha.

Comentó que la hermana de Manuel Fraga había sido acusada de participar en una estafa, sin que eso hubiera manchado a don Manuel, pero rebuscó en los cajones y encontró algo mejor: mirando al diputado Rodrigo Rato, le dijo que tenía cartas suyas en las que pedía concesiones de emisoras para la radio de su familia, Cadena Rato. ¿No era eso tráfico de influencias? Él creía que no, que formaba parte de las relaciones normales entre empresarios y políticos y que no había nada ilegal, pero tenían mucha cara los señoritos populares al acusar a los demás de tráfico de influencias cuando ellos frecuentaban cualquier despacho para sacar tajada. También habló de casos de corrupción en municipios donde gobernaban y de alcaldes de derechas encausados por relacionarse con quien no debían. Repasó los bancos populares y no vio un solo diputado libre de pecado para tirarle la primera piedra.

Siguió con Sartorius, de Izquierda Unida, que había hablado del culto al dinero tan propio de aquellos tiempos, un culto que, sin duda, había cegado al vicepresidente y a los dirigentes socialistas. Guerra presumió de no tener más ocupación que esa que ejercía aquella tarde. Nicolás Sartorius, en cambio, tenía otra actividad fuera del Congreso, una actividad legal y compatible, no había ningún reproche hacia ella, pero revelaba un culto al dinero al que era ajeno el vicepresidente, a quien le bastaba y le sobraba con la política. Podían revisarle los bolsillos todo lo que quisieran, pues jamás encontrarían una peseta sin justificar. Los diputados socialistas le aplaudieron, ya que era bien conocido el desprecio que Alfonso prodigaba a los del sector liberal de su partido y a quienes se sacaban el carnet a última hora con ansias de figurar en las listas.

Con quien más se ensañó fue con Rojas-Marcos, viejo enemigo sevillano, bestia negra de los socialistas desde los tiempos de la universidad. Alfonso le tenía por un señorito de cuna meneá, un hijo de lo más rancio de Sevilla. En la facultad se miraban el uno al otro por encima del hombro. Era un placer enorme tenerlo al fin en un escaño, cautivo y desarmado. Dijo:

—Creo que el señor Rojas-Marcos debiera ser algo más prudente, porque los de Sevilla nos conocemos. Nos conocemos de lejos. Yo conozco su trayectoria de hace muchos años y no quiero citarla. Debiera ser algo más prudente, porque tiene la costumbre de hacer unos alegatos públicos muy fuertes y luego, de alguna forma, cubrirse personalmente, cubrirse en privado. Cuando pasaron las últimas elecciones, se sumó a esa campaña que hubo en algún grupo de la cámara de intentar deslegitimar el proceso electoral, la base del sistema democrático. Dijo que había habido trampas en el proceso electoral y después yo recibí una carta en la que (parecía una carta de amor) me felicitaba por el impresionante triunfo electoral que habíamos conseguido.

Luego acusó a los andalucistas de chanchullear en el ayuntamiento de Sevilla, y no quería que le tirasen mucho más de la lengua.

Los felipólogos intuían una sombra de decepción y tristura en las cejas del presidente. Hierático en su escaño azul, no aplaudía a su amigo y se esforzaba por mantenerse inexpresivo. Algunos dirían que por razones de arbitraje o de sentido de Estado: no estaba allí como compañero, sino como encarnación de un gobierno cuya integridad se cuestionaba. Otros leían un sentimiento más personal. Felipe estaba dolido. No podía creerse que Alfonso se hubiera desatado con tanta furia, como si aquello fuera un mitin o una discusión de los tiempos de Suresnes. Felipe sí era abogado. Felipe sí sabía el efecto que una defensa así tiene ante un tribunal. Quien se defiende atacando y replica a una acusación con un memorial de agravios está perdido. Aquello no era un juicio, pero de muchos modos sí lo era, y el acusado acababa de perderlo. Felipe basaba su abogacía, cuando defendía a trabajadores en el despacho laboralista, en desmontar los prejuicios del presidente del tribunal. Para el juez, un rojo es un menesteroso al que se ha condenado antes de comparecer. La única oportunidad que tiene el reo es demostrarle al juez que se equivoca. Para eso tiene que afeitarse y ponerse un traje, peinarse bien y hablar con humildad y corrección exquisita, sin terminar un solo participio en ao. Guerra hizo eso en su primer alegato, pero en la réplica lo destruyó todo y reconfirmó los prejuicios. Quien estuviera viendo la sesión por la tele estaba viendo a un culpable.

Tras repartir amenazas e insidias, Alfonso intentó recuperar la altura retórica de sus palabras y concluyó:

—Dicho esto, quisiera destacar que, políticamente, el desarrollo de este debate es muy esclarecedor para juzgar los comportamientos y las actitudes de los dirigentes de los diferentes grupos políticos. Es revelador que las críticas más rigurosas, más sensatas, correspondan prácticamente todas a partidos políticos que siguen comprometidos con el espíritu de convivencia y de respeto mutuo que aportamos todos desde los comienzos de la transición, a partidos políticos que saben y valoran lo que costó poner el sistema democrático en marcha, a organizaciones que estiman positivamente el significativo avance de nuestro país y de la sociedad española en estos años de democracia. Por otro lado, no es casualidad que las intervenciones más maliciosas, más descalificadoras, correspondan a partidos que quieren olvidar su propia historia pasada y reciente, pero los que no asumen responsablemente su propia historia lógicamente actúan irresponsable y desnaturalizadamente, asaltando sin miramientos lo que se les pone al paso, poniendo en peligro lo respetable y lo básico de un sistema democrático y de un Estado de derecho con tal de cobrarse cualquier botín, aunque en este caso el botín sea tan menguado como mi persona. Alentando este tipo de campañas políticas y de caza al hombre sólo recogerán el desprecio y la reprobación social, pero ni un solo voto. Como ha dicho anteriormente el representante del grupo socialista, este partido, el socialista, y este gobierno, el socialista, han aguantado ataques y asaltos en el pasado y han padecido, desde el año 1982, sucesivas campañas de desprestigio, pero, por encima de estos avatares, afortunadamente siempre ha contado con la confianza de la mayoría de los ciudadanos.

Ya sólo quedaba que volvieran a subir a la tribuna algunos aludidos, para recoger los cascotes, los cristales y la metralla. Sartorius resumió bien la tarde:

—Usted ha utilizado aquí una viejísima táctica, siniestra, por otra parte, la del calamar, que es echar cosas para salvarse, pero no ha justificado el meollo de la cuestión en los términos en que nosotros la hemos planteado.

Cerró Roca, con palabras de mármol:

—Señor vicepresidente, es un ejercicio de cinismo y de hipocresía alardear de que se saben tantas cosas de los demás y afirmar, al mismo tiempo, que no sabe una sola palabra de las actividades de sus familiares más cercanos.

El efecto de aquella tarde fue duradero. Los rumores que acotó el taquígrafo persisten en la política de España. La enumeración exhaustiva de miserias y sospechas cundió en la prensa y en los bares. Desde entonces, fue creencia común que los políticos se dedicaban al sablazo, a la colocación de sobrinos y a la mordida.

Al salir, las abejas cronistas volaron desde la tribuna de prensa hasta el pasillo y formaron un enjambre en torno a Felipe González, que no había pronunciado una palabra. Le preguntaron si Guerra iba a dimitir y si aceptaría la dimisión. Ninguno sabía que Guerra ya había dimitido y que Felipe le había rechazado la carta con un gesto desdeñoso. Entonces, en el pasillo, muy serio, dijo a los periodistas:

—Si quieren que el vicepresidente se vaya, lo tendrán fácil: tendrán dos por el precio de uno.

Aunque el amigo se había equivocado, no pensaba abandonarlo. Aquel fue uno de esos instantes de lealtad que hacen que hoy, tantos años después, haya tan poca gente que hable mal de Felipe. Hay colaboradores, ministros y compañeros que han sufrido su crueldad, que fueron destituidos o dimitidos o que pasaron de la bodeguilla y la mesa de billar a no verse nunca. Sólo los enemigos antiguos, los de los tiempos de Suresnes, los renegados de la clandestinidad, tienen palabras contra Felipe. Los de después, no. Pueden vivir resentidos, con heridas que nunca dejan de escocer, pero se cuidan mucho de manifestarlo en público. Quien trabajó junto a Felipe le guarda lealtad siempre, y eso es porque la inspira con frases como la que dijo aquella tarde de febrero de 1990 en el pasillo del Congreso. Algo irreparable se había roto con Guerra, pero habían recorrido todo ese camino juntos y no le iba a soltar la mano en la caída. Son muchos quienes insisten en que nunca fueron amigos, pero a mí me cuesta mucho entender este episodio sin recurrir a la amistad. La palabra, el cargo y la reputación sólo se entregan sin condiciones a los amigos.

Por la noche, en la Moncloa, Alfonso buscó a Felipe para agradecerle esas palabras que, a esas horas, se imprimían en las portadas de todos los periódicos.

—Presidente —le dijo, con la fórmula que reservaba para las ocasiones solemnes—, aunque te lo agradezco mucho, creo que es el momento de que aceptes mi dimisión. Todo este ruido no debe afectar al gobierno, no es el momento. El mejor servicio que puedo hacer ahora mismo es irme.

—Ni lo pienses —dijo Felipe.

Y ahí se acabó la conversación. No se dieron ni las buenas noches.

Dos semanas después se confirmó la derrota popular de Alfonso Guerra. La universidad de Turín celebraba un congreso sobre Antonio Machado e invitó al vicepresidente a participar en un coloquio con el profesor Oreste Macrí, editor de las obras completas del poeta. Se conmemoraban los cincuenta años de su muerte con un año de retraso. El teletipo que anunciaba el acto aterrizó sin querer en la mesa de José María Gallego, en la redacción de *El País* de la calle Miguel Yuste de Madrid. Gallego andaba preocupado porque se estaba haciendo tarde y no se le había ocurrido nada para la viñeta. El día estaba muy aburrido y no le sacaba punta. En una jornada más interesante, aquella hoja habría pasado inadvertida, pero en el tedio de la tarde fue una revelación. Llamó a su pareja artística y se pusieron a dibujar.

La primera viñeta era una placa donde se leía en italiano: «*Anno Machadiano: 50 anniversario della morte di Antonio Machado. Torino*». En la segunda viñeta, Alfonso Guerra recitaba ante un atril: «Mi infancia son recuerdos de un patio de Sevilla...». En la última viñeta, un Guerra niño con pantalón corto sostenía sobre los hombros a su hermano Juan, junto a una tapia de la que asomaba un limonero. Juan llevaba un capazo y robaba limones gracias a la ayuda de su hermano Alfonso. No era una sentencia judicial, pero al público español se lo pareció.

Palacio de la Moncloa, Madrid, 1 de enero de 1991.
En la mañana de año nuevo, Felipe dio un paseo por el jar-

dín de los bonsáis, para asegurarse de que el umbráculo protegía los bosquecillos del relente de San Silvestre, ese viento serrano que llega helado desde el Guadarrama y puede matar de frío a los pequeños seres. Luis Vallejo estaba de vacaciones navideñas y, aunque había dejado instrucciones a los jardineros, el presidente no se fiaba.

Tras constatar que los ejemplares de hoja perenne más delicados habían sobrevivido al cambio de año, se encerró en el despacho, donde lo esperaban algunas carpetas que, por una mañana, podía apartar sin culpa. Cogió un papel pautado en cuadrícula y escribió en la esquina superior derecha un día equivocado: *1-1-90*. Un error común, a todos nos cuesta acostumbrarnos a escribir el nuevo año, y nadie se habría dado cuenta si aquellos folios no se hubiesen convertido en un documento para la historia de España y no fuera necesario aclarar, por rigor historiográfico, que se escribieron el 1 de enero de 1991. Nos han llegado manuscritos, con la caligrafía funcional y difícil de Felipe, porque no fueron pasados a máquina por ninguna secretaria ni se enviaron a su destinatario por los caminos oficiales. Se los entregó en mano al día siguiente, como sucedáneo de una conversación que no se atrevía a empezar.

«Querido Alfonso», empieza la carta. Es fácil escribir el querido, con una Q estilizada y un poco solemne. Lo difícil es seguir. Felipe duda cómo decirlo, porque tampoco sabe del todo lo que quiere decir y confía en encontrar las palabras en los meandros de las frases:

En algunos momentos he sentido la necesidad de que te cuente por escrito lo que pienso. Tal vez sea de que me cuente a mí mismo por qué en ninguna de estas ocasiones me impulsaba el deseo de darlo a conocer.

No va bien. La sintaxis renquea como un Citroën Dyane 6 por una carretera vasca cerca de la frontera a finales de los años sesenta, cuando las horas de volante desde Sevilla le empezaban a pesar en la espalda y en los ojos. Es mejor darse un par de golpes en la cara y decir las cosas de frente:

> Llevo meses con un gran desasosiego. He pensado seria y serenamente en lo que hemos venido haciendo en los últimos 15 o más años y el saldo me parece muy positivo. También he pensado en lo que queda por hacer en esta década que comienza y veo razonablemente esperanzador el futuro de este país nuestro. Hace falta energía y coraje político para hacerlo, y no los encuentro en mí. Estoy extraordinariamente cansado, con un deseo hondo, aunque no acuciante como otras veces, de descansar. Tenemos que pensar en una salida política razonable, en un horizonte corto. No me gustan los síntomas de atonía, de ir tirando, que observo en la marcha general. Tampoco quiero pensar que la responsabilidad es de otros porque no es verdad. Es fundamentalmente mía.

Ha empezado incluyendo a su corresponsal en el futuro («tenemos que pensar») y ha terminado negándolo. Ya está dicho sin decirlo: a partir de aquí, y hasta el final —que espera que no se demore mucho—, va a seguir solo.

Se entretiene contando al corresponsal cosas que ya sabe, como que todo el gobierno está cansado y hace falta un recambio. Qué tontería, qué manera de aplazar lo inaplazable. Siguiente párrafo:

> Antes de resolverlo tenemos que decidir sobre tu continuidad o no en el gabinete. No quiero mezclarlo en un paquete como creo haberte dicho en septiembre. También te dije que no estaba seguro sobre los efectos de tu salida. Siempre me he resistido a continuar sin ti algo que empezamos juntos.

Al fin. Tras escribirlo, el remitente libera una esclusa y ya no puede contener ese río que, a diario, contiene tras un muro de laconismo sentimental y verborrea política. Ahí va la confesión:

[Eres] de las personas, escasas para mí, en que la confianza personal se superpone al análisis político e incluso a la posibilidad de intuir lo conveniente para el proyecto por el que trabajamos. Y esta carga personal me ha venido golpeando desde que conversamos en septiembre de una manera extraña y preocupante.

Por primera vez desde que trabajamos juntos me asalta la duda sobre si «quieres» seguir o no en el gobierno. Siempre he estado convencido de que no lo deseabas y, por tanto, que tu continuidad se debía en gran parte a mi insistencia. Ahora que pienso que tal vez es políticamente oportuno, se atraviesa en mi mente esta duda personal. Durante años he sentido como egoísta obligarte primero y retirarte después en la tarea de gobierno. Por primera vez me ocurre lo contrario con el mismo sentimiento. Me gustaría despejar esta duda y saber si tu proyecto personal —como creo del mío— no está precisamente relacionado con el ejercicio del poder.

Esta es la paradoja más extraña de mi experiencia. Si en verdad hubiera estado equivocada —lo que a veces pienso de mí mismo— en cuanto a la actitud en lo personal ante la responsabilidad de poder, me gustaría saberlo. La razón es simple. Si fuese así y por tanto quisieras seguir, sencillamente no me sentiría con derecho a plantearte el tema de tu continuidad. Tendríamos que operar de manera diferente.

En cualquier caso, a lo que no estoy dispuesto es a traicionar mi confianza y mi amistad contigo. Por eso no quiero ni puedo callar mi pensamiento.

Siento haberme desviado en exceso de la consideración exclusivamente política, pero sin duda entenderás que te exprese en estas líneas la posición más difícil de mi experiencia de partido y de gobierno, no por el hecho en sí, que me parece menos trascendente, sino precisamente por la duda. Aparecida esta, sería desleal no expresártela.

Cuatro veces invoca la amistad en estos párrafos. En ocasiones, con esa palabra. En otras, hablando de lealtad, confianza y otros sustantivos del mismo campo semántico. También aparecen remordimientos y culpas propios de las amistades largas, las dudas sobre si hemos estado a la altura de nuestros amigos, la rendición de cuentas sobre quién ha puesto más en la relación. Pese a que la sintaxis no sea elegante y se enrosque demasiado en los alambres del discurseo político —un tono del que Felipe no puede escapar aunque lo intente—, nadie lee aquí otra cosa que la carta de un amigo a otro amigo. Y no a un amigo cualquiera, sino a uno de los más importantes, de los que marcan una vida.

Quienes niegan esa amistad sostienen que su relación era política, que Alfonso nunca cenaba con Carmen y los niños, y viceversa, que no les gustaban los mismos libros ni las mismas películas y que no compartían esa intimidad cotidiana de los domingos por la tarde. No se hacían confidencias, no se contaban chistes y no se pedían consejo sobre cómo lograr que los hijos se tomasen en serio el colegio, pero reducir la amistad a sus gestos convencionales es como negar un amor que no encaje en los versos de Romeo y Julieta. Alfonso y Felipe compartían una intimidad propia, inalcanzable para los demás. La carta termina con desgarro:

En septiembre te dije que notaba la falta de comunicación contigo. Esto me parecía y me parece más importante que cualquier otra consideración. No he sido capaz de superar la situación y el resultado es penoso.

La única vía de confianza de que disponía, para decir lo que en cada momento pienso, la veo cerrada. El aislamiento, por ello, se ha hecho casi total. Difícil soportarlo.

Más arriba ha hablado de los quince últimos años. Son bastantes más desde las asambleas de la facultad de Derecho de Sevilla, casi treinta, y ambos andan ya por los cincuenta. No conciben la vida por separado porque nunca la han vivido así, por eso Felipe se abandona al vértigo del divorcio. La soledad le aprieta el pecho desde que está en la Moncloa. Pese a las sesiones de billar, a los paseos con Vallejo entre los bonsáis y a los viernes de la bodeguilla, se siente aislado y hondamente incomprendido. Sólo Alfonso —su mirada flaca y su sorna— cruza la frontera entre lo político y lo personal, porque entre ellos no existe tal diferencia. Difícil soportarlo, escribe. Si se marcha Alfonso (cuando se marche Alfonso), no quedará nadie en el palacio que diga por él lo que él no se atreve a decir, nadie comprenderá sus miradas ni leerá sus silencios. Hace tiempo que no se encuentra con sus ojos cuando los busca en el consejo o en cualquier reunión. Alfonso se hace extraño, y tal vez influyan en el extrañamiento todos los compañeros que le susurran su deslealtad y le subrayan sus ambiciones. En marzo, mientras la prensa hacía hogueras con las noticias sobre su hermano y el despacho maldito, salió una entrevista en un diario italiano que presentaba al vicepresidente como un intelectual y un hombre de teatro. En una alfonsada típica —tal vez crecido por los halagos de una periodista joven—, definió el funcionamiento del gobierno: «Yo estoy en la cocina y me dedico a cocinar; después, Felipe añade las especias y sirve los platos». El presidente se enfadó muchísimo cuando encontró el recorte en un dosier, y las excusas de Guerra (no dije eso, en realidad dije que yo trabajo en la cocina, fuera de la vista del público, y que el presidente da la cara, pero al traducir al italiano se perdió el matiz) no lo aplacaron.

Desde que empezaron a no entenderse, Felipe vive en un suplicio y algunos felipólogos hablan otra vez de sus depresiones. El Felipe depresivo es un cliché para los cronistas políticos. Aunque nadie lo ha confirmado, porque los jardines de la Moncloa siguen siendo muy espesos para según qué mirones, todo el mundo cree que el presidente pasa semanas entregado a la melancolía negra. Los viejos periodistas, los que lo conocieron antes de 1977, lo tienen por un sentimental reprimido, un producto genuino de la educación católica del franquismo. Los padres claretianos de Sevilla hicieron con él un trabajo soberbio, tal vez porque venía muy templado por un padre lacónico que se entendía mejor con las vacas que con las personas.

Los aficionados a los bailes regionales atribuyen esas notas de carácter a la herencia cántabra. Alfonso es un sevillano contumaz y típico, pero en Felipe predomina lo montañés, dicen los folcloristas. Se lo calla todo, se parapeta tras una costra dura y sólo expresa sus sentimientos mediante gestos y objetos, nunca de palabra. Talla piedras y cultiva bonsáis que regala a sus amigos. Todos alaban su generosidad. Tal vez no salude ni dé las gracias, como el vaquero que se pasa el día en el prado, pero comparte todo lo que tiene. Su amistad con millonarios —dicen— no ha degenerado en una afición por el lujo, aunque le guste vestir buen paño y tome el pelo a los amigos que llevan corbatas feas o chaquetas arrugadas, sino por el poder, que es distinto. No tiene querencia por casi nada material y lo regala todo, salvo los puros que le mandaba Fidel. Hacía poco que se había propuesto dejar de fumar. Estaba en la frontera de los cincuenta y una mañana se levantó sintiéndose viejo y dócil con los consejos del médico. Llamó a Joaquín Estefanía, fumador de puros, y le envió un par de cajas de habanos a la redacción de *El País*.

—Disfrútalas, ya que yo no puedo —le dijo.

Una semana después, cuando volvió a fumar, lo llamó al despacho:

—Oye, Joaquín, esas cajitas que te di, ¿podrías mandármelas de vuelta?

Los puros eran lo único que anteponía a la amistad.

Creo que me interesa más la amistad que todo lo demás. ¿O tampoco será verdad en este trabajo en que estamos metidos?

Un abrazo,

Felipe

Una pregunta recurrente en las conversaciones que he tenido con sus amigos es si se puede ser amigo de Felipe González. Todos respondían que sí, poniéndose como ejemplos y pruebas incontestables, pero entendían por qué lo preguntaba. Tal vez porque ellos se lo habían preguntado alguna vez. La amistad presupone una igualdad de trato que la condición de Felipe complica mucho. Hay demasiadas regiones prohibidas, y el único personaje con salvoconducto para entrar en todas fue Alfonso Guerra.

El 1 de enero de 1991, Felipe González no sólo había decidido divorciarse de su amigo. También se reafirmó en otra decisión, anunciada en 1989, la de no ser candidato. No volvió a hablar con Narcís Serra, pero ya no tenía claro que debiera sucederle. Ni siquiera tenía claro si debía intervenir y nombrar delfines, como si fuese el rey Sol. Se retiraría tras el año mágico de 1992, tras la exposición de Sevilla y los juegos de Barcelona. Sería un momento hermoso para hacer mutis, diez años después, en otro país que apenas se parecería al de 1982. Una lástima que no abandonasen el escenario juntos, Alfonso y él.

Se preguntaba en la carta si cabía la amistad en esa vida. En ese trabajo, decía. Es una pregunta muy triste para hacérsela en soledad, ante un folio pautado en cuadrícula, una mañana de año nuevo silenciosa. Entiendo que no se atreviera a responderla.

Alfonso leyó muchas veces esa carta, también en soledad, y se reunió a solas con su amigo el 8 de enero. Hablaron toda la tarde y nadie tiene claro qué se dijeron. Guerra sólo pidió un privilegio: decidir cuándo y cómo anunciaba la dimisión. Quería hacerlo en un acto del partido, rodeado por compañeros, sin una mirada hostil ni el riesgo de un sarcasmo. Dramaturgo hasta el final, no se le escapaba un detalle de la puesta en escena.

Con él se acababa algo más que una etapa de la historia socialista. Alfonso Guerra era el último político literato, el final de una raza de melancólicos y exaltados que entendían el juego democrático a veces como una tertulia, a veces como el tercer acto de una obra de teatro (comedia o tragedia, lo que tocase). Aunque su trabajo fue imprescindible en la demolición del viejo PSOE republicano del exilio, y aunque transformó aquella organización de masones sentimentales en un instrumento de poder de vanguardia, con mercadotecnia y demoscopia, su corazón estaba mucho más cerca de Pablo Iglesias y de Largo Caballero. Por eso nunca rompió del todo con la UGT. Por eso sólo le dio la razón a Solchaga por disciplina y resignación de derrota. Se marchaba orgulloso y altivo, rebuscando en la biblioteca unos versos que adornasen el adiós sin recurrir al sol de la infancia ni a los días azules, de los que había abusado un tanto.

Su último legado fue la regulación de los regalos oficiales que tuvo que proponer el patrimonio del Estado, al descubrirse un vacío legal. Cuando recogió su despacho, entregó todos los regalos que había recibido en calidad de vicepresidente —él, que se iba con la insoportable sombra de la sospecha del despacho y su hermano; él, que se iba entre viñetas que lo llamaban ladrón—, y descubrió que no había un protocolo para ello, pues casi nadie los devolvía ni se obligaba a los políticos a hacerlo. Desde entonces, se quedan a cargo de Patrimonio Nacional. Gracias a él, que quiso partir casi desnudo, como los hijos de la mar.

Estadio Olímpico de Montjuïc (actual Lluís Companys), Barcelona, 25 de julio de 1992, 20.00. Los más maliciosos notaron que la fecha de inauguración de los juegos olímpicos era el día de Santiago, patrón de España, matador de moros y estrella nacionalista que ahumaba el país con un botafumeiro desde la otra punta de la península, pero en 1992 había tan pocos maliciosos que nadie los escuchó. Sonó «Els segadors», el himno catalán, cuando el actor Constantino Romero anunció por la megafonía del estadio que entraban los reyes de España. Todo el palco, lleno de presidentes del mundo, se puso en pie para recibirlos. Era un ardid para evitar que los nacionalistas catalanes silbasen el himno de España, como había sucedido unos años atrás, pero también una convicción compartida: ese himno pertenecía al Estado que aquel rey representaba en su cabeza borbónica tanto como la «Marcha Real».

La humedad pringosa de aquella tarde de julio iba a fundir lo catalán, lo español y lo barcelonés en un descomunal anuncio televisivo que vendería una España insólita a todo el mundo. El gobierno llevaba años preparándolo, con la anuencia de Pasqual Maragall, el nieto del poeta que escribió una oda desdeñosa a España (a *Espanya*) y que entonces ejercía del alcalde más entusiasta y sonriente de la historia de Barcelona, y con la oposición pasiva de la Generalitat, que apenas puso dinero, pero no dejó de torcer el gesto ante los excesos de españolidad. La fiesta estaba pagada, casi por completo, por el gobierno de la nación, que había decidido, con Felipe al frente, que aquella tarde sería la puesta de largo de una España democrática, plural, desacomplejada y próspera, que ya no hablaba sólo en castellano, cada vez fingía hacerlo más en inglés y no sólo se sacudía para siempre las negruras y los suspiros del sentimiento trágico, sino que celebraba sin rubor los tipismos de lunares y abanico, para gloria y gozo de turistas. No actuó Camarón, que había muerto veinte días antes, pero sí Los Manolos, un grupo de rumba catalana mucho más festivo y trenzado con el *esprit du temps* (los nacionalistas catalanes querían que actuasen grupos de rock en catalán). Tampoco estuvo Bigas Luna, el mistificador de lo ibérico. Le sustituyó Luis Bassat, el emperador de la publicidad, una persona que encarnaba el ansia superficial, alegre, comercial y desinhibida de aquella Barcelona que se sentía capital de Europa. Bassat era un vendedor y tenía claro qué mercancía promocionaba aquella tarde: Barcelona como sublimación de lo español, el caldero mediterráneo donde se cocían todas las alegrías hispánicas.

La diputada Romero no se libró de su papel de primera dama, que ejerció con un vestido blanco de poco escote y botones negros, realzando su cabellera morena con unos pendientes grandes. Parecía un personaje de Julio Romero de Torres. Felipe llevaba traje y no fumaba un puro porque la dignidad del protocolo se lo prohibía, pero parecía que llevaba uno imaginario en las manos. Fidel Castro, vestido de militar, también parecía fumar uno un metro más abajo, y Carlos Menem, muy cerca, en la misma fila, ponía pose de estanciero. Por allí se sentaban también, secándose el sudor, Mitterrand, Violeta Chamorro, Naruhito de Japón o el príncipe Vajiralongkorn de Tailandia.

Los reyes de España ocupaban el centro de un sistema de palcos con terciopelo rojo que recordaba a las justas medievales. Era tal la excitación, tan opíparo el ceremonial y tan acrítica la actitud, que, si el rey Juan Carlos hubiera bajado el dedo en uno de los actos, los *mossos d'esquadra*, como guardia pretoriana, habrían ajusticiado ahí mismo al artista aludido, aunque fuera Plácido Domingo o los actores de la Fura dels Baus o los tambores del Bajo Aragón. La masa lo habría festejado como en tiempos de Roma.

Lo que se sacrificaba aquel crepúsculo, casi en horario taurino, dejando que la noche avanzase sobre la escena, para simbolizar la muerte, era una España que no todos

detestaban, la España madrastrona, la de los señores baji-
tos al volante de un seiscientos y la de los viejos analfabetos
a lomos de una mula. El rito ofrecía a la civilización mun-
dial, en presencia de sus líderes, el cadáver alanceado de un
país de mierda, pariendo a la vez una comunidad bien afei-
tada, universitaria, limpia y europea.

Felipe había estrenado ese país nuevo unos meses antes, en abril, cuando inauguró la exposición universal de
Sevilla, en un escenario mucho menos solemne que le permitió dar un discurso. Aquello fue más importante para
él, pues era su ciudad y era Andalucía, transformada hasta
las raíces por su empecinamiento. No hacía ni veinte años
desde que conducía el Dyane 6 por las estrechuras del barrio de Santa Cruz, poniendo el coche a dos ruedas en las
curvas y cargando la camioneta de su padre manchada de
excrementos de vaca. No hacía ni veinte años desde que la
policía lo iba a buscar a su piso de la calle Espinosa y Cárcel, y apenas veinticinco desde que empezaron a reunirse
en un garaje de la calle San Vicente con un republicano
triste que les hablaba del PSOE. En 1992, el PSOE de Andalucía tenía una sede en esa misma calle, una sede preciosa
y blanca de varios pisos, nada que ver con un garaje. La
Cartuja, un cenagal de mosquitos con un cenobio en ruinas, era un real de arquitecturas futuristas, y Madrid estaba
a unas dos horas y media de tren de alta velocidad, un empeño que no entendieron los catalanes ni casi nadie. ¿Cómo
lo iban a entender, si no conocían el polvo andaluz? ¿Qué
sabían ellos de las arrugas morenas de los jornaleros, de las
gitanas que se desenredaban el pelo en las calles sin asfaltar
del barrio de Bellavista, de las viejas que leían la buenaven-
tura en la plaza de España? ¿Qué sabían ellos de lo mucho
que deslumbra el sol por el espejo retrovisor cuando sale
por la espalda mientras se conduce medio dormido por la
dársena del Guadalquivir hacia La Puebla del Río?

Llevar el tren a Sevilla antes que a Barcelona significaba
cambiar el sentido de la historia, reordenar las prioridades

y cumplir un destino. Era muy difícil verlo entre tanto edificio de cristal y tanta banalidad de feriante, pero la transformación de Sevilla y la redención de Andalucía eran parte de un sueño socialista muy antiguo. Puede que algunos vieran en el trato de favor un gesto de cacique, el típico y españolísimo agravio del gobernante en beneficio de su pueblo, pero destruir la brecha que marcaba Sierra Morena era una de las utopías más persistentes de todos los que en España han creído en el progreso y la igualdad. Desde los tiempos de las nuevas poblaciones, en el siglo XVIII, hasta la autonomía andaluza, pasando por las revueltas anarquistas, todos han querido allanar el escalón de Sierra Morena, que, más que sierra, es precipicio, el accidente que eleva la meseta y la separa de los valles béticos. En 1982, Andalucía era mucho más pobre que el resto de España. A partir de 1992, la brecha empezó a parecerse a una rampa que se podía subir y bajar sin esfuerzo. Cuando Felipe citaba a Lucas Mallada y los males de la patria diez años atrás, hablaba de eso.

Los socialistas podían argumentar con soltura su querencia andaluza sin disimular sus razones sentimentales. Para Felipe, fue mucho más emocionante inaugurar la exposición universal de Sevilla, pero la emoción no le nublaba el entendimiento y sabía que aquella tarde de Santiago de 1992 en Barcelona era más importante. Era allí, en aquel estadio, donde la España podrida, cañí, de azucarillos, aguardiente, navaja y clavel, moría entre arias de ópera y sonrisas de atleta.

No todo el mundo aplaudía. Los nacionalistas catalanes murmuraban contra algo que les sonaba demasiado ibérico y muy poco catalán, la carcunda protestaba por el despilfarro de los golfos rojos (llamaban *la década roja* a los diez años de gobierno socialista; Umbral titularía así un libro de crónicas publicado un año después), y una izquierda que se tenía por verdadera y traicionada, la que se quedó en el último grito de la última manifestación contra la OTAN, se lamió sus cicatrices nostálgicas y paseó perdida por las calles nuevas, donde no se cruzaba más que con yupis de traje y gomina. Eran los que se negaban a llamar Raval al barrio chino de Barcelona, los que suspiraban por una ciudad sin duda más pobre, peligrosa y sucia, pero rezumante de verdad, sin trampas de diseño. No sólo en Barcelona, por toda España maullaron los nostálgicos de ese país sacrificado al anochecer de aquel 25 de julio. Algunos tan sólo lloraban su juventud. Otros, simplemente, no se encontraron en el paisaje nuevo. Pero casi nadie negaba que la mayoría vivía mucho mejor en esa España que ya no reconocía ni la madre que la parió.

Cuando el arquero lanzó la flecha y el pebetero olímpico se encendió, Felipe, que ni siquiera aplaudió cuando ganó las primeras elecciones, se unió al resto del país en un aplauso ingenuo que contenía un suspiro de alivio. Todo había salido bien. ETA no había puesto ninguna bomba, los nacionalistas no habían boicoteado el acto, a ningún cantante le falló la voz ni tropezó un solo bailarín. El anuncio de España resonó convincente. El mundo compraba el producto tal y como se le presentaba, pero, apagados los aplausos y disuelto el público, a Felipe le tocaba volver en avión a Madrid para ocuparse de una realidad fastidiosa que iba a estropear sus planes de retirada: la economía se derrumbaba. Una mariposa había aleteado en Tokio en 1990, hundiendo el mercado inmobiliario y, por la magia incomprensible de las bolsas y la crueldad espesa de los barriles de petróleo quemados en la guerra de Irak, arruinaba a todos los países desarrollados, uno detrás de otro. Ya le tocaba a España, en el peor momento.

8. Por el progreso de la mayoría (1993-1996)

Facultad de Derecho de la Universidad Autónoma de Madrid, Madrid, 25 de marzo de 1993. No pudo hablar, pero no le importó. Tampoco se dejó defender por otros, le quitó importancia.

—En mi sueldo, que no es mucho —dijo—, se incluye aguantar estas cosas. No sufran por mí.

Felipe González atendía a la invitación del rector de la Universidad Autónoma de Madrid, que organizaba un ciclo de debates y conferencias sobre la transición democrática. El aula magna estaba llena, y cientos de alumnos seguían el acto por los pasillos mediante la megafonía. En el camino de la puerta a la sala se oyeron abucheos y pitos, poca cosa en comparación con lo que estaba por llegar. Nada más sentarse en el escenario y cumplidos los saludos de protocolo, un grupo de estudiantes se levantó y, acompañados de otros que golpeaban las ventanas desde fuera, empezaron a gritar:

—¡Chorizo! ¡Corrupto! ¡Esa, esa, esa, hablemos de Filesa! ¡Guerra, guerra, guerra, hablemos de Juan Guerra! ¡Corrupto! ¡Felipe, dimisión!

—Pero ¿de qué quieren que dimita? —dijo, divertido.

Si la escena lo perturbaba, lo disimulaba bien. Parecía incluso halagado, como quien vive una sorpresa que quiebra la monotonía de los días. En los breves tramos de silencio, Felipe recordó que participó en una algarada parecida en los años sesenta, cuando los estudiantes de Derecho de Sevilla reventaron una conferencia de Manuel Fraga. La leyenda insiste en que fue allí, corriendo ante los grises que disolvieron la protesta a palos, donde conoció a Alfonso.

Le hacía gracia ocupar el lugar del ministro de Franco. Aquello era también un síntoma de triunfo, cambio y normalidad democrática. O eso se decía.

Quizá fue la falta de costumbre de verse hostigado en una charla —no quedaban tan lejanos los días en que le gritaban que querían un hijo suyo, y aguantar el ceremonial de los actos de Estado era muy aburrido—, o quizá fue su desprecio por aquellos alumnos repeinados, tan canónicamente de derechas, tan distintos de los antifranquistas de hacía treinta años. Tal vez sólo estaba de buen humor, por eso contestó por alegrías. Le parecía una protesta artificial, diseñada por la prensa de los populares, que no iba a ninguna parte. Con un sosiego sobrenatural, aplacó a las fieras con promesas contundentes:

—Quiero que el asunto se aclare hasta sus últimas consecuencias. En el momento en que se pida el suplicatorio, que espero tenga cierta fundamentación, se concederá, como reclaman los propios parlamentarios para facilitar la aclaración cuanto antes. Pero les diré más. Ahí no acaba la responsabilidad. Independientemente de las responsabilidades que existan, si existen, desde el punto de vista judicial, el PSOE asumirá la suya. Los responsables serán responsables políticamente, más allá de la calificación jurídica. Y, como responsable, estoy dispuesto a asumir la mía.

El caso Filesa era un asunto feísimo de financiación ilegal del PSOE. Según se empezaba a saber, parte de la campaña electoral de 1989 se había pagado con comisiones y mordidas de empresas a cambio de contratos públicos, en una trama compleja que implicaba a varios dirigentes del partido. Felipe González alegó que él no se ocupaba de esos temas, que eran competencia del PSOE (mientras él estaba atento al gobierno, sin pisar la calle Ferraz), que se enteró de todo por la prensa y que, por supuesto, apoyaría todas las investigaciones y quería que se llegase hasta el fondo. Otros jefes, como el presidente de Extremadura,

Juan Carlos Rodríguez Ibarra, fueron menos directos y más militantes:

—Yo no justifico a quienes hacen negocios dudosos a favor del partido —dijo en una entrevista—, pero los distingo de quienes los hacen para enriquecerse.

Es decir, había ladrones y ladrones. El ladrón bienintencionado, un Robin Hood mal entendido, robaba por el bien común. No era eso lo que defendía Felipe, pero tampoco salió a desautorizar a los jefes que decían esas cosas. En general, dijo muy poco, y casi todo lo dijo aquella mañana en la Universidad Autónoma, entre gritos de chorizo y dimisión. Pronto tendría que decir más.

Unas semanas más tarde, asediado por las noticias del escándalo y por la escalada salvaje de las cifras del paro, que alcanzaron los tres millones en muy poco tiempo, convocó nuevas elecciones, adelantándolas unos meses. Desdiciéndose una vez más, se presentó como candidato. Era la quinta vez que abortaba la retirada. Por responsabilidad, se diría y diría a otros. Porque no podía cargar el gobierno sobre otras espaldas cuando eran las suyas las que se señalaban. José María Maravall, el responsable de la campaña —aunque Alfonso Guerra también se atribuye la autoría—, se tomó en serio la soledad del candidato y diseñó un plan más personalista que en el 77. Apenas se veían las siglas del partido o alusiones a otra cosa que no fuera la cara cansada de Felipe, que posaba resignado. Hasta el lema era perezoso: «Por el progreso de la mayoría». Ya habían usado la palabra *progreso* en el 89, pero entonces no sonaba estancada. Aquella mañana en la Autónoma, ante los estudiantes furiosos, estaba a punto de tomar la decisión, por eso hablaba con desparpajo: se veía en campaña.

Desde una de las sillas del aula magna, silencioso e inexpresivo, ni a favor ni en contra, como le exigía la Constitución, Felipe de Borbón, príncipe de Asturias y alumno de esa facultad, contemplaba al presidente y tal vez lamentaba, sin que la decepción se le subiera al rostro numismático, que

315

había perdido el tiempo, que en aquel ciclo de conferencias no se aprendía nada sobre la transición democrática y, además, no contaba para la nota final.

Antena 3 Televisión, avenida de Isla Graciosa, s/n, San Sebastián de los Reyes, Madrid, 24 de mayo de 1993, 22.00. Llegó José María Aznar con su comitiva y las cámaras lo retransmitieron en directo, subrayando lo histórico de la escena. Salió el presidente del Partido Popular del coche negro y estrechó la mano de Antonio Asensio, el jefe de Antena 3, que lo esperaba en la puerta de los estudios. En el vestíbulo le señaló una pantalla que mostraba el plató donde iban a debatir, y le indicó su mesa, a la derecha del moderador, Manuel Campo Vidal. El ambiente estaba a mitad de camino entre una cumbre de Estado y una boda de copete, con trescientos señorones y señoronas que habían formado una caravana de taxis desde Madrid y habían recorrido unos veinticinco kilómetros de la carretera de Burgos para asistir al primer debate presidencial de la historia de España. La mayoría ni siquiera ubicaba San Sebastián de los Reyes en un mapa de la Comunidad de Madrid. Una vez allí, descubrieron que tendrían que ver el debate en un salón grande a través de unas pantallas: los partidos habían acordado que no habría público en el plató. Los anfitriones consolaron la decepción de los invitados con jamón de bellota y vino abundante.

—Con lo que nos ha costado llegar aquí —decían—, donde Cristo dio las tres voces.

En aquellos terrenos casi a pie de sierra se había montado una de las tres cadenas privadas de televisión que rompieron el monopolio estatal tras la nueva ley de 1988 y contribuyeron, más que casi cualquier otra cosa, a que los españoles se sintieran modernos. Quebrar el monopolio costó doce años, desde que la Constitución proclamase la libertad de prensa. Para emitir en el espacio radioeléctrico se necesita una licencia administrativa. Cualquiera puede imprimir un periódico, pero las ondas son del Estado, y para usarlas hay que recabar su permiso y cumplir unas condiciones. La UCD y el PSOE demoraron todo lo que pudieron —y un poco más— la legislación que regulaba la explotación económica del aire y los trámites para la concesión de frecuencias. En 1989, los espectadores daban uso al resto de los botones del mando a distancia, que apretaban compulsivamente, aturdidos entre tanto programa simultáneo y tantas tetas.

Antena 3 era al principio un conglomerado de muchas empresas periodísticas (fundamentalmente, *La Vanguardia* y el *Abc*), pero acababa de cambiar: el Grupo Zeta, editor de *Interviú*, se había hecho con la mayoría de las acciones y había renovado la parrilla de arriba abajo, fichando a estrellas veteranas de Radiotelevisión Española, como Manuel Campo Vidal, Mercedes Milá o Jesús Hermida. Aspiraba a convertirse en la verdadera tele de referencia de España, algo así como la TF1 francesa. Por eso se empeñaron en organizar un debate electoral que no podía celebrarse en una cadena pública que cada día estaba más desprestigiada por servir a la propaganda del gobierno. Su competencia, Telecinco, de capital italiano, hacía una televisión despendolada y casi pornográfica (abiertamente pornográfica, si se considera la frase con la que el director, Valerio Lazarov, explicaba a los realizadores el estilo con el que debían filmar las coreografías de los cuerpos de baile: «Más cerca, quiero que el espectador huela a coño»). Para marcar distancias, Antena 3 aspiraba a conquistar a los españoles de bien mediante el aburrimiento. No le habían dejado otro hueco para competir.

Llegó Felipe González unos minutos después de Aznar, y se repitió la misma secuencia: recepción de Asensio, parada en el vestíbulo y paseíllo por las instalaciones. Aznar, pequeño y con bigote, caminaba un poco envarado. Felipe, más natural, se encorvaba un tanto, pero se le nota-

ba más suelto. Presumía de veterano, aunque era tan nova-
to como su rival en esos líos televisivos. Para el presidente,
ir a la tele era como para otros darse un baño en una piscina familiar. Se lo debía casi todo a ese medio. En la tele se
hizo famoso; con una frase en la tele ganó las elecciones del
82, y con un discurso en la tele ganó el referéndum de la
OTAN. Por eso estaba convencido de que aquella noche
sería un trámite más.

José María Aznar era un inspector de hacienda del Estado que acababa de cumplir cuarenta años, los mismos
que Felipe cuando llegó a la Moncloa, y había sido presidente de la Junta de Castilla y León entre 1987 y 1989,
mérito sobrado para que Manuel Fraga, antes de retirarse
para siempre a sus castillos gallegos, lo señalara como el
jefe natural del nuevo partido de derechas que sustituía a
Alianza Popular. Disputó las elecciones de 1989, pero nadie esperaba una victoria de un recién llegado. Eran momentos de rearme, había que levantar un partido sobre las
bases de una montaña de fracasos y peleas. Todos sabían
que en España había muchos votantes conservadores y algún que otro liberal que ansiaban un partido grande que
reuniera a todas las familias ideológicas, sobre todo a las
más ingenuas, las de la gente de orden y vermú después
de la misa. Todos lo sabían, pero nadie acertaba con la
fórmula. El año 1989 dio a Aznar una oportunidad para
ensayarla en el Congreso de los Diputados, con un grupo
parlamentario lleno de caras jóvenes y nuevas, ajenas a los
años finales del franquismo y libres de deudas con la dictadura. Al menos, en apariencia. Aprovechó el altavoz para
montar una estructura de partido y darse a conocer a la
opinión pública, debate tras debate. Tenía cuatro años por
delante, no había prisa.

Felipe no sentía por él ningún respeto. Le parecía un
individuo ridículo, con un bigote fuera de tiempo y un gusto terrible para los trajes. Le irritaba el tono de su voz, la
dicción monocorde de maestrillo claretiano y su risa sin

armónicos. Que la derecha cayera en manos de un pimpollo así, sin experiencia ni artes retóricas, debía de ser un
síntoma más de la decadencia conservadora. Fraga se hacía
viejo y no había encontrado a nadie. Todos sus sustitutos
habían caído, uno tras otro, más por deméritos suyos que
por méritos socialistas. El pan sin sal de Antonio Hernández Mancha o el impertinente Jorge Verstrynge no cuaja-
ban ni le duraban mucho a Felipe en los combates cuerpo
a cuerpo. Se había malacostumbrado a no tener rivales, ni
por la derecha ni por la izquierda. Una de las razones de su
desidia —esa queja cansada y esas ganas de irse— era que
no le costaba esfuerzo ir al parlamento y despachar de ca-
rrerilla los discursos previsibles de la oposición. Se lo habían puesto muy fácil, y aquel Aznar aún no había echado
los dientes.

Manuel Campo Vidal llevaba un bigote de señor, un
bigote ya proverbial en la tele española, un bigote que intimidaba al bigotito de Aznar. Con traje y peinado pareci-
dos, el periodista parecía la versión acabada del político, lo
que debería ser si lo hubiesen armado en condiciones.
Campo Vidal apenas disimulaba la emoción de día de Reyes que dominaba a su cadena. Jugaban a ser norteameri-
canos, llevaban tiempo estudiando los debates de Estados
Unidos y aún no se creían que algo así estuviera pasando
en España. Hacía apenas tres años, allí sólo había solares y
naves vacías en un pueblo de la carretera de Burgos. Esa
noche, eran el centro del país. El debate se retransmitía,
además de por Antena 3, por ocho cadenas de radio, Vene-
visión de Venezuela y dos cadenas de Buenos Aires.

—Quisiera empezar preguntándoles por su idea de España —dijo Campo Vidal.

Le tocó en suerte el primer turno a Aznar, que miró
con un aplomo insólito y ensayado a la cámara y esquivó
mágicamente la bala. Fue directo a la economía. No le preo-
cupaban las ideas de España, sino lo concreto, los tres millones de parados, los que temían por su trabajo, los que

veían subir los precios. Parecía un sindicalista, pero con sosiego. Se dirigió a los espectadores con telegenia aprendida —compensando la ausencia de la ingénita— y recitó un montón de datos sin avasallar, con orden y claridad. Culpó al gobierno de la situación desastrosa de la economía, pero se quedó ahí. Al contrario de lo que hacía en el parlamento, no se recreaba en las acusaciones y pasaba a la frase siguiente, que incidía en la solución. España necesita un gobierno que deje de destruir empleo y no cierre empresas, decía. Era cuidadosamente propositivo, se vendía como un candidato solvente, que se hacía cargo de la gravedad de la situación y se mostraba dispuesto a remangarse y remar.

Si Felipe no hubiera estado tan distraído, habría reconocido en su rival la misma actitud y la misma estrategia con las que ganó en 1982: el líder sensato, el hombre capaz de poner orden en el caos. La única diferencia era que Aznar tenía que ensayarla y esforzarse por mantenerse en el papel, mientras que a él le salía solo.

Llegó el turno de Felipe. Empezó con cansancio y suficiencia. Sin mirar ni a la cámara ni a Aznar, se ciñó a la pregunta —¡horror: nunca hay que ceñirse a la pregunta si se quiere dominar un discurso!— y se reivindicó a sí mismo recurriendo a los sueños viejos de los progresistas españoles. No mintió. Simplemente, no entendió el momento. Habló de una España que vivía en paz y en libertad y que se modernizaba a toda máquina, y todo gracias a los gobiernos socialistas. Esa era la España que él quería y esa era la España que venía construyendo desde 1982, como los españoles de buena fe tendrían la generosidad de reconocer. Y si era cierto que se vivía una crisis —y no se podía negar—, no era menos cierto que era una crisis coyuntural, pasajera y que afectaba a toda Europa. Echarle la culpa al gobierno de eso, cuando el gobierno había creado una sanidad y había reforzado las pensiones y los seguros de desempleo para que los españoles no sufrieran tanto como antes, era como echarle la culpa de la lluvia o del viento.

Todo se lo dijo a Manuel Campo Vidal, como si Aznar no estuviera en la sala y aquello fuera una entrevista.

—Lo último que necesita España es palabrería vana, señor González —replicó Aznar—, aunque sabemos que de eso anda sobrado.

Y volvió a descargar un montón de cifras y porcentajes ante el gesto desdeñoso del presidente. Le recordó que la peseta se había devaluado tres veces y que el paro en España era muy superior al de Alemania, Francia o Reino Unido. Daba estocadas secas y certeras, mirándolo a los ojos, sin perder nunca la posición del interlocutor.

—Jamás un gobernante español democrático —dijo— ha tenido el caudal de apoyo y entusiasmo que usted ha tenido, en términos de progreso y modernidad, y lo ha despilfarrado.

¿Dónde estaba el hombrecillo con voz de flauta que decía simplezas en el escaño? Era evidente que lo habían preparado muy bien, como a él lo entrenaban cuando Julio Feo lo llamaba purasangre. Aznar lo obligaba a bajar al campo de lo concreto, del aquí y del ahora, donde Felipe no tenía armas para defenderse. Allí no servía presumir de década roja, nadie se acordaba ya del pebetero en llamas, no tenía forma de quitarse de encima la montaña de pruebas del desastre económico. No se había preparado aquella noche. Confiaba, sí, en su palabrería vana y en su magia de chamán. Creía que le bastaba.

El director de campaña de Aznar, un periodista de Valladolid de veintinueve años llamado Miguel Ángel Rodríguez, había invertido mucho en adiestrar a su candidato, porque lo había apostado todo a esa noche. Sabían que era la única oportunidad de imponerse antes de las elecciones. El punto débil de Felipe, según estudió Miguel Ángel, eran los datos. El presidente apabullaba con retórica y con anécdotas, pero era vago en la exposición de datos. Si se enfrentaba a una batería imponente de realidades estadísticas, sus defensas oratorias caerían como los muros de Jericó. Por eso armó a Aznar con munición abundante de decimales y tantos por ciento. Desasistido de las carpetas y del susurro de sus ministros, agarrado a un cuaderno en blanco, Felipe sólo acertaba a defenderse con una alusión a las pensiones y a la protección social, pero eso no bastaba. No podía desmentir la catástrofe que dibujaba su enemigo y, cada vez que aludía a su trabajo ya hecho, al cambio de 1982, parecían frases vacías, propaganda. Mientras Aznar hablaba del futuro, él sólo tenía pasado. La conclusión del espectador estaba clara: el tiempo de Felipe era el ayer.

Incrédulo de sí mismo y de Aznar, interrumpía con grosería, dando pie al otro candidato a presumir de civismo («yo no le he interrumpido, señor González»). Si alguna vez se le escapaba una mirada a su contrincante, era de rencor y sarcasmo, sin esa ironía traviesa que encandilaba otras veces. Al final, casi suplicaba un reconocimiento. Lo hacía como reproche, pero sonaba a petición de clemencia:

—Sería generoso que la oposición reconociera algunos de nuestros aciertos y que la gente de bien entiende y agradece.

—¿La gente de bien es la que le vota, señor González? Quienes no le votan ¿no son gente de bien?

Cada turno se hundía más. Fueron noventa minutos de tortura que no consiguió remontar. Ese señorito rancio del que susurraba chistes en el escaño cuando intervenía en el parlamento dominó con aplomo toda la velada.

De vuelta al palacio, cruzando el norte de Madrid en una noche cálida de primavera en que la dehesa olía a majuelo, a retamas y a rosas silvestres, Felipe se juró que nunca más bajaría la guardia con ese bicho. A su lado, José María Maravall, su viejo ministro de Educación, le repetía el estribillo de la campaña: no debía hablar del partido ni de los juicios pendientes, todos los mensajes debían centrarse en la sanidad, las pensiones y los escudos sociales contra la crisis que la derecha desmontaría si alcanzaba el gobierno. Maravall era un intelectual fino que escribiría muchos ensayos sobre el poder, la corrupción y las mentiras. Sus razonamientos eran impecables, pero Felipe no tenía cuerpo para atenderlos. Prefería bajar la ventanilla y aspirar los olores del campo. Sorprendido, se sintió fuerte. El cansancio se había diluido como un dolor de cabeza ante una aspirina. Algo bueno podía sacar de lo que acababa de ocurrir. Tal vez recuperase el entusiasmo. La idea de sudar la victoria era muy agradable.

Club de golf La Quinta, avenida de Tomás Pascual, s/n, Marbella, Málaga, 13 de agosto de 1994, 12.00. Francisco Umbral no llevaba bufanda cuando se puso en pie para recitar los versos que había compuesto aquel día pegajoso de verano andaluz. Con su voz impostada, máscara sobre máscara, leyó: «Los Dalton están llorando / al pie de una rotativa / porque Jesús de Polanco / sólo publica mentiras. / Los Dalton están llorando / llenos de pena cautiva, / mientras Jesús de Polanco / les cantaba una guajira. / Polanco es un hombre malo, / como una cooperativa, / Pablo Sebastián y Aurora / sacan navaja bandida, / escriben una columna / y se cortan la pilila. / Luego pasan al ataque / pidiendo papel y tinta / y cuentan lo de Cebrián / con la prosa en carne viva».

El público, masculino en su totalidad —camisas sin remangar, chaquetas e incluso alguna corbata, pese al calor homicida—, aplaudió entre carcajadas, mientras el poeta, sin mover un músculo de la cara, siempre rígido, regresaba serio a su silla. Era el momento de las fotos, de dejar una prueba para la historia. Pero antes había que brindar.

—Por el sindicato del crimen —dijo alguien, alzando su copa.

—Por el sindicato del crimen —respondieron los demás.

Camilo José Cela acababa de ser nombrado presidente por veteranía y rango, pues era el único premio Nobel de los presentes. Andaban por allí Antonio Gala, Raúl del Pozo, Luis del Olmo, Manuel Martín Ferrand, José María

García, Pablo Sebastián, Pedro J. Ramírez, José Luis Balbín, Antonio Herrero, Federico Jiménez Losantos, José Luis Martín Prieto y Luis María Anson, entre otros. Unos cuantos se apearían al poco tiempo, y otros siguieron en nómina sin participar en los ritos de esa nueva masonería periodística. El núcleo duro estuvo siempre formado por Pedro J. y Luis María Anson, directores de *El Mundo* y *Abc*, y el grupo se había ido formando en tertulias organizadas por este último en su despacho, una sala enorme en lo alto de la sede del diario, con vistas a la carretera de Aragón y a los tejados de Madrid. Lo del sindicato del crimen era un motete que les había colocado Juan Luis Cebrián un año atrás, cuando el exdirector de *El País* tuvo noticia de que varios periodistas famosos se reunían para coordinar sus ataques al gobierno por columnas y ondas. Escribió Cebrián: «Lo sucedido estos días en España, en donde una veintena de periodistas constituyen un verdadero sindicato de intereses —algunos lo llaman en privado el sindicato del crimen— dedicado en ocasiones a extorsionar empresas, sometido en otras al dictado de quienes le pagan y esclavos siempre de su vanidad y sus rencores, no es un tema fútil. Pone de relieve que las amenazas contra la libertad de expresión nacen en no pocas ocasiones en el seno de la propia profesión periodística, cuando abusa de esa libertad, prostituyéndola».

No quedaba claro, por tanto, si fue Cebrián quien los llamó sindicato del crimen o si se llamaban a sí mismos así, lo que, conocido el talante y el sentido del humor de varios miembros, suena verosímil. Oficialmente, se llamaban la Asociación de Escritores y Periodistas Independientes (AEPI) y su propósito era tumbar el gobierno mediante el hostigamiento coordinado, es decir, acordando de qué temas iban a tratar sus columnas y las portadas de sus periódicos, para crear una sensación de escándalo constante en la sociedad española. Según dijo Anson muchos años después, orgulloso de su trabajo conspirativo, temían que

Felipe González gobernase treinta años. Estaban convencidos de que, sin un poco de ayuda, la derecha jamás vencería. Lo habían visto en las últimas elecciones: pese a que Aznar se reveló como un candidato ejemplar y recortó mucha distancia con el PSOE, Felipe había vuelto a ganar. Sin mayoría absoluta, eso era cierto. Se había visto obligado a pactar el apoyo parlamentario de los nacionalistas catalanes y vascos (que ya se lo otorgaban antes), pero había sacado incluso más votos que en 1989, aunque menos escaños. Ni la corrupción, ni los juicios por el GAL le pasaban factura. No había manera de demoler la montaña de votos que lo sustentaba.

Tuvo una sola noche de flaqueza, la del primer debate en Antena 3, pero hubo un segundo, y en él Aznar no tuvo nada que hacer ante un presidente que ya no se dejó sorprender, bien entrenado por dos jóvenes que se las daban de expertos en debates presidenciales de Estados Unidos. Uno de ellos, Miguel Barroso, era un periodista zaragozano que había trabajado en el gabinete de Maravall y por entonces estaba considerado un mago de la comunicación empresarial y política. Su trabajo de asesor en ese debate agrandó su aura dentro y fuera del partido. Hizo carrera como ejecutivo en la Fnac y se convirtió en una voz muy influyente en el socialismo, pero en la sombra. En la luz reinaba su esposa, Carme Chacón, la primera mujer que estuvo a punto de ser secretaria general del PSOE. El segundo asesor se llamaba José Miguel Contreras, también periodista. Entonces dirigía los programas de Telemadrid y tenía sólidas teorías sobre la influencia política de la tele. Con el tiempo, se convirtió en uno de los ejecutivos más poderosos del medio en España. Su trabajo fue impresionante, como demuestra el vapuleo que recibió el candidato Aznar, cautivo y desarmado desde la primera intervención, pero sería injusto concederles todo el mérito de la resurrección de Felipe, porque, como bien pudieron comprobar aquellas tardes de ensayos y teatro, Julio Feo tenía razón: aquel caballo sólo necesitaba un entrenador que lo guiase un poco, pero enseguida encontraba el camino de la meta. En cuanto se quitaba el traje y se remangaba la camisa en un mitin, o en cuanto salía cinco minutos por televisión, España volvía a entregarse a él.

Por supuesto, ni todos eran de derechas —había significados izquierdistas, como Balbín o Del Pozo—, ni todos estaban dispuestos a quemar su ética en las hogueras de susurros de la conspiración. Había muchos periodistas honrados en el sindicato del crimen, cronistas sin tacha que siempre habían antepuesto su oficio a cualquier otro interés, pero eran también francotiradores convencidos de que hacía falta subir el tono de crítica al gobierno. Estos encontraron en la AEPI un paraguas para cobijarse de la lluvia helada que caía desde los medios empotrados en el gobierno, donde ya no podían ejercer. Fueron los que antes se descolgaron, aunque siguieran escribiendo contra los socialistas, pero a su aire.

Abundaban también los resentidos por motivos personales, gente con sentimientos de agravio e historiales de peleas con el PSOE o con el Grupo Prisa y *El País*, sin que tales resentimientos nublasen su mirada, aunque la hacían más afilada y agresiva contra el poder. Martín Prieto, por ejemplo, conocido como MP, el autor de la crónica de Felipe en la casa de Julio Feo mientras esperaba el resultado de 1982, había sido subdirector de *El País*, un cronista afín al PSOE (Alfonso Guerra le presentó un libro en 1982) y una persona de confianza en el equipo de Cebrián, pero, cuando dejó de serlo, se convirtió en una voz destacada de la prensa conservadora. José Luis Balbín nunca perdonó su cese como director de informativos de Radiotelevisión Española en el primer gobierno socialista ni la desaparición de su programa *La clave*. Manuel Martín Ferrand odiaba a Polanco desde que Prisa compró en 1992 la cadena que dirigía, Antena 3 Radio, y lo desalojó de su despacho de la tele privada. Pedro J. Ramírez culpaba directamente a Felipe González de su despido de *Diario 16*. Decía que el presidente había presionado a su amigo De Salas para deshacerse de él y conseguir que dejara de escribir sobre el GAL. José María García había sufrido también la desaparición de Antena 3 Radio tras su compra por Prisa y sentía un intenso rencor contra Polanco, por quitarle un micrófono con el que hacía audiencias millonarias (que siguió haciendo en la competencia, la Cope). Pablo Sebastián, uno de los socios más activos de la AEPI, había sido periodista de *El País* de primera hora y presentador del telediario de Televisión Española bajo el mandato de Calviño a mediados de la década de 1980, con quien tuvo pleitos graves. Umbral, en fin, había salido de *El País*, según él, porque Pedro J. le hizo una oferta de muchísimo dinero, lo cual era verdad, pero se la hizo porque lo habían echado del periódico de Prisa por molestar reiteradamente en sus columnas a un personaje —que no era Felipe, ni tan siquiera político, ni tan siquiera español— que tenía poder para despedirlo.

Sin duda, había razones ideológicas, pero el deseo de venganza personal brillaba grasiento en la gomina de muchos sindicalistas del crimen. No era extraño, por tanto, que celebrasen el enfado de Cebrián e hiciesen suyo el sobrenombre mafioso que les regalaba.

No por sabida y publicada, la leyenda de este sindicato es menos confusa. Según Anson, que es quien más la ha contado, el colectivo funcionó como una conspiración de líderes de opinión que querían salvar la democracia de la propia democracia, demasiado obcecada en el libre ejercicio del sufragio y sorda a las diatribas de los sindicalistas. Pedro J. dice en una de sus memorias que Anson exagera y que aquello no pasó de ser una tertulia de amigos sin mayores efectos en la opinión pública, pero lo cierto es que han menudeado denuncias de presiones y actitudes que van mucho más allá del hecho de ponerse de acuerdo para escribir todos a una sobre el GAL.

Por ejemplo: en 1996, el presidente del Grupo 16, José Luis Domínguez, denunció que había sido coaccionado por la AEPI. En un almuerzo con Anson, Pedro J. y Pablo Sebastián, estos le instaron a que mantuviera a José Luis Gutiérrez en la dirección de *Diario 16*. Si lo despedía, ellos actuarían con beligerancia. Hay mil historias como esta, protagonizadas por periodistas que chantajeaban a figuras públicas o a empresarios, amenazando con airear sus trapos sucios, que tenían bien archivados. La década estaba dominada por guerras entre medios y periodistas, y de estos con políticos, que emulaban un chiste que gustaba mucho entre cronistas viejos y se contaba en las sobremesas. Recostado en la silla del dentista, justo antes de abrir la boca, el paciente agarra por los testículos al odontólogo y le dice: «¿Verdad que no nos vamos a hacer daño?».

Eran buenos tiempos para la prensa. Nunca se habían vendido tantos periódicos ni se había hecho tanto dinero. Tradicionalmente, el periodismo en España había sido un oficio de señoritos, porque muy pocos se hacían ricos con él, y sólo los niños de cuna meneá podían ejercerlo, sin cobrar o cobrando miserias, porque la manutención corría a cargo de la familia. Aunque Larra había cobrado más que la mayoría de las estrellas de la tele del siglo XX, su caso era muy excepcional. Hasta la transición democrática, los redactores eran profesionales esforzados y tirando a humildes, golfos que se gastaban la paga en los bares, dormían de día y daban sablazos a la hora de cenar. A partir de la década de 1980, esto cambió. Los sueldos mejoraron bastante y las posibilidades profesionales se multiplicaron en un paisaje de nuevos medios y viejos periódicos reformados que ingresaban mucho dinero y tenían accionistas poderosos y generosos. Nunca se había trabajado con tantos recursos y tanta libertad. En la década de 1990, con la apertura de las televisiones privadas, las guerras por la audiencia de las radios y la fundación de periódicos como *El Mundo*, la profesión entró en una orgía. Presentadores de Televisión

Española que habían ganado un sueldo decente se hicieron millonarios, a algunos columnistas los fichaban como si fueran jugadores de fútbol y los locutores de radio de la mañana iban a la emisora con chófer. La puesta de largo de la AEPI fue en Marbella, la meca del lujo y de la *beautiful people*, porque Antonio Herrero, locutor estrella de la Cope, tenía casas allí y pasaba parte del año entre los ricos de Europa.

Esto sucedía en Madrid. En Barcelona y en el resto de España el oficio seguía siendo paciente y artesano, pero Madrid era más que una fiesta. Un martes cualquiera, a las tantas de la madrugada, una cuadrilla de periodistas ricos desafinaba en torno al piano del Toni 2 de la calle Almirante. Entre canción y canción de Manuel Alejandro, se jactaban de las reputaciones que habían quemado en la pira de sus columnas. Tenía razón Cebrián en su artículo cuando decía: «Las columnas de los diarios se utilizan en ocasiones como puñales que asesinan famas, conciencias, carreras y vidas privadas sin otra justificación, a veces, que la propia emulación personal del periodista, sus rencores o venganzas, aunque la historia no encierre ejemplaridad social, no tenga consecuencias para la comunidad y no resulte esclarecedora de nada que no sea las propias ínfulas del informador».

La crisis económica no les afectaba. El felipismo, tampoco. Pese al resentimiento profesional de algunos, el felipismo les venía muy bien. Como dijo Vázquez Montalbán de algunos intelectuales antifranquistas, contra Felipe vivían mejor. El gobierno no sólo les daba material informativo y argumentos, sino una superioridad moral. *Independiente* fue el adjetivo que eligieron para definirse en las siglas de la asociación. Eran ricos, poderosos y respetados gracias a la agonía del último gobierno socialista. Si hubiesen conspirado a favor de sus propios intereses, habrían calculado mucho mejor los ataques, para mantener a Felipe en un acoso constante, pero sin riesgo de derrumbe, pues, cuando el Partido Popular ganase, dejarían de ser bucaneros y se convertirían en eso que criticaban a Cebrián y a los escritores de la bodeguilla: unos paniaguados.

Por desgracia, no tenían que inventarse casi nada, pues los tribunales alimentaban las rotativas hasta hacerlas reventar. No había semana sin disgusto, en una secuencia que parecía programada adrede para convencer a todos los españoles de que estaban gobernados por una banda criminal.

El año 1994 fue el peor de todos los que pasó Felipe en la Moncloa. El juez Barbero instruía el caso Filesa, dejando claro que implicaba a muchos dirigentes del partido, casi cuarenta. En la investigación se descubrió también una trama de comisiones relacionada con las obras del tren de alta velocidad a Sevilla. Más grave era el caso Ibercorp, que implicaba a varios corredores de bolsa y empresarios que se habían aprovechado de informaciones privilegiadas cuando entraron grandes capitales en la economía española a partir de 1986. El grupo compraba y vendía empresas influyendo en sus cotizaciones y dando lo que en la época se llamaban *pelotazos*: compraban una compañía por un millón y la vendían al día siguiente por cien. El último pelotazo, una fusión del banco Ibercorp con una financiera, les salió mal. Los accionistas perjudicados descubrieron la jugada y la denunciaron como un fraude tributario. Entre los jugadores estaba Mariano Rubio, gobernador del Banco de España. Cuando *El Mundo* publicó la exclusiva en 1992, Felipe González lo llamó a su despacho y le pidió explicaciones.

—No he hecho nada, presidente, son calumnias.

Felipe insistió, y Rubio, hasta entonces un colaborador leal, amigo de Miguel Boyer, parte crucial de las reformas económicas de la década de 1980, le sostuvo la mirada y le negó que hubiera nada ilegal, ni tan siquiera inmoral.

Poco después, la investigación del juez demostró su implicación en varios delitos financieros. Rubio se había aprovechado de su posición en el Banco de España para enriquecerse con información privilegiada de los mercados. En 1994 era ya un cadáver político. En 1995 lo imputaron. En 1996 entró en la cárcel.

Todos los hagiógrafos de Felipe dicen que la traición de Rubio fue la más dolorosa de todas y la más inesperada. Dicen que creía de verdad en su inocencia. Hasta que las pruebas judiciales no lo desmintieron, vivió convencido de que las noticias eran una campaña difamatoria del sindicato del crimen.

El año maldito de 1994 concentró tanta basura que costaba creer que cupiese toda en sus trescientos sesenta y cinco días. El 29 de abril, el ministro del Interior, Antonio Asunción, llamó a la finca de Zamora donde se suponía que estaba Luis Roldán, exdirector de la guardia civil. Roldán llevaba destituido desde diciembre de 1993, después de que una exclusiva (de *Diario 16*, esta vez) lo implicase en un caso fenomenal de malversación de fondos públicos. Se habían abierto diligencias y, mientras el juez decidía si había motivos para imputarlo, Roldán pidió permiso para retirarse a un terreno que su mujer poseía en Zamora, y huir así del acoso de los periodistas. El ministro le concedió la venia, pero alguien olvidó colocar unos guardias en la puerta o, al menos, vigilar al sujeto de lejos. Cuando Asunción llamó a Zamora y le dijeron que don Luis no estaba y que nadie sabía adónde había ido, el ministro hizo dos cosas: poner en alerta a todos los policías de España y presentar su dimisión al presidente.

La fuga de Roldán duró casi dos años, y su detención en el aeropuerto de Bangkok parecía sacada de *Mortadelo y Filemón*. La historia consumió muchísimas horas y miles de páginas con detalles fascinantes —como el hecho de que Roldán era un mentiroso compulsivo que llevaba engañando a todos casi desde el colegio, o que robaba a manos llenas y sin disimulo del fondo de huérfanos de la guardia civil— y entretuvo a lo grande a la opinión pública, al tiempo que desmoronaba la poquita fe que en España se tenía por los servicios de espionaje.

El año 1993 terminó con la intervención de Banesto, el banco que dirigía Mario Conde, sumo sacerdote de los yupis e hijo de la *beautiful people*, y 1994 acababa con la orden por parte del juez de ingreso en prisión de este. Conde era el banquero joven, el ídolo de todos los cachorros de las urbanizaciones de la clase media que se matriculaban en ciencias económicas y empresariales. Se abrió paso entre los financieros chapados a la antigua e importó a España el estilo soberbio del bróker de Wall Street. Manirroto y exhibicionista, parecía el rey Midas de la banca. Las periodistas de moda, como Julia Otero, lo entrevistaban en la tele para admiración de aquella chavalería que puso a Dios por testigo de que nunca más pasaría hambre, y que siempre la saciaría en Zalacaín y dejando mucha propina. Los números, sin embargo, decían que Conde estaba llevando a la ruina a una institución de crédito venerable y centenaria que, hasta que cayó en sus manos, habían gestionado señorones aburridos, conservadores y muy aplicados en equilibrar las columnas contables del debe y el haber. El Estado intervino el banco para salvar los ahorros de sus clientes, justo antes de que estos volasen. El sacrificio de Mario Conde fue el final de lo que ya se conocía con naturalidad como la España del pelotazo.

Ante tal bombardeo, el presidente callaba o decía que no sabía nada y que era el primer sorprendido. No le constaban los robos. Le desconcertaba mucho que hubiese tanto golfo suelto. Lo atribuyó al fatalismo del poder, que se había hecho demasiado grande y disperso para controlarlo. Había demasiados cargos, demasiada gente que no había hecho el camino desde Suresnes, demasiado personaje deslumbrado por las luces del cambio. Por lo visto, le bastaba con su conciencia. Saberse limpio, un socialista impecable que había abroncado a sus compañeros de la clandestinidad por robar unas latas de perdiz escabechada en la Sevilla hambrienta de los años sesenta, le consolaba. Hasta los sindicalistas del crimen le presumían la inocencia en estos asuntos (no en otros, que implicaban sangre). El reproche era a su silencio, a ese liberal *laisser passer*. No se lo veía abroncar a ninguno de los corruptos que protagonizaban el año de los dolores de 1994. Le reprochaban falta de nervio, atonía, otorgar por callar. No bastaba con las dimisiones y las destituciones. Muchos, incluidos bastantes socialistas, esperaban algo más, un golpe en la mesa, un gesto teatral magnífico como los que hubiera hecho Alfonso en verso y rima consonante.

Volvieron los rumores sobre las depresiones de Felipe. Contaban por Madrid que estaba huraño, que pasaba mucho tiempo con los bonsáis, que ya no jugaba al billar con José Luis Coll. Sí era cierto que rehuía a la prensa y se apoyaba mucho en la amistad de Polanco y Cebrián, como si necesitase que le hicieran una barrera con sus cuerpos. Si concedía una entrevista, no se quedaba a charlar, salía corriendo para no decir una palabra de más. Una mañana, al final de un programa de radio retransmitido desde el palacio, se excusó diciendo que tenía que despachar con un embajador. Estaba ya marchándose, dando la espalda al equipo, cuando el locutor, que se acababa de servir un café en el cáterin, le preguntó si había leído un texto muy interesante de Jacques Julliard que explicaba bastante bien lo que pasaba en España, sin nombrar España. Felipe se volvió, picado de curiosidad.

—Dice Julliard —explicó el periodista— que los escándalos de corrupción que afectan al gobierno francés tal vez impliquen a ministros y cargos concretos, y quizá sea cierto que el presidente no sabe nada. También en la Judea romana la muerte de Jesús fue culpa de sacerdotes y otros cargos, pero la Biblia y la historia recuerdan que sucedió en tiempos de Poncio Pilatos. Aunque Pilatos se lavó las manos y no fue quien decidió ni se le puede acusar en rigor de nada, salvo de exceso de higiene, todo lo que sucedió bajo su mandato se le atribuye. Por eso, termina Julliard, aunque las corruptelas tengan responsables concretos, la historia dirá que sucedieron en tiempos de Mitterrand, y será su nombre, y sólo su nombre, el que se asocie con la infamia.

Felipe sonrió, tomó del brazo al periodista y lo invitó a sentarse. Quería escucharlo, algo muy raro en él, un político torrencial que casi nunca dejaba hablar a nadie.

—Disculpe, presidente —dijo el periodista—, ¿no tenía prisa por despachar con un embajador?

—Deja eso y cuéntame. Con franqueza, ¿crees que esto quedará en tiempos de Felipe?

Hablaron una hora, casi en términos filosóficos, sobre la mala fama, la reputación y el honor.

—Yo no estoy preparado —reflexionó el periodista, animado por un Felipe que necesitaba escuchar pensamientos ajenos para ordenar los suyos— para que mi nombre sufra un escarnio público. No lo soportaría, me hundiría leer a diario mi nombre en medio de tantas acusaciones.

Felipe no respondió. Sonrió un poco y miró al suelo, de nuevo tímido.

—Se ha hecho tarde —dijo al fin—, gracias por la conversación.

Al marcharse, al locutor le pareció que el presidente se encorvaba un poco más, como si un peso nuevo le hundiese la espalda.

Audiencia Nacional, Madrid, 27 de septiembre de 1994. Las madres de Érguete («levántate», en gallego), que habían viajado desde las rías a Madrid para comprobar cómo los encerraban y tiraban la llave al Atlántico, no tenían fuerzas ni para indignarse. Se las habían dejado todas por la mañana, cuando gritaron asesinos y criminales a los narcos que entraban en la Audiencia Nacional para escuchar el fallo del tribunal. Las madres de Érguete llevaban cuatro años esperando ese día, y más de veinte sin dormir. Encabezaban una rebelión de batas y zapatillas, madres coraje que habían plantado cara a quienes nadie se atrevía a toser, a los jefes de los clanes. Los acusaban de matar a sus hijos con la droga que descargaban en la ría por la noche y de perderlos al emplearlos en sus negocios. ¿Qué chaval iba a estudiar para tener un trabajito y ganarse un sueldo si a los quince años podía agenciarse cien mil pesetas en una noche metiendo fardos en una furgoneta? Las madres llevaban más de diez años plantándose ante los restaurantes donde se embaulaban los centollos pagados con la droga, señalando sus negocios de blanqueo, denunciando sin descanso cada ilegalidad que sorprendían. A cara descubierta, cubriéndolos de vergüenza. Ellos no se atreverían a levantar la mano contra una madre que les enseñaba las fotos de sus hijos muertos.

Aquel 27 de septiembre de 1994, si no de fiesta, era un día de conclusión. Se cerraba el juicio por la operación Nécora que empezó en junio de 1990, la intervención más audaz y espectacular contra el poder del narcotráfico gallego. Una columna de guardias civiles viajó desde Madrid al mando del juez instructor, Baltasar Garzón. Los guardias gallegos no sabían nada porque muchos estaban comprados por los clanes. Detuvieron a los traficantes de noche, en sus casas, mientras cenaban con sus familias o disfrutaban de la velada sin la menor sospecha. Los metieron en furgones y los llevaron a Madrid.

¿Qué había pasado? Las madres se pasaban las informaciones de la sentencia, que acababa de anunciarse en el tribunal, y no se las creían. Las penas más duras eran para los donnadies, para los descargadores, camellos y gente de poca monta. Quince narcos quedaban absueltos. Absueltos. ¿Cómo era posible? A Oubiña, a Portabales y a Paz Carballo les habían impuesto penas ridículas, la mitad de las cuales ya las habían cumplido en régimen preventivo, y el jefe de los Charlines, uno de los mayores narcotraficantes de la historia de España, acusado de meter en Europa decenas de miles de kilos de cocaína, salía absuelto. ¿Y la montaña de pruebas contra ellos? ¿Y los cuatro años de instrucción del caso? ¿Para qué habían servido?

Pronto se supo la razón: el juez Baltasar Garzón había cometido tantos fallos que invalidó muchísimas pruebas de cargo. A los abogados de los narcos no les costó mucho trabajo impugnarlas, aduciendo errores de procedimiento. Los más desgraciados de la organización, que tenían peores abogados, cargaron con la mayoría de las condenas.

En su despacho del ministerio del Interior, el biministro Juan Alberto Belloch no sabía si reír o llorar. Por una parte, le indignaba casi tanto como a las madres gallegas que unos narcos durmieran esa noche en sus casas de Vilagarcía de Arousa o Cambados después de beberse todo el albariño de la comarca para celebrarlo. Pero, por otro lado, le encantaba que Garzón mordiese el polvo. Se le habrá derretido la gomina de la rabia, pensaba. Todo lo que fastidiase a Garzón alegraba al gobierno.

Belloch era juez y se sentaba en la silla que Garzón creía suya. Nadie se la había prometido, pero lo dio por supuesto una tarde de abril de 1993, cuando el presidente de Castilla-La Mancha, José Bono, organizó una especie de montería en la finca de Los Quintos de Mora de Los Yébenes, en Toledo. El invitado de honor era Felipe González, que aprovechó el día de campo para tantear a posibles candidatos ajenos al PSOE. No es que le hubiera gustado la experiencia de Semprún, el ministro de Cultura destituido en marzo de 1991, que unos meses después publicaría unas memorias de su paso por el gobierno donde se dedicaba, sobre todo, a caricaturizar a Alfonso Guerra. Pese a que no cuajó esa primera vez, Felipe quería seguir implicando a personajes independientes en el gobierno. O, al menos, en las elecciones. El error Semprún, pensaba, fue que lo impuso como capricho monárquico. En el futuro, para entrar en el gobierno, los versos libres tendrían que presentarse a las elecciones y conseguir un escaño. Así ya no serían tan libres, vendrían con rima y domados por la disciplina del partido, aunque no tuvieran carnet. Aquella tarde había invitado a varios personajes famosos de España, pero la estrella era Garzón, el juez instructor del caso GAL, el que había procesado a los policías Amedo y Domínguez.

A Felipe le sorprendía lo fácil que le estaba resultando seducirlo. Garzón no sólo parecía un poco ansioso por pasarse a la política, sino que se atrevía a exigir cosas. Quería ir en las listas por Madrid, nada de rellenar un hueco en no se sabía qué provincia. Quería ir el segundo tras Felipe.

—Eso no puede ser, Baltasar —respondió el presidente—, el segundo es Javier [Solana].

—Seguro que lo entiende.

Lo entendió, qué remedio. Solana siempre lo entendía todo. Aquella tarde, en Los Yébenes, Garzón sacó la promesa de que su nombre saldría en las papeletas justo debajo del de Felipe González y terminó por convencerse de que sería ministro.

Pero pasaron las elecciones, se formó el Congreso y Felipe se concentró en las reuniones con los nacionalistas para pactar la investidura. No estaba para Garzón, que acudía a su escaño sin ningún cometido especial, aburriéndose en las reuniones del grupo parlamentario y preguntándose por qué no sonaba el teléfono, si estaba bien conectado.

Cuando al fin se formó el gobierno, leyó atónito la prensa. Debía de haber algún error, pues su nombre no estaba, pero sí el de Juan Alberto Belloch, un juez de Bilbao al que detestaba y que se encargaba de Justicia (sin haber pasado por las elecciones, como hizo él). Llamó a la Moncloa, pero Felipe no se puso. Lo intentó con otros cargos del PSOE, con Solana, con quien fuera, y todos le pidieron paciencia. La política es complicada, hay que coordinar demasiadas voluntades, el presidente tendrá sus razones, etcétera. Al cabo de muchas protestas, Felipe aceptó hablar con él, escuchó sin inmutarse sus quejas y su lista de ofensas y le ofreció coordinar el plan contra la droga en el ministerio del Interior. Debía entenderse con Antonio Asunción y Rafael Vera, sobre todo con este último. Garzón casi se había calmado cuando recibió la última humillación: su despacho dependía de Interior, pero estaba en otro edificio. A los pocos días descubriría, además, que su cargo era casi decorativo. No tenía mando sobre los policías y no podía opinar ni conocer las operaciones contra el narcotráfico. Básicamente, su trabajo consistía en hacerse fotos, recomendar a los jóvenes que bebieran refrescos en vez de fumar porros y felicitar a los drogadictos de los centros de rehabilitación por lo bien que se portaban.

Aguantó porque creía que podía extralimitarse. Discutía a menudo con Vera e intentaba que le dieran poder, aprovechándose de sus contactos en la guardia civil y entre los jueces, pero sólo conseguía amargarse más cada día. Cuando Asunción dimitió tras la fuga de Roldán, creyó que su momento llegaba. Su objetivo era Interior, mandar en la lucha contra ETA, dirigir a los policías, encerrar a los malos. La plaza quedaba vacante y él estaba disponible, a dos calles, pero Felipe tenía otros planes. Belloch le había parecido un tipo muy competente durante los meses en los que estuvo en Justicia. Era ambicioso, como Garzón, pero transmitía menos presunción, aunque también la tuviera. Entre los jueces tenía fama de meticuloso y justo, y se había bregado en Bilbao, procesando a etarras en lo más duro de los años de plomo, pero también a guardias civiles acusados de torturas. Era un juez tan implacable como imparcial, y si de algo andaba necesitado el gobierno en esos momentos era de hombres justos con un historial de incorruptibilidad. Por eso, en una decisión que casi nadie entendió, Felipe lo nombró biministro. Fundió las carteras de Justicia e Interior y se las ofreció para que hiciese y deshiciese a su entera discreción.

Lo primero que hizo Belloch fue llevarse consigo a Margarita Robles, una magistrada joven —una de las primeras mujeres que entraron en la judicatura española— que ya trabajaba con él en Justicia. Sustituyó a Rafael Vera en la secretaría de Estado de Interior, el segundo puesto en el escalafón ministerial. Como Belloch, Robles tenía fama de dura y justa y, como él, no militaba en el partido.

En la arenga que lanzó como bienvenida a su equipo y declaración de intenciones, el biministro dijo:

—Sólo lo ético es práctico.

La frase se filtró, y los periodistas, incluidos los del sindicato, la entendieron como una enmienda a la totalidad del legado de Barrionuevo y Corcuera. Sólo lo ético es práctico: nueva divisa contra el cinismo y los atajos. Belloch —se recordaba a menudo— había condenado a guardias por torturas.

Nada más tomar posesión, Margarita Robles viajó al País Vasco para enterarse de cómo funcionaba todo allí y proponer cambios. En el cuartel de Intxaurrondo de San Sebastián se reunió con el coronel Rodríguez Galindo, por entonces un líder veterano y muy valorado en la lucha contra ETA, que tenía en su hoja de servicios la dirección del operativo que descabezó a la banda en Bidart en 1992, el peor golpe que recibieron los terroristas en toda su historia. Robles, que aún no había cumplido treinta y ocho años, impostó autoridad en los pasillos de Intxaurrondo, llenos de guardias correosos y de tipos que respondían a un alias y cuyo cargo y cometido nadie tenía claros. Casi todo en el cuartel llevaba el sello de *reservado*.

—Coronel, como dice el ministro y creo que deben saber ustedes, vamos a tener cuidado a partir de ahora. Recuerde: sólo lo ético es práctico.

Galindo, virrey de Donostia, emperador de Intxaurrondo, facedor y desfacedor de entuertos innombrables que ni los agentes más oscuros se atrevían a pensar, infló el pecho para resaltar sus condecoraciones y le respondió:

—De acuerdo, señora, pero ¿de qué ética hablamos? ¿De la de entonces o de la de ahora? Se habrá dado cuenta ya de que el concepto de lo ético cambia mucho con el paso del tiempo.

(Un año después, un forense de la Universidad del País Vasco identificó los restos de dos cadáveres encontrados en Aguas de Busot, Alicante. Eran José Ignacio Zabala y José Antonio Lasa, miembros de ETA desaparecidos en Bayona en 1985. La investigación concluyó que ambos habían sido secuestrados en Francia por un comando del GAL, detenidos ilegalmente en Intxaurrondo y torturados en el palacio de la Cumbre de San Sebastián, para ser más tarde trasladados a un pueblo de Alicante, donde unos guardias los obligaron a cavar sus tumbas y los asesinaron, enterrando sus cadáveres en cal viva. Rodríguez Galindo fue procesado y condenado por estos hechos en 2000, tras quedar demostrado que él y el exgobernador civil de Guipúzcoa, Julen Elgorriaga, dieron las órdenes).

Lo segundo que hizo Belloch fue dejar de repartir los fondos reservados, para evitar otro caso Roldán. Esos fondos eran partidas secretas para pagar todos los gastos que un gobierno no podía justificar ni publicitar. De ahí había robado Roldán, pero con eso se compraba también el silencio de muchos infiltrados y chivatos. Cuando estos dejaron de recibir su paga, ya no tuvieron motivos para guardar los secretos. Así salieron muchas exclusivas sobre el GAL.

Antes de que Margarita Robles asumiera su cargo, Garzón hizo un último intento de figurar y se presentó en el despacho de Belloch, haciendo corazón de cada una de sus tripas. Le dio la enhorabuena sin efusiones y empezó a contarle, al estilo González, con subordinadas y sin pausas, su proyecto de reforma del ministerio. Belloch lo interrumpió en cuanto encontró un resquicio:

—Mira, Baltasar, no sigas, lo siento, no voy a contar contigo. Te dejo lo de la droga, si quieres, pero nada más.

Garzón no dio un portazo, pero salió del ministerio dando zancadas, rojo, humilladísimo. En su despacho de la droga pidió línea con la Moncloa, pero no se la dieron. El presidente no se podría poner en todo el día, lo sentían mucho. A la tercera llamada, gritó al teléfono:

—Habéis valorado muy mal mi peso político. Ojalá no tengáis que arrepentiros.

Dimitió a los pocos días, aunque sólo después de que Belloch dijera en público que aceptaría encantado su renuncia.

—Este Baltasar —dijo el biministro cuando recibió la noticia de su dimisión, en medio de un almuerzo con su equipo del ministerio— no pilla una indirecta.

Al día siguiente, Garzón se reincorporó a la Audiencia Nacional. Saludó a los conserjes, a los administrativos, a los secretarios y a los ujieres. Se sentó en su despacho y llamó a un ordenanza:

—Por favor, que me traigan todo el sumario del GAL, y avisa a mi equipo para que nadie haga planes para la cena. Vamos a pasar mucho rato leyendo.

Estudios de RTVE en Prado del Rey, Pozuelo de Alarcón, Madrid, 9 de enero de 1995, 21.00. Iñaki Gabilondo salió de maquillaje y se acercó al saloncito donde lo esperaban. Los tres hombres que fumaban en los sillones se volvieron y le hicieron un gesto de bienvenida. Eran Jordi García Candau, director general de la televisión, Alfredo Pérez Rubalcaba, ministro de la Presidencia, y Felipe González, que fumaba un puro e intentaba fingir que estaba relajado. Los tres veían en silencio el telediario, e Iñaki se sentó con ellos sin molestarlos. El presentador daba paso a noticias del GAL, desmenuzando las diligencias del juez Garzón en la Audiencia Nacional y las exclusivas que publicaba *El Mundo* de Pedro J. Ramírez. Los policías Amedo y Domínguez habían acusado a varios altos cargos del ministerio del Interior de pagarles mucho dinero de los fondos reservados para comprar su silencio. No había otras noticias en España. Felipe seguía el telediario sin comentar nada, chupando el puro y exhalando el humo despacio.

—Es la hora, presidente —se atrevió a decir Gabilondo.

Felipe apagó el puro, asintió y acompañó al periodista hasta la puerta. Ya no tiraba tanto de tropos taurinos, pero la comparación con el paseíllo era inevitable. Si hacía veintiséis años se probó como un torero joven, un Juan Belmonte llegado de las dehesas de Sevilla a Francia para asombrar a unos exiliados cínicos, aquella noche sentía la bilis negra del callejón, ese minuto de soledad justo antes de echar a andar, cuando uno se palpa el cuerpo, se santigua y piensa en la madre y en la novia para espantar las cornadas.

Al otro lado de la puerta no esperaba un miura, sino todos los fotógrafos de España. Decenas de flashes y gritos de «presidente, mire aquí, por favor». Hasta el plató, sonrisas y silencios. Las cámaras cortaban cualquier conversación, lo cual era muy de agradecer. ¿Qué habrían hecho sin ellas en ese paseo larguísimo hasta el estudio? ¿Hablar del frío que hacía? Iñaki podría haberle contado sus vacaciones de Navidad en Nueva York. ¿Sabe, presidente, que me llamaron para hacer esta entrevista mientras estaba con mi mujer en Manhattan? A Felipe le gusta Nueva York, no sólo porque prefiera morir asesinado en ella que pasear tranquilo por Moscú, sino porque puede, simplemente, pasear, una actividad que tiene prohibida desde 1976. Podrían haberse preguntado por los hijos, por los amigos comunes, por los madrugones de Iñaki para ir a la radio, pero era mejor no decirse nada y sonreír a los fotógrafos que caminaban de espaldas, tropezándose con las papeleras y los extintores.

Cuando alcanzaron el plató y los productores desalojaron a los fotógrafos, el regidor los sentó para probarles el sonido y encuadrarlos con las cámaras. Muchos españoles, alentados por las chuflas del sindicato del crimen, creían que el locutor y el presidente eran amigos, como sin duda este lo era de todos los periodistas que trabajaban en el Grupo Prisa. Después de todo, tenían en común esa nobleza popular que consiste en ser conocidos por el nombre, no por el apellido, y lo que iguala también hermana. Para España, eran Felipe e Iñaki, no hacían falta más aclaraciones. Pero lo cierto era que se habían tratado poco y no se tenían demasiado aprecio, aunque se conocían de lejos, de los tiempos de Isidoro, cuando Gabilondo dirigía Radio Sevilla y se fijó en el lío que montaban en la ciudad unos abogados socialistas. Su relación era mucho más profesional que personal, y al periodista le convenía esa distancia. No podría hacer lo que estaba a punto de hacer si tuviera delante a un amigo.

—Bueno —dijo Felipe—, ¿hablaremos de algo que no sea el GAL?

—Depende de usted, presidente. Disponemos de media hora tan sólo. Si se ajusta y es breve en las respuestas, cabrán más preguntas.

Desde que un directivo de Radiotelevisión Española lo llamó a Nueva York, en plenas vacaciones, para ofrecerle una serie de entrevistas a grandes líderes, empezando por Felipe, Iñaki había pensado mucho en ese estreno. Sabía que era imposible entrevistar al presidente, había sufrido muchas veces su encanto y su estrategia evasiva. Sabía de su telegenia, de su poder de seducción, que anulaba a los periodistas más feroces y los reducía a cortesanos que asentían o reían sus chistes. Media hora era muy poco tiempo para domarlo. Le habían concedido una sola bala y tenía que dar en el blanco. Paseando por un Nueva York navideño, en vez de relajarse y disfrutar de las compras y las cenas con su mujer, planificaba su estrategia. Si le dejo hablar, decía, se va libre.

El canon de la buena entrevista dice que los primeros compases son de cortesía. Se preguntan banalidades para ganarse la confianza del entrevistado y ablandarlo, pero también para relajar a los espectadores y darles tiempo para que se incorporen a la conversación. Cuando se confirma la cordialidad, se lanzan las preguntas incómodas y se persigue el titular. En la radio, con más tiempo y menos corsé, podría plantearlo así, pero en media hora de tele, en un momento de emergencia, cuando todo el gobierno era señalado por un juez y parte de la prensa como responsable de crímenes contraterroristas, se requerían medidas excepcionales. Por eso renunció a todos sus modales de buen conversador y concibió el encuentro como un interrogatorio. La escenografía ayudaba: los dos hombres frente a frente, con unas luces un poco dramáticas. El plató, en su simpleza, era policial. Preguntaría breve y directamente. Era la única manera de que Felipe contestase. No le preguntaría ni qué tal estaba, para no darle pie a divagar durante diez minutos.

—Citroën y prevenidos —gritó el regidor en el plató. Anunciaba que se emitía el último comercial del bloque publicitario, y después entrarían en directo.

Los protagonistas se recolocaron las chaquetas y comprobaron que las corbatas cayeran rectas. Se irguieron en las sillas y esperaron la señal.

—Señor presidente, muy buenas noches.

—Buenas noches.

—Me va usted a permitir que le pregunte directamente. —Y aquí, el periodista hizo una pausa de apenas un segundo; una pausa en la que se le oyó respirar, inspiró fuerte, como aplazando el momento, y toda España entendió la pausa, que se vivió mucho más larga, como la de los paracaidistas antes de saltar, porque no había un solo espectador capaz de mirar a los ojos a un presidente y preguntarle lo que Iñaki le iba a preguntar—. ¿Organizó usted el GAL, señor presidente?

Felipe respondió demasiado deprisa, sin pausa, sin vértigo, sin dejar una rendija a la vacilación:

—Jamás se me hubiera ocurrido. Yo soy un demócrata de toda la vida, convencido de que sólo se pueden utilizar instrumentos democráticos para luchar contra el crimen.

Iñaki aceptó la jugada y también planteó la siguiente pregunta sin pausa, en un tono mucho más policial:

—¿Autorizó usted la guerra sucia contra ETA?

—Nunca autoricé ni nunca encubrí. Es más, he ordenado al ministro de Justicia e Interior que presente una querella contra quien hace una afirmación respecto del gobierno como la que hoy ha aparecido en la prensa.

—¿Toleró usted eso en algún momento, porque le resultaba útil para la guerra?

—Repito que en ningún caso. Ni lo toleré ni lo consentí, ni mucho menos lo organicé, obviamente.

—Felipe Alcaraz [dirigente de Izquierda Unida] decía hace un momento en el telediario: «Ya está claro, Felipe González es el señor X».

—Creo que tendrá que asumir su propia responsabilidad el señor Alcaraz y demostrarlo.

—¿Está usted muy enfadado?

—No, enfadado no estoy. Yo no suelo enfadarme. Lo que pasa es que tengo convicciones que son muy profundas y no estoy dispuesto a que las ponga en entredicho nadie, ni Felipe Alcaraz ni nadie, y mucho menos dos condenados por los tribunales de justicia en sentencia firme.

—¿Comprendió usted, entendió que naciera el GAL?

—En absoluto. Ha habido episodios de esos en la democracia, y yo nunca he dado ningún tipo de cobertura ni siquiera explicativa. Siempre he condenado cualquier acción que no sea una acción legal.

—En las últimas semanas han surgido muchas voces que han tratado de contextualizar lo ocurrido para comprenderlo, entre comillas. ¿Está usted entre los que están contextualizando lo que ocurrió en 1983?

—Yo no he hecho ninguna contextualización. La lucha contra el terrorismo es una lucha desigual, porque nosotros tenemos que utilizar los instrumentos de la ley y los terroristas utilizan todos los instrumentos para matar o para extorsionar, hasta el punto de que ha habido muchas víctimas del terrorismo, muchas: ochocientas sesenta y siete. Por consiguiente, estamos en una situación muy dura o hemos vivido y vivimos una situación muy dura de lucha contra el terrorismo, pero yo nunca he contextualizado esa lucha, que siempre he pretendido que sea una lucha democrática y una lucha transparente.

—Señor presidente, ¿y por qué sabe usted que no se va a descubrir nada que afecte al gobierno?

—Mire, recuerdo que me hizo una pregunta un periodista estando de visita en una residencia de ancianos exactamente diciéndome: «¿Y si se demuestra que el gobierno ha participado de alguna manera en la creación de los GAL?». Y yo contesté: «Mire usted, esa es una hipótesis imposible, porque nunca lo ha hecho y, por consiguiente, es imposible que algún día se pueda demostrar esto».

—¿La cúpula de la lucha antiterrorista forma parte del gobierno?

—La cúpula de la lucha antiterrorista son funcionarios, no son gobierno, pero son funcionarios que dependen del gobierno en toda la lucha contra el terrorismo, y me parece que siempre han cumplido con absoluta lealtad, con una gran fidelidad a la democracia.

—¿El director general de seguridad del Estado es Estado?

—Es Estado sin duda alguna. Claro, no se puede decir que sea el gobierno, pero, desde luego, es Estado, y me parece que ha prestado un gran servicio a la sociedad española.

—Usted, por tanto, no tiene absolutamente ninguna pista, ningún dato que pueda... Vamos, no sabe absolutamente nada del GAL, absolutamente nada.

—No, no. Yo sé lo mismo que sabe usted y lo mismo que sabe mucha gente porque se ha informado mucho.

—Pero no más.

—Pero ¿por qué voy a saber más? Ha habido investigaciones judiciales que siempre han sido investigaciones acompañadas del esfuerzo de la policía para esclarecer los hechos, y eso es lo que ha ocurrido con el GAL desde hace diez años u once años en que esta historia empieza. Por consiguiente, ha habido una participación de las propias fuerzas de la policía judicial en el esclarecimiento de los hechos. Por tanto, ¿qué es lo que tienen que saber los ciudadanos? Es que el gobierno no está detrás como se dice del GAL o como he oído decir a un señor que espero que asuma su responsabilidad, que espero que la asuma seriamente, diciendo que yo soy el señor X. Lo que tienen que saber los ciudadanos es que eso es falso, radicalmente falso, y como es falso vamos a reaccionar querellándonos contra quien lo afirme.

Lo negó todo, pidió presunción de inocencia y amenazó con querellas. El viejo chamán se había hundido en el interrogatorio. Nadie le creyó. Las encuestas de los días siguientes así lo reflejaron, constatando, además, un desplome de la intención de voto. Aquella noche, la televisión no lo salvó.

Entre los más de ocho millones de espectadores que vieron la entrevista en directo estaba Laura Martín, la viuda de la última víctima del GAL, Juan Carlos García Goena, el electricista al que dos pistoleros confundieron con un etarra y mataron con una bomba en 1987. No era una víctima oficial, porque la guerra sucia terminó en 1986 y no se reconocían crímenes posteriores, pero Laura se había empeñado en que toda España recordase a su marido. Aquella noche quedó convencida de que el GAL no era un asunto de policías y guardias, ni siquiera de funcionarios del ministerio, sino del propio gobierno. Esperaba que Felipe asumiera alguna responsabilidad. No penal, pues tampoco estaba claro que pudiera tenerla, pero sí política. Esperaba que reconociese que algo se hizo muy mal en aquellos años y que él debería haberlo sabido y parado, y que no saberlo también era grave. Le hubiera bastado con una declaración así, una disculpa y un compromiso para ayudar a resolver el caso abierto de su marido. Que no le dieran con la puerta en la cara cada vez que reclamaba información, que le contestasen las cartas, que reconociesen su dolor y reparasen el crimen, como se hacía con cualquier otra víctima.

Aquella noche, mientras sus hijas pequeñas dormían, se propuso llegar hasta el final. Quizá todo era un juego político. Por supuesto que Amedo y Domínguez se guiaban por su propio interés y estaba claro que un director de periódico y un juez los usaban en sus estrategias y venganzas. Cualquier persona informada más allá del ruido de la muy recurrente crispación lo sabía. Pero eso no borraba las huellas de los crímenes ni llenaba los huecos que dejaban los muertos en las camas. Detrás del resentimiento vengativo de tantos contra un gobierno que querían desalojar para ocuparlo ellos había un dolor real al que no se estaba haciendo caso. Hasta entonces sólo había pedido justicia para su marido, que descubrieran a los asesinos, los juzgasen y los condenasen. Ya no le bastaba con eso.

Centro penitenciario de Alcalá-Meco, Alcalá de Henares, Madrid, 17 de febrero de 1995, 01.28. Lo que más lo había impresionado eran las lágrimas de dos funcionarias. No le dijeron nada, tampoco le hicieron gestos, pero se quedaron mirándolo en el pasillo. Le conmovieron más que los compañeros en la calle Génova que intentaban acallar con sus aplausos los gritos de asesino de los que se apoyaban en la barrera de antidisturbios.

El viaje desde los bulevares hasta la cárcel suavizaba el ánimo. Desde el asiento de atrás, junto al guardia que lo custodiaba, contemplaba un Madrid que iba a lo suyo, como siempre. No había mucha gente. Algunos grupos salían de los restaurantes de la Castellana, y apenas tres paseantes solitarios cruzaban María de Molina, ya enfilada la carretera de Aragón. Agradecía salir de la Audiencia Nacional, levantarse de la silla donde había esperado el informe que justificaba su ingreso en prisión y perder de vista los fluorescentes blancos que le cansaban los ojos. Estaba bien contemplar las calles un rato, difuminadas por las luces azules del techo y la velocidad de una comitiva que se

348

saltaba los semáforos. Por la tarde se había imaginado ese viaje como el momento de más angustia, pero era el más manso, el que menos hería las sienes.

Una vez que aceptó lo inconcebible, que Baltasar Garzón ordenaría su arresto y su encarcelamiento provisional, se serenó. Casi estuvo tentado de secar las lágrimas de esas dos funcionarias a las que entendía. Cómo no entenderlas. Dos funcionarias que creían en lo que hacían, que acarreaban sexenios de fe en la justicia y de trato leal con los uniformados. No podían verlo custodiado por quienes fueron sus trabajadores hasta hacía un año, a él, que había descabezado a ETA, que se había dejado los mejores años de su vida al servicio del Estado, tantas noches en vela, tantos fracasos, tantos funerales. Verlo caminar hacia la cárcel era insoportable.

Rafael Vera había sido interrogado por Baltasar Garzón durante cuatro horas y media. Negó todas las acusaciones y respondió con calma al resto de las preguntas, pero no sirvió de nada. Sabía que no iba a servir de nada. El juez le acusaba de haber pagado millones de los fondos reservados en rescates y de haber financiado el secuestro de Segundo Marey, uno de los grandes fiascos del GAL. Pronto supo que no volvería a casa. Garzón ya había metido en la misma cárcel a la que se encaminaba a su secretario personal, Juan de Justo, y a su antiguo director general de seguridad, Julián Sancristóbal. Sabía, porque hasta hacía muy poco era la segunda persona que más sabía en España sobre estas cosas, que él sólo era un escalón más en la estrategia de Garzón, que había empezado en diciembre de 1994 con Amedo y Domínguez, y, a partir de ahí, ascendería hasta alcanzar su objetivo, Felipe González. Una ficha llevaría a la siguiente, sin prisa pero sin pausa. Disciplinado, Vera se limitó a responder a las preguntas, reprimiendo la ironía que le acudía a la lengua a cada rato: vaya, vaya, Baltasar, qué poco te importaba el GAL cuando merendabas en la finca de Los Yébenes o cuando dabas esos mítines con Felipe.

El convoy cruzó el portón de Alcalá-Meco. Un guardia abrió la puerta del coche, lo llevó del brazo a la garita y empezó a explicarle los pasos del ingreso.

—No se moleste —dijo Vera—. He sido su jefe muchos años, estuve en la reunión en la que se diseñó este protocolo.

En 1995 cumplí dieciséis años. Aún no me dejaban votar, pero se me podía tomar por un ciudadano informado. Leía periódicos, escuchaba mucho la radio y había empezado a leer historia de España. Hugh Thomas, Gerald Brenan, Arturo Barea o Gabriel Jackson me eran tan familiares como las canciones de Iron Maiden que escuchaba. También jugaba a lo que años después fingiría hacer en serio: editaba fanzines y hacía un programa de radio en una emisora pirata del barrio, instalada en unos bajos de la asociación de vecinos. Tenía la llave del estudio y me dedicaba a divagar y a poner música pasada de moda cada sábado por la noche, hasta que me cansaba, con la libertad de quien sabe que no le escucha nadie. Era un adolescente raro y solitario, pero muy comprometido con el aquí y el ahora y con opiniones tan firmes como estúpidas sobre todos los asuntos de actualidad. Asistía al desmoronamiento del castillo felipista desde un lugar privilegiado, por marginal y oculto, bien cebado de rencor de clase. Desde aquel barrio periférico de aquella ciudad segundona, el quinto y último acto de la tragedia socialista parecía una película de serie B de policías y ladrones, del tipo *Marbella, un golpe de 5 estrellas*, esas que en el videoclub se anunciaban con un galancillo venido a menos, como Rod Taylor, y donde todos los actores posaban desganados.

Lo sentía lejano no sólo porque sucediese lejos, sino porque no guardaba ninguna relación con la espuma de los días. Todo ese melodrama —esa sensación de fin de época, esa decepción honda y esa irritación ceñuda de las noticias y las columnas de los diarios— se desvanecía en cuanto tocaba el único mundo real a mi alcance. Ni siquiera se contagiaba al resto de la programación de la tele o de las páginas del periódico, que, más allá de la crónica política, eran una juerga. La gente gozaba con *Expediente X* y retozaba en la frivolidad de Pepe Navarro, que ese año importó a España el género televisivo del *late night* y montó cada noche un circo golfo y escandaloso que daba mucho más que hablar que la última declaración de Amedo o de Roldán. Triunfaban músicos como Héroes del Silencio, mientras los grunges ensayaban poses nihilistas al recordar a Kurt Cobain, y se vendían novelas de Cela, que ganó el Planeta en 1994, de Pérez-Reverte, o se aguardaba la quinta parte de *Caballo de Troya*, que J. J. Benítez terminaba de escribir, despertando más expectación que algunos escándalos socialistas. Una de las pocas novelas políticas de 1995 fue *Ardor guerrero*, de Antonio Muñoz Molina, una excepción a un panorama que reflejaba un gusto exquisitamente apolítico, ensimismado, frívolo y ajeno a cualquier sentimiento de tragedia. La ordalía del gobierno socialista no resonaba fuera del consejo de ministros o de las redacciones.

Lo trágico llegaba sólo a través de la sangre, en una cadencia que recordaba lo más profundo de los años de plomo. El 23 de enero mataron en lo viejo de Donosti a Gregorio Ordóñez, teniente de alcalde del Partido Popular en la ciudad, mientras se tomaba unos pinchos con sus amigos. El 19 de abril, José María Aznar salió ileso de un atentado con bomba contra su coche. Le salvó el blindaje. El 8 de mayo, ETA secuestró a José María Aldaya, lo que inspiró un símbolo de desprecio cívico hacia el terrorismo: el lazo azul, que se prenderían en la solapa unos cuantos valientes en Euskadi, ante las propias narices de los terroristas, y un montón de ciudadanos de bien en el resto de España. El 11 de diciembre, un coche bomba estalló en una plaza del Puente de Vallecas, en Madrid. Murieron seis personas y diecisiete más quedaron heridas. La imagen de un hombre cubierto de sangre y cristales que trasladaba en brazos lo que parecía el cadáver de una joven o alguien muy herido se me apareció en las pesadillas y ha quedado en mi memoria como el emblema del horror terrorista. Nunca me había identificado tanto con las víctimas. Nunca había visto con tanta claridad una plaza como la mía en un barrio como el mío. El 17 de enero de 1996 secuestraron a un funcionario de prisiones, José Antonio Ortega Lara, y el 6 de febrero mataron en San Sebastián a Fernando Múgica, hermano de Enrique. Cuando se enteró Felipe, estuvo a punto de derrumbarse. Era un golpe directo al corazón del socialismo y de su biografía. Habían matado a una persona fundamental en la historia del partido, uno de sus arquitectos desde Suresnes y un amigo cuyos consejos siempre atendió. Apenas tuvo tiempo de llorarlo: el 14 del mismo mes, un pistolero disparó a bocajarro al expresidente del Tribunal Constitucional Francisco Tomás y Valiente en su despacho de la universidad, entre clase y clase. Fue el último funeral al que le tocó asistir como presidente.

Toda esa muerte empujaba a la sociedad a una forma civilizada y sobria de asco, pero no la ponía de luto. No nació una canción-protesta, ni un cine comprometido, ni volvieron los pelmas con barba a hablar de marxismo en la televisión. Fuera de la Euskadi de los autobuses en llamas y los cócteles molotov, la España de 1995 era apolítica, frívola, un poco banal y narcisista. El Cojo Manteca que rompía farolas con la muleta en las manifestaciones de estudiantes de 1987 era una figura folclórica que evocaban los viejos. El último gran tumulto obrero fue el incendio del parlamento murciano en Cartagena en 1992, y ya casi nadie se acordaba del humo negro de las barricadas de neumáticos, tan persistente en los años de la reconversión. En 1995, todo se contenía en la ficción periodística. Nadie rompía cristales en protesta contra la corrupción o el GAL. Los jóvenes como yo nos enroscábamos en un capullo nihilista donde no entraba el ruido crispado de las rotativas.

Incluso a mí, que devoraba los periódicos y me llevaba a la piscina municipal ensayos de hispanistas sobre la historia de España, me parecía que la crispación era un fingimiento entretenido, casi un ruido de fondo a la hora de la cena, en el telediario lejano.

No se vivía mal en aquel rincón de Europa que ya había perdido todos los complejos de filósofo regeneracionista. Si enfermabas, te atendían unos médicos excelentes, y había que ser muy zopenco para no entrar en una de las muchísimas universidades, dotadas con un sistema de becas amplísimo. El paisaje cambiaba a mucha velocidad desde 1992. Había autovías por todas partes y los viejos burgos podridos de provincias se habían transformado en ciudades coquetas con restaurantes que cada vez más gente se podía permitir. La España de 1995 no estaba en guerra ni se desmoronaba sobre sí misma, asaeteada por políticos corruptos, periodistas amarillos, policías sucios y terroristas. La España de 1995 era un país aburrido y soleado que no estaba mal, y buena parte del mérito correspondía a ese presidente agotado, que se defendía con obstinación y no se atrevía a irse porque había empeñado su palabra.

De entre todas las frustraciones que inflamaban la agonía política de Felipe, una de las peores era no poder reivindicar su contribución al cambio. Aquel país aguantaba sin inmutarse porque era fuerte, porque se había convencido de que la democracia trascendía con mucho al gobierno y se habían aposentado unas instituciones que no se vencían bajo el peso de quienes las pisaban. Cada vez que Felipe intentaba decir algo así, lo acallaban con risotadas de diputados de derechas o con sarcasmos de columnista. Basta de palabrería vana, señor González. Deje de mirar atrás. Vive usted en el ayer. Váyase, señor González.

Mediado el año, los nacionalistas catalanes que lo habían apoyado en la investidura se retiraron. A partir de entonces, el gobierno no tendría mayoría suficiente para aprobar leyes, ni tan siquiera presupuestos. Por eso, Felipe reunió a algunos ministros y jefes del PSOE y les planteó que se había acabado, que llegaba la hora de despedirse. Su intención era convocar elecciones anticipadas en marzo de 1996.

Casi todos los jefes del PSOE se negaron. Le pidieron que agotara la legislatura, que ya se las apañarían, que había que resistir hasta el final, pero Felipe los disuadió. Lo tenía decidido, sólo era cuestión de pactar una fecha. Llevaban desde la primavera de 1994 a la defensiva, no hacían más que responder a los escándalos que se publicaban a diario. No proponían nada, no sacaban grandes leyes, todo estaba parado por el acoso impenitente de un par de periódicos.

—Esta vez —dijo— no me presentaré. Habrá que buscar un candidato.

Última aproximación (2022)

Fundación Felipe González, calle de Fuenterrabía, 2, Madrid, 17 de marzo de 2022, 10.00. Si las casas reflejan el carácter de sus dueños, las fundaciones de los personajes públicos han de ser su salón de recibir, el autorretrato meditadísimo que el protagonista —o su heredero, lo mismo da— quiere dejar al mundo y a la posteridad. Esperaba que la Fundación Felipe González fuera un sitio de campanillas. Me imaginaba una arquitectura de líneas rectas y limpias a lo Mies van der Rohe, con una decoración escasa pero muy selecta —quizá un dibujo de Guayasimín, algún retrato de Pablo Juliá, un par de piedras talladas y, discreto, sin acaparar protagonismos, un bosque de bonsáis—, un jardincillo o huerto y algún souvenir fetichista puesto en una vitrina, para adoración de fieles y peticionarios de milagros. No me esperaba aquellas habitaciones escondidas en la parte de atrás de la Real Fábrica de Tapices, cuyo aspecto podía deberse a razones decorativas postindustriales o a la dejadez. No se habían amueblado para impresionar a las visitas ni como mausoleo en vida. Aquello era un sitio de trabajo que recordaba mucho a la sede en el exilio del PSOE en Toulouse: esos ladrillos del siglo XIX, esas habitaciones descuajeringadas y ese patio con adoquines y árboles de hoja perenne entre los cuales bien podría aparecerse el fantasma de Rodolfo Llopis con su carterón bajo el brazo, recitando a Baudelaire en francés, para atormentar a quien le robó el partido: «*Hypocrite politique, mon semblable, mon frère!*».

Tantas victorias y renuncias después, Felipe reproducía en su fundación esa austeridad republicana que le ponía enfermo en su lejano ayer. Dentro, un equipo de documentalistas desembala y embala cajas de documentos, metiéndolos en el ordenador, clasificándolos. La historia está allí también desnuda, sin prosa ni verso. Si tiene de esto último, es un verso machadiano, del que se sacude la ceniza del abrigo. La oficina contiene el archivo personal de Felipe, todo a disposición del público, salvo aquellas partes que se consideran secreto de Estado —algo muy difícil de discernir, hay asuntos personales que son secretos, y viceversa—, y donaciones de otros personajes y de contribuyentes de todo tipo. Los documentalistas, gente muy joven, trabajan juntos en una habitación, mientras la directora y otra empleada ocupan una sala enorme de techos altísimos y también llena de archivadores. Para tomar café, hay que despejar una mesita de pilas de papeles que les acaban de entrar, procedentes de no sé qué colección. Rocío, la directora, ha comprado unas pastas en una pastelería de su barrio y me ofrece un plato:

—No, gracias —le digo—, tal vez luego.

Tengo el estómago cerrado. A mi pesar, reconozco que estoy nervioso. Me acuerdo de aquel consejo editorial de Prisa en el que se levantó a mitad de mi ponencia. No sé si voy a encontrarme a un Felipe amable o a uno hostil. Estoy muy concentrado y no quiero comer pastas que me pringuen los dedos o me hagan sonar las tripas.

El coche paró en el patio y Rocío y yo salimos a la puerta a recibirlo. Se detuvo en el umbral y empezó a hablar, sin dar los buenos días, como si retomase una conversación que había interrumpido cinco minutos antes. Venía escuchando una tertulia en la radio y le habían enfadado algunas idioteces que se habían dicho sobre Rusia y sobre Ucrania. Pasaban los minutos y allí seguía, encadenando un tema tras otro, de la actualidad de esa mañana a una cumbre de la OCDE de hacía treinta años que se celebró en un castillo de no sé qué país y en cuyas intervenciones ya se podía adivinar el desastre que viviríamos hoy. Rocío y yo lo escuchábamos divertidos. Yo, más divertido que ella. Me sentía privilegiado por asistir a esa conferencia íntima e improvisada y casi me dio pena interrumpirla para sentarnos y empezar la charla. Por suerte, siguió hablando de camino a la mesita y mientras trajeron los cafés. No paró hasta agotar toda la actualidad nacional e internacional.

—¿Te puedo tutear y llamar Felipe?

—Que todo el mundo me llame Felipe es uno de mis grandes privilegios.

—Además, González sólo te llaman los enemigos. ¿Te importa que grabe la conversación?

—Adelante. Como dijo aquel, soy dueño de mis palabras, no como otros, que ellos sabrán por qué las guardan.

Estaba de buen humor, pero no bajaba la guardia. Aún no me había analizado del todo. Aunque estaba bien informado de qué libro andaba escribiendo yo y desde qué punto de vista, no había decidido si merecía su confianza. Descubrí entonces que me encontraba ante un gran tímido. Entre nosotros nos reconocemos al primer vistazo. Sobre todo, los que hemos aprendido a fingir que no lo somos. Quién iba a sospechar que el gran seductor es un tímido, pero tiene todo el sentido que lo sea. Los primeros perfiles de los periodistas de la transición destacaban su timidez. José Oneto lo consideraba un abogado tímido y sentimental. Cuando vistió el traje de presidente, dejaron de subrayarla, pero ante un café en una habitación desangelada, se revelaba otra vez, inconfundible y definitiva. Por eso estaba Rocío sentada a la mesa con nosotros. No lo hacía por protocolo de anfitriona, sino para darle oxígeno emocional y evitar que se ahogase al hablar. Yo le hablaba —le contaba mi trabajo en este libro, por qué me había empeñado en escribirlo, algunas ideas que me había hecho sobre la época y el personaje después de tanto estudiarlos, etcétera—, y entonces me miraba, escuchándome atento. Pero, cuando hablaba él, miraba sólo a Rocío. Como cuando lo entrevistaron en el programa *El hormiguero* y la buscaba entre el público. ¿Era eso Alfonso Guerra para él en los años del gobierno? En la carta de ruptura lamentaba lo solo que se sentía al no encontrar su mirada cuando hablaba. No me rehuía, por tanto, por esa fragilidad que domina a los ancianos. Tampoco era un gesto hostil hacia mí, sino su forma natural de relacionarse.

Tendré que ablandarlo con cuidado, me dije, tirar de paciencia y un poco de oficio (suerte que fui periodista y sé cómo hay que entrevistar). La ocasión llegó cuando me contaron la fiesta del octogésimo cumpleaños, que acababan de celebrar. Felipe quiso escaparse, pero no pudo, como sí lo hizo cuando cumplió setenta:

—Cuando cumplí setenta años lo monté bien. Salí a las siete y media de la mañana del hotel de Ciudad de México donde estaba y volé con escala a São Paulo. Allí llegamos a las ocho de la tarde, y al hotel, a las once de la noche. Así que, el día que cumplía años, fue imposible felicitarme, y mucho menos hacer una fiesta.

Esto me lo contó mirándome a los ojos y sonriendo, como quien se envanece de una travesura. Habíamos llegado al sitio donde las conversaciones se desordenan y los amigos cambian el café por la cerveza. Yo también me relajé un poco y le dije:

—Pero de la fiesta de los ochenta no te has librado. Ahí te afligiste y te aflojaron. Traicionaste el mandato de Omar Torrijos.

—Sí, Omar tenía muchas de esas.

Maldición, la cosa iba muy bien. Tenía alguna esperanza en que sucediera lo contrario, porque los libros a la contra salen mejor y así concordaría con mi generación, la que sólo ve el monstruo, el culpable de la perpetuación del franquismo por otros medios. No era ese el Felipe González que tenía delante, que cada vez se me pintaba más claro como una figura que merecía otro brillo en la historia. La maldición de Jacques Julliard que le dejó aquel locutor en la Moncloa en 1994 se había cumplido de sobra: el último

358

acto definió la memoria. Todos recuerdan las cosas terribles que sucedieron en tiempos de Felipe. Lo recuerdan con tanta vehemencia que cuesta mucho apartar su humareda para entender el país que había detrás, el de los campos de San Blas en 1977, el que sí bebió champán del malo la noche del 28 de octubre de 1982, el que se sacudió sin darse importancia no sólo cuarenta años de dictadura, sino doscientos de maldición ibérica. Es asombroso que en diez años España pasara de temer los fusilamientos de un golpe militar a encender un pebetero olímpico en Barcelona, pero no lo es menos que el mismo país que asistía mudo a las últimas ejecuciones por garrote vil el mismo año de Suresnes, ocho años después festejase la victoria arrolladora de un partido de derrota y exilio. No hay que olvidar o hacer de menos la ordalía de los últimos años, ni negar que hubo corrupción ni guerra contraterrorista, pero el logro histórico es tan descomunal, inverosímil y milagroso que no se emborrona por lo que los malos cronistas llaman *las sombras*.

Dicen muchos socialistas viejos, sobre todo los periodistas, que el cambio español resplandecería nítido si el PSOE hubiera perdido las elecciones de 1993. Tal vez, pero no creo. Junto a Felipe —tan relajado que me atrevo ya a morder alguna pasta de las que ofrece Rocío—, me convenzo de que no fue la agonía del último acto lo que condena su herencia. Es el cuerpo y la voz de Felipe. Llegó y se fue muy joven. Dejó el gobierno a la edad en que lo alcanzan la mayoría de sus pares. Tenía cincuenta y cuatro años y estaba cansado, pero no tanto como para retirarse a cultivar su huerto en Guadalupe. Felipe nunca ha dejado del todo la política. Ha intervenido como el mago de Oz, tras las cortinas, proyectando fantasmagorías, bendiciendo y maldiciendo en el partido. No ha permitido que se note su ausencia. De un modo u otro, siempre está ahí, aunque él no lo busque, aunque se limite a charlar.

Ha pasado el tiempo suficiente para considerar que todo aquello es historia, en un sentido muy profundo, no banal. Es decir, como una herencia que ya no duele ni pesa y se asume con la inevitabilidad de lo que, simplemente, fue. La democracia sigue en su sitio, al amparo de la misma Constitución que él negoció —esa Constitución no militante, como le gusta decir—, pero le han sucedido cuatro presidentes en veintiséis años. Muchos de los personajes secundarios de esta historia han muerto. Casi todos los que fueron presidentes con él y compartieron las soledades del poder han muerto. Le rondan cada día más ausencias a Felipe, pero él sigue allí, y no es fácil narrar la historia con ecuanimidad cuando la propia historia toma café contigo y te cuenta chistes. Tampoco lo es cuando esa historia irrumpe a menudo en el presente, opinando y tratando de orientar las aguas en su dirección. Felipe González es la figura política española más importante del siglo xx, pero no se apreciará así hasta que muera. Quien diga que Franco es más importante está cegado por la propia figura de Felipe y no es capaz de traspasar la niebla de los últimos años del felipismo, o tiene los sentidos embotados por pólvora imaginaria de una guerra civil que le contaron. La transformación de España durante los primeros años de la democracia no se puede comparar con ningún otro episodio.

Este libro sería más sencillo para mí si Felipe González no estuviese vivo, y tal vez la historia pueda permitirse la espera, pero la literatura responde a otros ritmos, y lo que yo quería contar pertenece a este aquí y a este ahora. Es incómodo escribir sobre alguien que puede observarte por encima del hombro mientras tecleas —fantaseando, recreándolo, proyectando en él los miedos y las manías de uno, inventándolo y colocándolo en unas coordenadas presentistas que seguramente siente extrañas—, pero la refutación de la transición es un cliché tan poderoso y extendido entre la gente de mi edad que siento que reivindicarse como hijo de la democracia es hoy imperativo para quien valora un poco el suelo que pisa y no quiere que lo infesten los chacales. La urgencia ética compensa el pudor.

Tengo la suerte de que Felipe no lee los libros que escriben sobre él. Eso dice, y sospecho que no es un gesto de coquetería. Yo, que he leído casi todos, los hagiográficos y los libelos, creo que hace bien, y por eso ha llegado a los ochenta con esa lozanía.

—Hay tres tipos de gente que escribe sobre mí —me dijo Felipe en aquel encuentro que se alargó bastante más del tiempo acordado—: los que me conocen, los que creen que me conocen y los que no me conocen. Los primeros no pueden hacer un buen retrato, porque para conocerme así tienes que ser mi amigo, y los amigos se callan todo lo malo. Los segundos tampoco, pues, como creen que saben mucho de mí y no tienen ni idea, no dan una. Los terceros tienen una posibilidad, porque pueden estudiar el personaje, sabiendo que no saben nada.

No conozco a Felipe y no pretendo conocerlo, pero a veces creo que lo conozco. Es un trampantojo que él mismo provoca. Estar con él es familiar, uno lleva toda la vida a su lado, aunque no lo haya visto nunca en persona. Tal vez sea parte de su hechizo. No puedo negar que me afecta, pero de fondo hay una afinidad inefable en la que ambos nos reconocemos ciudadanos de un mismo país, más allá del pasaporte. El país que hizo Felipe es mi país, el que me ha hecho a mí. Contando esta historia, me estoy contando a mí y, charlando con Felipe, me siento, de algún modo pueril, rumbo a Ítaca. No quisiera que esta balsa de piedra ibérica se alejase demasiado del contorno de su figura, hasta que esta fuera sólo un punto en el horizonte y se perdiera de vista.

9. España en positivo (1996-1997)

Palacio de Congresos, Madrid, 20 de junio de 1997, 12.00.

—Debéis saber que no seré candidato a la secretaría general.

La frase, que se imprimiría horas después en las portadas de todos los periódicos, cayó sorda sobre las butacas del auditorio, absorbida por la felpa y los algodones de las chaquetas. Ni un rumor se levantó, ni un suspiro. Tal vez no se lo creían, hartos del cuento de Pedrito y el lobo. Muchos delegados habían asistido a tantos anuncios de retirada que se habían vuelto algo más que escépticos. Otros estaban tan pendientes de las peleas entre partidarios de Alfonso y de Felipe (guerristas y renovadores, los llamaba la prensa), en esa guerra interminable de Sertorio que entretenía a los socialistas desde 1990, que ni siquiera lo escucharon. Pero, conforme las frases se encadenaron y el discurso progresó contra el silencio que se lo comía, todos tuvieron claro que aquella vez era de verdad.

Que la retirada iba en serio lo sabía un pequeño sanedrín desde hacía días. En un comité, Felipe dijo:

—Hemos hecho todo lo posible por perder las elecciones, y al fin lo hemos conseguido.

El presidente del partido, Ramón Rubial, noventa y un años y la sonrisa de los que lo entienden todo y hace mucho que no se molestan en explicarlo, se inclinó hacia Felipe y le dijo:

—No te ha entendido nadie.

—¿No he sido claro? —le preguntó, mientras el resto de la sala discutía a gritos.

—Sí —sonrió el viejo socialista vasco, la última conexión viva de aquel PSOE con el de antes de la guerra—, pero hay mucha cera en los oídos.

La frase «No seré candidato a la secretaría general», pronunciada en la tribuna solemne del trigésimo cuarto congreso del Partido Socialista Obrero Español, fue una jeringa de agua caliente que disolvió los tapones de cera. Felipe se iba. Un año y tres meses después de perder las elecciones por la mínima, tras presentarse por sexta vez, y veinte años justos después de su primera campaña, el purasangre, el caballo cansado, el abogado sevillano, el hijo del vaquero que fue, por este orden, hijo, novio, padre y padrastro de España, se marchaba. Detrás dejaba un partido peleadísimo y desorientado porque no sabía vivir fuera de los ministerios, pero en absoluto un partido débil, pues habían votado por él nueve millones y medio de españoles. El Partido Popular sólo le había sacado trescientos mil votos, desmintiendo la creencia de que el PSOE estaba hundido y no había un solo ciudadano sensato que aún creyera en esos truhanes.

Felipe protagonizó una campaña a cara de perro que no hizo honor a su lema cándido («España en positivo») y en la que llegó a identificar a sus rivales con una jauría de dobermanes rabiosos. Azuzó el miedo a la derecha, a la involución, a la destrucción de todo lo conseguido en los años rojos. Quizá sacara a votar a los izquierdistas más temerosos, pero el resultado confirmaba que había una enorme base social que, trece años y medio después, seguía creyendo en Felipe. Esto era motivo de orgullo, y quizá fuera la razón por la que no se marchó de inmediato el día siguiente a la derrota y aguantó hasta el congreso del partido, dejando creer a todos que seguiría allí, peleando con Aznar desde la oposición.

El silencio fue más intenso que cualquier suspiro o aplauso. Los delegados contenían la respiración mientras el aún jefe, con chaqueta negra, corbata beige y unas gafas de cerca para echar vistazos a los papeles del atril, los colocaba ante el abismo de un cambio inesperado. Asistían al fin del fin, al adiós de los de Suresnes.

Era un discurso desigual. Brillante en su primera mitad, lleno de verdades y alguna que otra profecía a medias. Allí estaba el Felipe de antes, el que entendía todo al primer golpe y sabía resumirlo en tres frases. Pero la segunda parte no sonaba tan bien, era demasiado opositora, demasiado escocida por la derrota, demasiado sarcástica con el nuevo inquilino de la Moncloa. La primera parte, sin embargo, donde resume su obra de gobierno, merece un hueco en la historia de España y asombra más hoy que en 1997. Empezó por la transición:

—La clave —dijo— consistió en no vindicar el pasado, en concentrar los esfuerzos en reivindicar el futuro. Consistió en no quedar atrapados, una vez más, en el laberinto de una historia que no hicimos bien en el siglo XIX y una buena parte del XX.

Conectaba así con sus mítines de 1982. Se había cumplido, más bien que mal, aquel sueño de romper la maldición española. El recuento de méritos apabullaba. Bajo sus gobiernos se había creado un sistema de salud pública universal por primera vez en la historia de España; se había reformado la enseñanza en todos sus niveles, universalizándolos también, de tal forma que el mayor reproche que le hacía la derecha —decía en el discurso— era que al colegio del Pilar podían ir juntos al fin el hijo del chófer y el de su pasajero; se había transformado lo que llamaba el capital físico del país, todas sus infraestructuras de transporte, nivelándolo con el resto de Europa y haciendo de las autovías levantadas sobre las viejas carreteras bacheadas el emblema del cambio; se había modernizado la economía, no sin dolor ni crisis, pero se había pasado de un sistema cerrado y obsoleto a uno abierto y plenamente competitivo; se había descentralizado el poder, desarrollando el Estado autonómico, y se había, finalmente, entrado en Europa, rompiendo una distancia de siglos y diluyendo todos los complejos culturales, sociales, económicos y políticos que habían marcado el paso de la historia desde que Quevedo mirase los muros de la patria suya, si un tiempo fuertes, ya desmoronados.

Se trataba de logros colectivos y desiguales, unos más acabados que otros, pero todos bien madurados. Sin caer en el narcisismo o en la hipérbole, Felipe González tenía razones sobradas para envanecerse de haber propiciado la transformación más honda y espectacular que España había vivido nunca. Si no presumió más no fue por modestia, sino porque aún no había tragado el acíbar de la derrota y dudaba de la solidez de sus obras. Creía —como creían casi todos los socialistas reunidos en aquel congreso-funeral— que el lobo de la derecha soplaría y soplaría hasta derribarlas todas. No imaginaba que hubieran echado unas raíces tan fuertes. Ningún gobierno posterior las ha tumbado porque forman el núcleo de un Estado social que se da por supuesto, como las montañas o los semáforos, y sólo lo cuestionan quienes cuestionan de arriba abajo la existencia misma del país. Todas han sufrido deterioros, ataques y desprecios, pero no se caen porque se plantaron bien, respondiendo al deseo casi unánime de unos españoles que querían, por encima de todo, vivir como unos europeos más.

En el capítulo de sombras, se centró en el GAL:

—Cuando se vea con perspectiva histórica —dijo— el inmenso esfuerzo de autocontención de las fuerzas de seguridad desde la muerte del dictador hasta que desaparecieron los brotes de acciones antiterroristas al margen de la legalidad, a finales del 85 o del 86; cuando se vea históricamente el esfuerzo de autocontención y la mezcla entre involución, terrorismo y lucha antiterrorista, algunos de los que hoy padecen una injusta persecución por su tarea serán saludados por este pueblo como los grandes contribuyentes a la democracia.

Aquí no acertó. Más de un cuarto de siglo después, Barrionuevo (procesado en 1996), Vera y la cúpula del ministerio del Interior entre 1983 y 1986 siguen siendo apestados y haría falta un giro de la trama inverosímil y con triple tirabuzón para rehabilitarlos. Sólo unos pocos socialistas viejos los reivindican y sostienen que España fue injusta con ellos y que no sólo no se les puede achacar la guerra sucia, sino que acabaron con ella en 1986, algo que ningún gobierno anterior hizo.

La sombra es tan densa que la mayoría de las personas con las que he hablado en los últimos meses de escritura, al enterarse de que estaba trabajando en este libro, me preguntaban: ¿te atreverás a mencionar el GAL? Las biografías, ensayos y crónicas más felipistas pasan de puntillas o se quedan en los primeros años para no mancharse. Algunos se centran sólo en la venganza de Garzón, ese juez que no vio indicios de crimen en el gobierno hasta que ese gobierno lo humilló dándole un despacho sin ventanas, y si bien es cierto que los actos del juez no parecen guiarse por el afán de justicia, él no se inventó el GAL. Un tercer grupo de memorialistas felipistas, más ecuánime, se concentra en lo injusto de que sólo el PSOE cargue con las culpas de un terrorismo de Estado que se remonta a Carrero Blanco y que enfangó también a los gobiernos democráticos de Suárez y Calvo-Sotelo. De hecho, Barrionuevo ni cambió la orientación de la política antiterrorista ni cesó a sus responsables, heredados todos del ministro Rosón, cuyo trabajo se tenía por ejemplar y eficaz. Sin duda, también esto es cierto, pero los crímenes de los demás no exculpan los propios. Me parece más pertinente, como argumento de defensa, subrayar que nadie ha encontrado una causa probable ni un indicio consistente para procesar y juzgar a Felipe González. Y nadie puede decir que no se ha buscado ese indicio con ahínco.

Los muertos no hablan, pero el llanto de quienes los quisieron se impone a cualquier sofisma. Quizá la equivocación histórica más grande del presidente, la que lo acompañará hasta el final y presidirá todos los reproches y caricaturas, fue no responder a Iñaki Gabilondo en 1995: no soy el señor X, no organicé, autoricé ni toleré el GAL, pero si la justicia demuestra que algunos altos cargos de mi gobierno lo organizaron, autorizaron o toleraron, asumiré, como presidente de ese gobierno, la responsabilidad política que me toque.

Enrocarse, amenazar con querellarse y, finalmente, aplaudir a Barrionuevo y a Vera en la puerta de la cárcel quizá fueran expresiones de lealtad conmovedoras hacia quienes se considera víctimas de una injusticia y con quienes se han compartido noches aciagas de bombas y disparos, pero ha dañado de forma incurable su herencia e impide a quienes escribimos sin carnet ni ánimo proselitista —pero con la convicción profunda de que, con otro presidente, la democracia española no sería tan fuerte ni nos habría concedido una vida tan libre y abierta como la que hemos vivido— que terminemos estos libros con fuegos artificiales y un buen clímax.

Hay en el discurso de 1997, sin embargo, una verdad difícil de limpiar entre los gemidos de escozor con que se enuncia. Cuando Felipe hablaba de autocontención sabía bien de lo que hablaba. En 2010, cuando casi todo parecía, si no perdonado, sí olvidado, el escritor Juan José Millás lo acompañó en un viaje entre Madrid y Manresa y le hizo una entrevista larga que se publicó en *El País*. El titular fue de escándalo: «Tuve que decidir si se volaba a la cúpula de ETA. Dije no. Y no sé si hice lo correcto». Se refería a la operación conjunta de las policías de España y Francia que acabó en 1992 con la detención de la dirección de ETA, reunida en una casa de Bidart. Tras un trabajo de meses, las fuerzas especiales habían localizado y rodeado la casa, controlando cada movimiento sin que los terroristas lo supieran. Una de las posibilidades que se planteaban era asaltarla a sangre y fuego —entre otras razones, porque había un largo historial de intervenciones en pisos de la banda, en las que los inquilinos respondían con metralletas y con lo que tuvieran a mano, provocando una batalla que a veces duraba horas; una parte de los mandos policiales no quería dar a los objetivos ni un segundo para reaccionar—, pero se impuso la orden de arrestarlos con el menor uso de la fuerza posible. La operación salió bien, los terroristas acabaron ante un juez sin un disparo y la agencia de inteligencia requisó un montón de archivos que permitieron desmantelar muchos comandos. Bidart es un hito histórico, una medalla reluciente en el pecho de todos los que lucharon contra ETA. Si Felipe confesaba a Millás, dieciocho años después, que tenía dudas sobre su blandura era porque con los años se convenció de que el Estado, incluso asumiendo la guerra sucia, no había sido contra ETA todo lo contundente que los estados suelen ser con amenazas tan graves.

En la entrevista con Mitterrand de 1983, el presidente de Francia se sorprendió de que el Estado español aguantase sin descomponerse, sin que los militares se rebelasen o sin que las instituciones se desmoronasen por la falta de ley. En 1983, el mismo director de periódico que diez años después hacía bandera de las informaciones sobre el GAL, exigiendo la dimisión de Felipe, pedía a ese mismo Felipe que aplicase medidas contundentes y especiales, sin escrúpulo para recurrir a cualquier medio contra ETA. La crónica oficial relaciona el nacimiento del GAL con ese clima, y sólo un necio negaría la causa y el efecto. Por supuesto que la guerra sucia fue una manera de sobreponerse a la impotencia y de contentar a los militares que amenazaban con mandar tanques a Irún, pero, incluso contando con estos actos ilegales, criminales y repugnantes, la reacción del Estado contra ETA en tiempos de democracia siempre fue más tibia que la de otros estados democráticos ante amenazas equivalentes. Y esto no justifica absolutamente nada. Tan sólo intento comprender ese regusto de injusticia que carcome a Felipe y a los socialistas viejos. Bastará un solo ejemplo para entender por qué sienten que se les mide con un rasero inapropiado.

El 6 de marzo de 1988, un comando de las fuerzas aéreas especiales de la RAF británica abatió a tiros en Gibraltar a Daniel McCann, Seán Savage y Mairéad Farrell, tres miembros del IRA que, según el MI5, iban a detonar un coche bomba en el peñón. Les dieron el alto cuando caminaban hacia la frontera de España. Los terroristas echaron a correr y los soldados dispararon a Farrell y a McCann por la espalda. Minutos después, interceptaron a Savage, que huía hacia el centro de Gibraltar, y le dispararon igualmente. El gobierno británico dijo que el ejército había abortado un atentado y había abatido a los terroristas justo cuando iban a detonar el explosivo. También dijo que los soldados dispararon cuando uno de los irlandeses sacó un arma. La investigación descubrió que los tres miembros del IRA iban desarmados y que no había ninguna bomba en el coche que aparcaron. Los cazaron como a conejos, con absoluta impunidad, en plena hora punta, al mediodía en una avenida abarrotada de Gibraltar, mientras los peatones corrían en desbandada y buscaban refugio. Cuando Amnistía Internacional pidió responsabilidades y que se aclararan los asesinatos, Margaret Thatcher respondió furibunda, negándose en redondo. El ejército, dijo, había cumplido con su deber, librando al Reino Unido de tres terroristas peligrosos. No había más que hablar.

Históricamente, los gobiernos de Londres, Bonn, Roma o París no han mostrado piedad con los terroristas ni remilgos con los derechos y garantías constitucionales. Ni esa operación ni ninguna de las suspensiones de derechos fundamentales decretadas en Irlanda del Norte ensombrecieron la memoria de Margaret Thatcher, cuyas polémicas tienen que ver con otras cuestiones, sobre todo económicas.

No hay un episodio parecido en la historia del terrorismo español en democracia. Nunca un comando militar se ha plantado en mitad de Rentería y se ha puesto a disparar por la espalda a miembros de ETA desarmados. Tampoco hubo en España nada parecido a la OAS (Organisation de l'Armée Secrète) francesa, infestada de militares corruptos, ni se aplicó la dureza que la República Federal de Alemania empleó contra la Fracción del Ejército Rojo, ni hubo una organización de terrorismo fascista directamente conectada con el partido del gobierno y la mafia, como el Ordine Nuovo italiano. Y, sin embargo, sólo en España se ha dado un debate tan largo sobre la guerra sucia y las cloacas, y sólo en España los jueces se han cobrado piezas de caza mayor, como ministros.

A eso se refería Felipe cuando hablaba de la autocontención de las fuerzas de seguridad españolas con ETA: de una forma casi inefable —porque es imposible decir algo así sin que suene a berrinche exculpatorio—, sienten que la historia ha sido muy cruel con ellos y que esto se debe al sindicato del crimen, a la vanidad de un director de periódico y al rencor de un juez vengativo. Por eso le dijo a Millás que pudo haber volado la cúpula de ETA y que a veces se arrepentía de no haberlo hecho, porque estaba convencido de que Mitterrand o Thatcher la habrían volado y, al día siguiente, se habrían enfrentado a las críticas diciendo: qué queríais, eran terroristas. Es decir: si hubiera sabido que la pringue del GAL le iba a acompañar de por vida, al menos, que fuera con razón, a lo grande, no por las chapuzas de cuatro coroneles que no sabían ni secuestrar a los objetivos correctos.

Con esto sólo intento entender los sentimientos y los laberintos mentales en que se han encerrado algunos socialistas viejos para eludir la verdad y, quizá, tranquilizar su conciencia. No creo que sea el caso de Felipe, que, hasta donde la deja ver, parece que tiene la conciencia como una patena, pero sí es víctima de su propia negación, del recuerdo de aquel último acto teatral de su historia en el gobierno que impide a tantos valorarle como la grandísima figura histórica que en verdad es y a la que ningún español debería regatear el agradecimiento.

Me he alargado demasiado con este asunto y no quisiera abandonar a mi personaje así, pues traicionaría el espíritu del libro y ese propósito que me planteé al principio: comprender, no juzgar, evitar las sentencias generacionales, no pedir explicaciones de hijo a padre de la democracia. Quiero volver a aquella mañana de junio de 1997, cuando un Felipe de cincuenta y cinco años con chaqueta negra, corbata beige y gafas de ver terminaba su discurso invitando a repensar el socialismo para el siglo XXI. El silencio espeso que había absorbido hasta entonces sus palabras se tornó aplauso, ovación de pie, lágrimas, gritos de Felipe. Ya no lo llamaban capullo ni le pedían un hijo, pero, por un rato —un rato largo, como si aplaudieran a Maria Callas tras su última aria—, aquellos cargos, todos esos poderes municipales y autonómicos, todos esos exministros y directores generales, ahítos de despacho y de cinismo administrativo, se sintieron de nuevo bajo la bóveda del teatro Jean Vilar de Suresnes en 1974. En su retirada, Felipe les recordó quiénes eran, de dónde venían, qué los había llevado hasta allí. No estaban al final del arcoíris ni hollaban un paraíso en la tierra. Qué diablos: aquella España no era un falansterio y tal vez ninguno de aquellos viejos militantes, salvo los más liberales, soñó jamás con un país tan poco obrero y sindical, pero no les había quedado mal la cosa. Lo acababa de contar Felipe y, dicho todo junto y de seguido, sonaba asombroso ese viaje de la caverna a la luz. Una epopeya tranquila, sin patroclos muertos a las puertas de Troya ni exiliados que penan por Ítaca. Habían hecho un país nuevo sin arrasar a sangre y fuego el viejo, poquito a poco, ley tras ley, con sus tropiezos y sus borrones, como cualquier persona que acomete algo y se resigna a no ser infalible.

Por más que busco, no encuentro razones para una enmienda. Con sus miserias, con todo lo que no funciona, con sus injusticias, con su crueldad y con su fatalismo, esta España que tanto debe a aquel octubre de 1982 es uno de los mejores rincones del mundo. Se ha asentado en el lado privilegiado del planeta, ese sitio donde hasta el más pobre come, donde ni el analfabetismo ni la violencia se enseñorean de nada, donde las mujeres no temen el garrotazo de un policía de la virtud y donde puedo escribir lo que me dé la gana. Todo eso se conquistó en 1978, pero se asentó y se garantizó a partir de 1982, y basta un paseo por el mundo para cuidarse mucho de darlo por supuesto y eterno, como hace a menudo la gente de mi generación, la que nació con el camino asfaltado y se hizo adulta en un país superficial, frívolo, narcisista, apolítico y alegre porque podía permitirse ser así. Para que nosotros seamos niños grandes a los cuarenta, los tales González tuvieron que ponerse corbata y fingirse más adultos y experimentados de lo que eran. Es cómodo y fácil escupirles y pedirles cuentas y culparlos de las incomodidades de hoy, cuando cada afán exige un reo, pero, sobre todo, es perezoso.

Yo estaba muy lejos de ese palacio de congresos de Madrid donde Felipe se despedía del partido. Lejos en cuanto a ideas y sentimientos. En 1997, la dimisión de Felipe González me importaba muy poco. Adiós, debí de pensar, que te vaya bonito. Que tanta paz lleves como descanso dejas. Era un marxista gruñón de dieciocho años que aparentaba lo menos cien y, mucho antes del 15M, sostenía que el PSOE y el PP eran la misma basura burguesa. No me conmoví, por tanto, aunque tampoco lo celebré. Aquello me era del todo ajeno. Hoy, si pudiera hablar con ese adolescente que impostaba su cinismo, le diría que se uniera al aplauso, que le dijera al menos un gracias, que aquel tal González no hiciera mutis sin un gesto —siquiera un guiño— de un chaval nacido en 1979 que, si podía refunfuñar a gusto en un país libre, en parte era por él y por los que, con toda la ingenuidad y civilidad del mundo, lo hicieron presidente.

Este libro se terminó
de imprimir en
Fuenlabrada, Madrid,
en el mes de
octubre de 2022